자동차 엠블럼 사전

자동차 엠블럼 사전

위대한 영감과 테크놀로지로 탄생한 전설의 명차 브랜드 라이브러리

김태진·임유신 지음

보누스

벤츠 삼각별에서
현대 H 로고까지

자동차 브랜드는 수백 개가 넘는다. 당연히 자동차 브랜드를 상징하는 엠블럼도 수백 개에 달한다. 그중에서 누구나 알 만한 브랜드(엠블럼)는 20여 개다. 자동차 전문가라고 하더라도 접하는 브랜드 수는 100여 개가 넘지 않는다. 자동차 콘텐츠를 제작하는 칼럼니스트이자 작가로 오랫동안 활동하면서 자주 다루는 브랜드 역시 누구나 알 만한 범주에 머물 때가 많다. 희소한 브랜드와 엠블럼에 얽힌 이야기를 발굴해 전하고 싶은 욕구가 크긴 하지만, 읽는 사람이 관심을 둘 내용이어야 전달력이 있고 글의 가치도 올라간다는 생각이 들어 은연중에 유명한 자동차를 소재로 삼을 때가 많았다.

누구나 알 만한 자동차 브랜드로는 무엇이 있을까? 필자는 주로 지역 구분을 이용해 자동차 브랜드를 떠올린다. 유럽은 벤츠·BMW·아우디·폭스바겐·포르쉐, 미국은 GM·포드·테슬라, 일본은 토요타·혼다·닛산, 프랑스는 푸조·르노, 이탈리아는 피아트·페라리·람보르기니, 스웨덴은 볼보, 한국은 현대·기아·한국지엠·르노코리아·KG 모빌리티(쌍용자동차) 이런 식으로 말이다. 아마 대부분 사람이 아는 자동차 브랜드도 이들에서 크게 벗어나지 않을 것이다.

그런데 굳이 자동차 브랜드와 엠블럼에 얽힌 역사와 문화를 알아야 할 이유라도 있을까? 세상을 살아가는 데는 상식이 필요하다. 자동차와 관련한 지식이 상식에 속하느냐를 놓고 의견이 나뉘겠지만, 주변에서 흔히 볼 수 있는 존재에 관한 정보라면 상식에 해당한다고 본다. 현대사회에서 자동차는 인간과 함께 사는 존재다. 생명이 없는 기계지만 식물이나 동물과 마찬가지로 생태계와 사회에서 물리적으로 상당한 영역을 차지한다. 주차장에는 자동차가 서 있고, 도로는 자동차로 가득하다. 이동할 때는 자가용이든 버스든 자동차를 이용한다. 대부분 가정이 집에 차 한 대는 소유한다. 일어나서 잠들 때까지 눈에 계속해서 들어오는 자동차라는 존재를 아무것도 아닌 듯이 그냥 지나치기는 힘들다. 주변에서 흔하게 접하는 존재를 보면 어느 정도 알고 싶은 욕구가 생기게 마련이다. 그런 욕구에 맞춰 이 책에는 자동차 제조사들의 역사와 문화에 관한 흥미로운 내용을 담았다.

세상에 영원한 것은 없다고 한다. 모든 것은 변하기 마련이다. 자동차 브랜드 역시 시간이 흐르면서 변한다. 19세기 후반 자동차가 발명된 이후, 많은 브랜드가 생겨나고 사라졌다. 살아남아 오랜 역사를 이어온 브랜드도 그 속을 들여다보면 이전과 달라진 모습이 눈에 띈다. 기술이나 디자인 흐름이 바뀌면서 정체성이나 비전을 바꾸기도 하고, 인수합병의 물결 속에 소속이 달라지면서 본래 특성이 옅어지기도 한다. 수익이라는 기본 명제에 밀려 자존심을 버리고, 시장 요구에 굴복해 지조를 잃기도 한다. 그저 그런 브랜드가 혁신의 옷을 입고 화려하게 비상하거나, 잘 나가던 브랜드가 안주에 빠져 침몰하는 일도 벌어진다. 이 책에서는 과거 역사와 현재 모습을 다뤄 브랜드가 어떻게 변했는지 알 수 있는 단서를 제공한다. 주변에 흔히 보는 자동차의 뒤에 담긴 서사와 역정을 이야기한다.

'나쁜 차는 없다. 단지 취향에 맞지 않는 차만 있을 뿐이다.' 필자가 자동차를 바라보는 관점이다. 자동차라는 제품이 나오면 디자인이 어떠냐 성능이 어떠냐 하는 평가가 따른다. 객관적인 지표로 따지면 좋은 점과 나쁜 점을 수치로 평가할 수 있겠지만, 브랜드 철학과 개발하는 동안 구성원이 들인 공을 생각하면 자동차는 존재 그 자체로 의미가 있다. 브랜드도 마찬가지다. 시장의 일원으로 자동차 역사의 한 페이지를 채워나가는 것만으로도 큰 역할을 해낸다. 독자 여러분이 이 책으로 100년이 넘어가는 자동차 역사의 면면을 알아가면서, 자동차 브랜드(제조사)에 담긴 그들만의 가치를 발견하길 기대한다.

김태진 · 임유신

유럽
자동차 산업의 역사가 시작된 곳

아메리카
현대 자동차 산업의 태동지

아시아
자동차 시장의 새로운 원동력

유럽

자동차 산업의 역사가
시작된 곳

130여 년 전, 독일의 카를 벤츠와 고틀리프 다임러가 자동차를 발명했다. 유럽은 자동차 산업의 발상지로서 역사와 문화를 품고 있는 대륙이다. 여러 자동차 제조사들이 명멸했으며, 지금도 전통과 기술력을 자랑하는 여러 브랜드가 자동차 산업의 아이콘으로 자리하고 있다. 벤츠, BMW, 페라리, 포르쉐, 랜드로버 등 일반인도 알고 있을 만큼 유명하고 역사가 깊은 자동차 브랜드는 유럽산이 대부분을 차지할 정도다.

유럽 각국의 자동차 제조사는 개성이 넘친다. 대표적으로는 독일의 정밀한 엔지니어링, 이탈리아의 유려한 디자인과 스타일, 프랑스의 편안함과 우아함을 꼽을 수 있다. 유구한 역사와 문화로 다진 품격과 감성, 수준급의 기술력이 여전하다. 최근에는 친환경 기술과 연구에 주력하며 현대 자동차 산업에서 선두를 계속 유지하고자 노력 중이다.

BMW

가치와 비전을 선도하는
드라이빙 머신

설립자

프란츠 요세프 포프, 카를 라프

설립 연도

1916년 3월 7일

대표 모델

3시리즈, 5시리즈, i8

엠블럼

BMW의 엠블럼은 1917년에 등장했으며
몇 차례 소소한 변화를 겪다가 2020년 현재의 모습이 됐다.
엠블럼 원의 흰색과 파란색은 하얀 눈과 창공을 뜻한다.
반면 바이에른주의 깃발에서 유래했다는 말도 있다.

항공기에서 시작한 BMW의 역사

대개 한 회사의 정체성을 알려면, 역사를 들여다봐야 한다. BMW도 마찬가지다. BMW의 시작은 조금 남달랐다. 이 회사의 역사는 역동적인 비행기, 바이크, 자동차 등의 이야기로 가득하다. 우선 엠블럼부터 특이하다. 프로펠러 모양이다. 첫 사업이 항공기 제작이었기 때문이다. 회전하는 프로펠러 디자인은 '하늘에서 땅으로, 두 바퀴에서 네 바퀴로'라는 의미를 담았다. 엠블럼의 흰색과 파란색은 알프스의 눈과 본사가 있는 바이에른주 창공을 상징한다고 한다. 여기에 바이에른주의 깃발 색깔에서 유래했다는 말도 있다.

BMW는 자전거를 만들던 독일 기술자 카를 라프(Karl Rapp)가 시작했다. 1913년 카를 라프는 항공기 엔진을 만드는 '라프 원동기 제작소'를 설립했다. 이

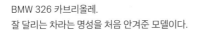

BMW 326 카브리올레.
잘 달리는 차라는 명성을 처음 안겨준 모델이다.

것이 BMW의 모태다. 하지만 새 엔진은 형편없는 성능과 심각한 진동 때문에 잘 팔리지 않았다. 그러다 다임러(메르세데스-벤츠의 전신)의 V12 항공기 엔진을 조립 생산해 큰돈을 벌었다. 1916년 프란츠 요세프 포프가 회사를 인수했고, 1917년 라프가 사임하면서 회사 이름을 BMW로 바꾸었다. '바이에른에 있는 엔진 공장'이라는 의미의 바이에리쉐 모터렌 베르케(Bayerische Motoren Werke)가 정식 이름이다.

BMW는 1차 세계대전 때 V12 전투기 엔진을 납품해 떼돈을 벌었다. 하지만 독일이 1차 세계대전에서 패전국이 되면서 항공기 산업은 붕괴했다. 민항기 수요조차 전혀 없었다. 1924년, 생존을 모색하던 BMW는 모터사이클·자동차 사업에 뛰어들었다. 항공기 엔진을 만든 경험을 살려 모터사이클 엔진도 항공기처럼 실린더를 좌우 수평으로 달았다. BMW 모터사이클의 명성을 높인 수평대향 엔진이다.

BMW 자동차는 초기에 잘 달리지 못했다. 영국 오스틴사의 승용차를 라이선스로 생산했는데, BMW는 이 차에 불과 15마력짜리 오토바이 엔진을 달았다. 이런 차가 잘 달릴 리 없었다. 그러다 쓸 만한 주행 능력을 지닌 자동차를 만들었다. 바로 1936년에 출시한 독일 장교 전용차 326 세단이다. 이 차는 키드니(kidney) 그릴, 즉 사람 콩팥처럼 둘로 나뉜 라디에이터 그릴을 달았는데, 속도 제한이 없는 아우토반(독일 고속도로)을 질주했다. 고속 질주 BMW의 명성은 326부터 시작됐다.

2차 세계대전이 발발하자 BMW는 버릇을 못 버리고 다시 군수 사업을 시작해 전투기 엔진을 만들었다. 결과는 마찬가지였다. 독일의 패망으로 뮌헨 공장이 초토화됐다. 런던 폭격을 당했던 영국의 주도로 BMW는 1952년까지 일절 엔진을 만들지 못했다. 이때는 자동차 대신 자전거와 주방용품을 만들며 근근이 버텨냈다.

• 1955년에는 이탈리아 스쿠터 제조업자인 이소 스파에게 라이선스를 얻어 냉장고처럼 문이 열리는 '이세타'(Isetta)라는 차를 만들었다. 당시 수에즈 운하 봉

이세타 1955년형. 지금의 BMW
이미지와는 어울리지 않는 모습이다.

쇄로 기름값이 천정부지로 치솟았기에 연비 좋은 스쿠터가 인기였다고 한다. 이 세타는 250cc 오토바이 엔진을 달고 최고 시속 88km로 달렸다. 연비는 무려 18km/L. 특이한 디자인에 희소성까지 겹쳐 아직도 자동차광들이 찾는 인기 모델이다.

BMW의 전성기는 1959년 독일 크반트 일가가 지분의 40%를 인수하면서 시작됐다. 독일 자동차 업체 가운데 유일하게 오너가 있는 회사가 된 것이다. 크반트 일가는 이사회에 참석할 뿐 경영진으로 활동하지는 않았다. 대신 BMW를 대표하는 회장 선임은 크반트 일가가 동의해야 했다. 그동안 딱히 대주주가 없는 데다 독일 자동차 업계의 거인인 벤츠가 호시탐탐 BMW를 노려 경영이 불안했다. 당시 미국 GM이나 포드도 욕심을 냈다.

이후 BMW는 후륜구동과 세계에서 가장 효율이 좋은 직렬 6기통 엔진으로 스포츠 세단의 대명사라는 명성을 차곡차곡 쌓아갔다. 지금처럼 3시리즈, 5시리즈, 7시리즈 등으로 이름을 붙인 것은 1972년부터다.

1994년 BMW는 일대 전기를 맞았다. 당시 세계 자동차 업계에는 '생산 대수로 빅 5에 들지 못하면 망한다.'라는 말이 유령처럼 떠돌며 인수합병이 대세였다. 비싼 고급차를 팔아 40년간 흑자를 내 곳간이 차 넘치던 BMW는 그해에 영국 대중차 1위 업체인 로버를 인수했다. 인수 이후부터 파국이 시작됐다. 로버는 전륜구동이라 BMW와 기술 공유가 어려운데다 영국·독일의 문화 차이가 거세지면서 경영상 실패만 거듭했다. 결국 7년 만에 7조 원 이상을 날리고 단돈 1달러에 로버를 매각했다. 이후 메르세데스-벤츠의 크라이슬러 인수와 함께 자동차 업계의 '잘못된 인수' 사례로 남았다.

물론 얻은 것도 있었다. 로버의 자회사였던 랜드로버 덕분에 사륜구동 기술을 익혔고, 이를 발판으로 1999년 럭셔리 중형 SUV X5를 개발했다. 이 차는 미국에서 대성공을 거두면서 BMW가 2003년 '100만 대 클럽'(연간 판매 기준)에 가입하는 데 혁혁한 공을 세웠다. 또 매각 과정에서 주옥같은 브랜드를 헐값에 주워 담았다. 영국 소형차 미니(MINI)와 귀족들의 명차 롤스로이스를 흡수한 것이다.

BMW는 미니를 소형차 프리미엄 브랜드로 새롭게 재구성해 2001년 전 세계 시장에 선보였다. 새롭게 탄생한 미니는 BMW 그룹의 최첨단 기술을 접목하고, 기존 미니의 감성 넘치는 요소와 특성을 살려내 전통적인 콘셉트를 미래 지향적인 스타일로 발전시켰다는 평가를 받았다.

BMW의 브랜드 슬로건은 'Sheer Driving Pleasure'(순수한 운전의 즐거움)다. 슬로건에 어울리게 역동적이지 않은 차는 만들지 않았다. SUV를 만들 때도 유독 다이내믹한 SUV만 만들어 세상에 내놨다. 남들이 만들지 않는 쿠페형 SUV X6를 만들어 이를 확인시켰다. 사실 X6의 실내는 비좁다. SUV의 기본이 넓은 공간이라는 세간의 인식과 어긋난다. 대신 잘 달릴 수 있도록 날렵한 디자인과 성능이 특징이다. 그래서 BMW는 SUV 대신 스포츠 액티비티 쿠페, 즉 SAC라는 새로운 용어를 만들어 X6에 붙였다. (BMW 본사 상품 담당이 2005년 한국을 찾았다가 깜짝 놀랐다고 한다. 쌍용자동차의 액티언을 보고 X6를 연상했다는 농담도 들린다.)

2008년에 출시된 BMW X6.
쿠페형 SUV 시장을 개척했다고 평가받는다.

SUV는 차체 특성상 잘 달리기가 아무래도 어려운데도, 고성능 버전인 X5 M과 X6 M까지 만들어냈다. 555마력이나 되는 걸출한 엔진에, 4.7초 만에 시속 100km까지 가속되는 초특급 SUV를 내놓은 것이다. 혹자들은 "SUV에 555마력 엔진이 왜 필요한가. 그렇게 빨리 달릴 필요가 있느냐?"라고 물을 수 있다. 하지만 BMW는 별다른 말이 없다. BMW니까 그런 괴물 같은 자동차를 만든 것뿐이다.

달리는 즐거움(드라이빙 플레저)은 전기차 시대에도 계속될까?

BMW는 누가 뭐래도 자동차 시장에서 잘 달리는 '드라이빙 머신'의 상징이었다. 실제로도 주행 성능 하나만큼은 독보적이었다. 그러다 보니 연비는 늘 약점이었다. 미국차보다 연료 효율은 높지만, 아무래도 쌩하고 달리려면 기름을 펑펑 써야 했다. 그런 BMW가 2000년대 들어 고유가 시대가 닥치자 재빠르게 친환경이라는 시대 흐름을 꿰찼다. 연비를 높이려고 차량 무게는 덜고, 디자인은 공기역학으로 다듬었다. BMW 엔진을 살펴보면 세계 최초 발명이라는 타이틀이 수두룩하다. 최적의 효율성을 지닌 터보 가솔린과 디젤 엔진을 앞에 내세우고 '이피션트 다이내믹스'(EfficientDynamics)라는 새로운 기업 이미지로 무장했다. 엔진뿐 아니라 디자인과 소재까지 연비를 극대화하는 최적의 조합을 내세웠다는 의미다. 연비는 올리면서도 잘 달리는 BMW 유전자라는 두 마리 토끼를 잡은 셈이다.

전동화 시대가 급격하게 다가오면서 BMW도 적극적으로 전동화 모델 라인업 확대에 나섰다. 독일 3사 중에서 가장 먼저 전동화 브랜드 i를 선보이며 2013년 순수 전기차 i3를 내놓았다. 뒤이어 나온 플러그인 하이브리드(PHEV) 스포츠카 i8은 미래지향적인 스타일링에 더해 효율성까지 갖췄다. 패션카라는 비아냥도 있었지만, 어느 브랜드보다 빠르게 변화를 받아들이며 미래를 준비했다. 2017년에는 글로벌 시장에서 전동화 차량 10만 대를 판매하는 쾌거를 달성했다.

2019년 말, BMW는 CEO를 교체하면서 완전한 전동화와 함께 하이브리드 모델 확대에 나섰다. 순수 전기차는 여전히 장거리 주행에서 약점이 있다. BMW는 플러그인 하이브리드와 48V 마일드 하이브리드 시스템을 적극적으로 활용해 이 문제를 해결한다. 가솔린 모델은 3시리즈부터 플래그십 세단인 7시리즈까지 가릴 것 없이 e라는 철자를 붙인 PHEV 모델을 판매 중이며, BMW 판매의 약 40%를 책임지던 디젤 엔진은 이제 48V 마일드 하이브리드와 짝을 이룬다. 성능과 연료 효율, 친환경까지 어느 것 하나 놓치지 않겠다는 BMW다운 발상이다. 2019년 BMW의 전동화 모델은 50만 대 넘게 판매됐다. 2021년 말에는 100만 대를 넘겼으며, 2030년에는 판매 모델 중 절반 이상이 전동화 모델이 될 것으로 예측한다.

BMW는 2020년 11월 전동화 패러다임 전환과 관련해 구체적인 계획을 발표했다. 2021년 말에는 SUV 전기차 iX를 출시하기도 했다. iX xDrive50의 최고 출력은 500마력, 1회 완전 충전으로 약 447km 정도 주행이 가능하다. BMW X5와 크기가 비슷하지만, 전기차의 특성상 실내 공간은 더욱 넓다.

BMW는 전기차와 내연기관 모델을 동시에 내놓는 전략을 추진한다. i4와 iX3는 내연기관이 나온 후에 전기차 모델이 추가됐다. 이후에 선보인 7시리즈, X1, 5시리즈는 내연기관 모델과 동시에 전기차인 i7, iX1, i5도 같이 나왔다. 내연기관을 변형해 전기차를 내놓는 단계에서 벗어나, 두 가지를 동시에 개발해 전기차를 최적화한다. 2023년 9월 공개된 신형 미니 쿠퍼와 컨트리맨은 아예 전기차가 먼저 나왔다. 다음에는 내연기관을 배제한 전기차 전용 모델이 라인업의 주류가 될 차례다. 내연기관 비중이 높은 전통 제조사로서 BMW가 전동화 시대에 뒤처진다는 의견도 나오지만, 서두르지 않고 차근차근 단계를 밟아가는 모습을 보여준다.

BMW의 전동화 미래는 어떻게 될까? 2023년 9월 IAA 모빌리티 2023에 선보인 BMW 비전 노이어 클라쎄(Neue Klasse)에서 답을 찾을 수 있다. '노이어 클라쎄'는 BMW의 차세대 제품군을 미리 경험할 수 있는 콘셉트 모델이다. 전기화,

BMW

2022년에 나온 플래그십 전기 세단 i7.
7세대 7시리즈를 기반으로 한 전동화
모델이다.

2023년에 공개한 노이어 클라쎄.
기존 디자인 문법에서 벗어나 완전히
새로운 모습을 보여줬다.

디지털화, 순환성 분야에서 이룩한 혁신 기술을 BMW의 고유한 방식으로 결합해 만든 결과물이다. 디자인, 조작성, 효율성, 지속 가능성에서 한 단계 발전한 모습을 보여준다. 노이어 클라쎄는 '뉴 클래스'(New Class)를 뜻하는데, 1961년 공개된 BMW의 새로운 제품군에 붙였던 이름이다. 노이어 클라쎄는 혁신을 바탕으로 BMW의 주력 제품군이 됐고 시장을 이끌었다. 21세기를 맞이해 BMW는 노이어 클라쎄를 다시 한번 꺼내들어 새로운 도약을 향한 비전을 제시한다.

BMW는 왜 한국 시장에 진심일까

BMW의 판매 성장률을 보면, 2015년까지 전 세계 100여 개국 시장에서 한국의 판매 성적이 가장 뛰어났다. 유럽·미국 같은 선진 시장에서는 벤츠에 늘 뒤졌지만, 한국은 예외였다. 1998년 외환위기 때 상당수 수입차 업체들이 철수하거나 투자를 줄였는데, BMW는 거꾸로 물류센터와 딜러망을 확장했다. 여기에 독일인이 아닌 한국인 사장이 1999년 바통을 물려받아 14년간 장수하면서 독일과 한국의 특징을 잘 버무린 특유의 조직 문화를 만들어냈다. BMW 코리아는 2000년부터 12년 동안 세 번(렉서스, 혼다)을 제외하고는 모두 수입차 시장에서 1위를 했다. 2012년에는 아무도 못할 것 같은 연간 2만 대 판매를 훌쩍 뛰어넘었다. 2013년에는 신형 3시리즈까지 가세해 3만 대를 돌파했다. 2016년부터 벤츠에 1위 자리를 넘겨주고 2022년까지 2위를 유지했지만, 판매 대수는 2022년 8만 대 가까이 늘어났다. 이에 힘입었는지 2023년 8년 만에 판매량 1위를 달성했다.

눈길을 끄는 것은 독일 본사를 놀라게 하는 한국의 판매 숫자다. 2022년 기준 BMW의 한국 판매량은 글로벌 5위를 기록했다. 2만1,513대 팔린 5시리즈는 글로벌 1위고, 2,995대 팔린 7시리즈는 3위에 올랐다. 지난 2020년에는 7세대 5시리즈 부분 변경 모델의 신차 발표회를 세계 최초로 국내에서 개최하기도 했다.

BMW가 한국 시장에서 강한 이유를 세 가지 정도 꼽아볼 수 있다. 첫째는 무엇보다 강한 브랜드 파워다. 한국인에게 'BMW=럭셔리하고 잘 달리는 차'라는 이미지가 강하다. 한국이 글로벌화하고, 유학생과 해외 주재원이 급증하면서 BMW는 어부지리를 얻은 점도 있다. 둘째는 한국 친화적 경영이다. 해외 어떤 자동차 업체보다 본사에서 한국에 신경을 많이 쓴다. 한국 수입차 시장의 폭발력을 누구보다 잘 이해하는 데다 한국인 사장의 세밀한 리더십이 잘 맞아떨어졌다는 점이다. 한국 소비자가 원하는 옵션을 개발하는 데 가장 적극적이고 빠른 대응력을 갖췄다. 판매 외에도 대규모 드라이빙 센터를 운영하는 등 자동차 문화 확산에 적극적으로 나선다. 2014년에 개장한 BMW 드라이빙 센터는 아시아 최초이고 전 세계에서 세 번째로 생겼다. 국내 제조사도 하지 않는 일을 수입차 업체가 시도해 긍정적인 평가를 받았다.

셋째는 상품성이다. BMW는 수입차임에도 제품 라인이 많다. 한때는 시장에서 판매하는 차가 100종이 넘어 영업사원이 자사에 어떤 차가 있는지 모를 정도

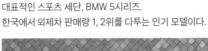

대표적인 스포츠 세단, BMW 5시리즈.
한국에서 외제차 판매량 1, 2위를 다투는 인기 모델이다.

였다. 다채로운 세부 차종으로 다양한 수요에 대응한다. 얄밉도록 잘 만들고, 잘 팔고, 확실한 프리미엄 브랜드 이미지까지 구축한 BMW가 시대에 맞춰 어떻게 변신하는지는 경영자라면 누구나 주목해야 할 요소다.

2007년, 독일 뮌헨 BMW 본사에서 40대 후반의 마케팅 담당 여성 임원과 유럽에서 독일 이외의 지역 특히 프랑스의 자동차 경쟁력이 떨어진다는 주제로 이야기를 나눈 적이 있다. 한국과 독일에 비해 프랑스 근로자들이 주당 36시간 일할 뿐 너무 많이 놀아 생산성이 떨어진다는 게 화제가 됐을 때다. 그는 "BMW 임원이 된 이후 거의 매일 야근이다. 토요일도 일할 때가 종종 있다. 하지만 12월에 2주일 이상 휴가는 꼭 즐긴다."라고 답했다. 드라이빙 머신뿐 아니라 일하는 머신 같은 BMW라고 할까. 1등은 아무나 하는 게 아니다.

BMW 본사가 있는 뮌헨에 가면 거리나 사람들이나 'BMW스럽다'는 느낌이 든다. 깔끔하게 정돈되고 세련된 거리와 BMW는 잘 어울린다. 태어날 때부터 기계공학적인 사고를 하게끔 하는 유전자를 이어받은 독일인의 전형이랄까. 시원하게 뚫린 아우토반과 푸르른 삼림, 큰 키의 독일인들이 검약하면서도 풍요롭게 삶을 즐긴다. 이런 분위기에 BMW의 균형 잡힌, 찔러도 피 한 방울 나올 것 같지 않은 디자인은 딱 맞아떨어진다. 번잡한 파리나 한국의 서울에서 느낄 수 없는 어울림이다. 자동차는 해당 국가와 지역을 반영하는 문화 코드라는 점에서 BMW와 뮌헨을 들여다보는 것도 재미있는 시각이다.

궁극의 드라이빙 머신

자동차 분야에서도 슬로건은 브랜드를 나타내는 수단으로 유용하게 쓰인다. 그중에서도 BMW의 슬로건인 'Sheer Driving Pleasure'는 브랜드가 추구하는 방향과 제품 특성을 적절하게 드러낸다. 이 슬로건을 공식적으로 사용했을 때는 1972년이고, 실제 기원은 그 이전으로 거슬러 올라간다. 'Sheer Driving

Pleasure'는 독일어로 'Freude am Fahren'이다. 기쁨, 즐거움, 재미 등을 나타내는 Freude는 이미 1930년대 중반 BMW 역사에 등장했다. Freude가 광고 문구나 모델 설명에서 여러 단어와 조합하면서 발전해 'Freude am Fahren'으로 완성됐다. 1930년대부터 지금까지 90여 년에 걸쳐 일관된 브랜드 특성을 이어온 사실이 슬로건에 드러난다.

'Sheer Driving Pleasure' 못지않게 잘 알려진 BMW의 슬로건은 '궁극의 드라이빙 머신'(The Ultimate Driving Machine)이다. 이 슬로건 역시 BMW의 브랜드 특성을 잘 드러낸다고 평가받는다. 오히려 이 문구를 BMW 대표 슬로건으로 알거나, 'Sheer Driving Pleasure'보다 먼저 나왔다고 아는 사람도 있다. BMW는 예외적으로 일부 지역에서는 'Sheer Driving Pleasure' 외에 다른 슬로건도 함께 사용했다. 대표적인 곳이 미국이다. BMW는 1975년 미국 시장에서 공식적으로 사업을 시작했는데, 브랜드 인지도를 높이려고 'The Ultimate Driving Machine'이라는 슬로건을 내세웠고 성공적인 결과를 얻었다.

엠블럼 변천

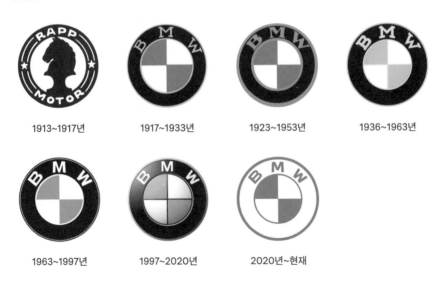

1913~1917년   1917~1933년   1923~1953년   1936~1963년

1963~1997년   1997~2020년   2020년~현재

운전자가 모는 내연기관 시대에 나온 'Sheer Driving Pleasure'라는 슬로건이 전기차와 자율주행 시대에도 유효할까? 운전하는 재미는 단순히 주행에서만 나오지 않는다. BMW 측은 Pleasure의 개념을 인간의 보편적인 감정으로 넓게 보고, 자동차에서 얻을 수 있는 모든 즐거움을 추구한다고 설명한다. 아마도 자동차가 사라지지 않는 한, 운전에서 오는 재미와 즐거움도 사라지지 않을 듯하다.

고성능 모델 라인인 M 시리즈는 일반 스포츠카를
능가하는 주행 성능을 보여준다. 드라이빙 머신이라는
BMW의 이미지 제고에 기여한 바가 크다.

람보르기니

자동차 마니아의 드림카

설립자
—
페루치오 람보르기니

설립 연도
—
1963년 5월

대표 모델
—
디아블로, 가야르도, 아벤타도르, 우라칸

엠블럼
—
중앙에 자리한 황소 디자인으로 유명하다.
설립자의 별자리가 황소자리라서 황소를 엠블럼에
넣었다는 이야기가 있다. 황소는 힘과 강함을 상징하며
로고에 쓰인 황금색은 람보르기니의 탁월함을 의미한다.

'페라리 타도!'를 외치는 이탈리아 슈퍼카

이탈리아 슈퍼카 브랜드의 양대 산맥 중 하나로 군림하는 람보르기니는 종종 페라리와 비교된다. 시속 300km를 넘나드는 슈퍼카 시장의 라이벌이지만, 타보면 차이를 확 느낄 수 있다. 수치로 성능을 비교하는 건 의미가 없다. 성능 우위는 종잇장 차이에 불과하다. 진짜 다른 건 유전자 차이다.

도로에서 마주하면 두 차량 모두 주변을 마비시킨다. 지나가던 행인부터 주변 자동차 운전자의 눈길을 사로잡아서다. 워낙 독특한 디자인에다 엔진과 배기구(머플러)에서 터져 나오는 굉음이 장난 아니다. 주차를 하고 차에서 내릴 때 쏟아지는 주변의 시선 덕분에 존재감은 더욱 도드라진다.

1970년대 '슈퍼카'라는 말을 처음 만들어낸 람보르기니에는 날카로움과 여유로움이라는 상극이 존재한다. 엔진 굉음은 페라리보다 한 수 위다. 디자인 존재감도 너무 뚜렷하다. 도어 역시 가위질하듯 위로 빗겨 열리는 모델이 여럿이다. 땅바닥에 납작 붙은 차체는 수려한 자태를 뽐낸다.

람보르기니는 운전자가 조금만 딴짓해도 신경질을 부린다. 뻥 뚫린 도로에서는 마치 태풍의 눈으로 들어가는 것처럼 여유로운 질주를 허용하지만, 도로 상태가 조금만 나쁘면 패닉이다. 작은 요철을 밟은 충격을 거의 그대로 머리부터 다리까지 전달한다. 아파트 둔덕에 바닥이 긁히기 다반사다. 페라리보다 람보르기니가 더 운전하기 까다롭다는 것은 두 차를 모두 타본 팬들이라면 고개가 끄덕여질 포인트다. 사실상 막 포장을 끝낸 일반 도로가 아니라면 고통의 연속이다.

반면 페라리는 부드러움 속에 강인함을 추구한다. 디자인만 봐도 그렇다. 그렇다고 여유롭진 않다. 한순간도 긴장을 풀지 못하게 온 정신을 잡아 뺀다. 특히 레이싱에 익숙한 승부사 기질이 번뜩인다. 서킷을 가장 빨리 달릴 수 있는 기술로 똘똘 뭉쳤다. 실내는 고급스럽고 무척 편안하다. 노면 충격을 거의 그대로 받아들인다. 대신 도로와 바퀴 사이에 껌을 붙여놓은 듯 제대로 달라붙는 맛은 일품이다.

브랜드의 상징인 시저 도어를 채용한
아벤타도르. 현재 시저 도어는 플래그십
모델에만 적용한다.

차체 컬러도 너무 다르다. 페라리는 전통적으로 이탈리아 레이싱을 대표했던 붉은색이 가장 잘 어울린다. 당시 서킷에서 경쟁하던 독일은 실버, 영국은 그린, 프랑스는 블루였다. 후발주자인 람보르기니의 컬러는 노랑부터 주황, 초록, 검정까지 톡톡 튄다. 자체 조사 결과, 고객들이 람보르기니를 고른 첫 번째 이유는 디자인에 있다고 한다.

엔진 소리에서도 차이가 난다. 페라리는 마치 레이싱카와 같은 소리를 낸다. 엠블럼의 경주마처럼 경쾌한 느낌이다. 고회전일 때는 소프라노처럼 끝이 날카로워 고막을 파고든다. 반면 람보르기니의 음색은 두껍고 묵직하다. 엔진 회전수를 높이면 소프라노보다 바리톤 고음에 가깝다. 엠블럼 속 투우가 마지막을 향해 돌진하며 울부짖는 듯하다.

두 차 모두 자동차 영역을 넘어서 일종의 고급 수집품이다. 저렴한 모델이 2억 원대부터이며 6억 원을 넘는 것도 있다. 유지비도 월 수백만 원에 달한다. 그래서인지 두 차량의 구매 고객들은 급여 이외에 배당금이나 임대료 같은 자산 소득만 연간 평균 50만 달러를 넘는다고 알려져 있다. 수억 원 연봉을 받는 고소득 월급쟁이라도 이들 차량은 꿈인 셈이다.

2000년대 들어 둘 사이에 공통분모가 생겼다. 요즘은 두 차 모두 쉽게 운전할 수 있게 변신 중이다. '슈퍼카는 운전이 어렵다.'라는 선입견을 지닌 슈퍼 부자들의 지갑을 열기 위해서다. 편하고 기분 좋은 주행을 구현하려고 전자 장비를 대거 장착했다.

트랙터 재벌이 만든 슈퍼카

람보르기니라는 자동차 브랜드는 어떻게 시작했을까. 이 회사는 무모하리만큼 페라리를 의식하며 치열하게 자동차를 만들던 역사가 있다. 창업자 페루치오 람보르기니와 얽힌 창업 이야기를 들으면 쉽게 공감할 것이다.

페루치오는 1916년 이탈리아 에밀리아로마냐 켄토에서 태어났다. 그의 생일이 황소자리라 엠블럼에 황소를 그려 넣었다. 람보르기니 슈퍼카의 이름도 전설적인 투우사의 자존심을 짓밟은 싸움소에서 따왔다.

그는 세계 최초의 대학으로 유명한 볼로냐 공대를 졸업한 뒤 2차 세계대전 때 공군에서 기술자로 근무했다. 전쟁이 끝나고 페루치오는 고향에 돌아와 버려진 영국군 트럭을 개조해 농사용 트랙터를 만들었다. 이 사업이 대박이었다. 얼마지나지 않아 이탈리아 최대의 트랙터 메이커가 됐다. 1960년엔 히터와 에어컨까지 제조하면서 이탈리아를 대표하는 기업인으로 변신했다.

속도광이었던 페루치오는 페라리, 재규어, 벤츠, 마세라티 등 스포츠카를 여러 대 소유했다. 하지만 어떤 차에도 만족하지 못했다. 특히 클러치가 종종 말썽을 일으키는 페라리 250GT에 불만이 많았다. 차를 뜯어봤더니 클러치가 자신의

페루치오는 페라리 250GT 베를리네타를 포함해
여러 페라리를 소유했다. 그는 페라리가 제대로 된
도로용 자동차가 아니라고 생각했다.

트랙터에 납품하는 회사 제품이었다. 얼마 뒤 페루치오는 페라리 창업자인 엔초 페라리를 만나 클러치 문제를 이야기했다. 엔초 페라리는 발끈하면서 "이러쿵저러쿵 불평하지 말고 트랙터나 모시지."라며 망신을 줬다고 한다. 화가 단단히 난 페루치오는 직접 스포츠카를 만들기로 결심했다. 슈퍼카 람보르기니의 시작은 이런 오기에서 비롯했다.

1963년 5월 트랙터 회사가 있는 산타 아가타에서 자동차 회사 '람보르기니'가 문을 열었다. 페라리의 본사 마라넬로에서 그리 멀지 않은 곳이었다. 페루치오는 화끈한 외모와 성격답게 최고만 고집했다. 공장도 최첨단으로 짓고 '타도! 페라리'를 목표로 내세웠다. 페라리만 이길 수 있다면 어떤 대가도 마다하지 않았다. 무엇보다 페라리보다 크고 좋아야 했다. 배기량은 당연히 더 컸다. 페라리가 실린더마다 밸브를 두 개씩 달았다면, 람보르기니는 네 개씩 달았다. 페라리의 변속기가 4단이면, 람보르기니는 5단으로 치고 나갔다.

1964년 제네바 모토쇼에 최초의 람보르기니 350GT가 선을 보였다. 무게를 줄여 속도를 더 내려고 속을 비운 강철 뼈대에 알루미늄 합금 껍데기를 씌웠다. 람보르기니만의 특허인 '슈퍼 레제라'(슈퍼 라이트) 공법이었다. 차 무게가 1,050kg에 불과했다. 파워트레인은 V12 3,464cc 270마력 자연 흡기 가솔린 엔진에 5단 수동 변속기를 달았다. 시속 100km까지 가속하는 데에 걸리는 시간이 고작 6초대였고, 최고 시속은 244km였다. 당시로서는 어마어마한 성능이었다. 다만 이때는 외관 디자인이 유별나지 않았다.

1966년에는 디자인으로 유명한 전설의 스포츠카 미우라가 나왔다. 서킷 경주차에나 쓰던 미드십(엔진을 좌석 뒤에 얹는 구조)을 처음으로 양산차에서 시도했다. 실내에서 엔진 굉음이 살아 있는 것처럼 들리면서 막강한 주행 능력이 더해졌다. 이 덕분에 미우라 이후 페라리를 포함한 수많은 스포츠카에 미드십이 도입됐다.

'람보르기니=슈퍼카'를 각인시켜준 것은 1974년 선보인 '쿤타치'다. 한국에서는 '카운타크'라는 영어식 발음으로 더 알려져 있다. 쿤타치는 이탈리아 사투리

⟶
쿤타치. 시저 도어를 비롯해 미래지향적인
디자인 특성이 정립된 모델이다.

로 젊은 한량들이 절세 미녀를 발견했을 때 내지르는 감탄사다. 이탈리아 자동차 전문 업체 베르토네의 디자이너 마르첼로 간디니가 디자인한 이 차는 흡사 변신 로봇처럼 생겨서 모습이 미래지향적이다. 이때 가위처럼 빗겨 열리는 시저 도어가 채용됐는데, 곧 람보르기니의 상징이 됐다.

람보르기니는 자동차광들에게 유명해졌지만, 사업은 신통치 않았다. 트랙터 사업 부진과 석유 파동이 겹치면서 1972년 페루치오는 자동차 사업에서 손을 뗐다. 이후 람보르기니는 파산해 여러 번 주인이 바뀌었다. 1987년 크라이슬러 회장 리 아이어코카가 람보르기니를 인수해 쿤타치의 후속으로 후륜구동 방식을 채용한 디아블로를 개발했다. 이번 디자인의 밑바탕도 간디니였다. 크라이슬러는 람보르기니의 미래지향적인 디자인에 공기역학 기술을 접목했다.

1990년 드디어 디아블로가 베일을 벗었다. V12 5.7L 499마력 엔진을 얹고, 정지 상태에서 시속 100km까지 4초대에 가속했다. 최고 시속은 325km가 넘었다. 가격은 무려 24만 달러였다. 디아블로는 배기량을 6.0L까지 키워 2001년까지 생산됐다.

람보르기니가 만든 SUV, 우루스

슈퍼카와 SUV는 다소 어울리지 않는다. 물론 이제는 옛날 말이다. 고사 위기에 처한 포르쉐가 팬들의 만류에도 불구하고 SUV 카이엔을 선보이며 기사회생에 성공한 것처럼 람보르기니 역시 2018년에 SUV인 우루스를 선보였다.

슈퍼카 업체도 SUV가 대세인 시장 트렌드를 무시하기는 어려운가 보다. 결과는 대성공이었다. 우루스를 라인업에 추가한 람보르기니는 2018년 전 세계에 5,750대의 차량을 팔아 브랜드 역사상 최대 판매 기록을 세웠다. 이는 전년 대비 무려 51%나 성장한 수치다. 우루스 덕분에 도로 위를 질주하는 성난 황소를 쉽게 발견할 수 있었다.

람보르기니의 외도는 사실 처음이 아니다. 잘 알려지지 않았지만 1986년부터 1993년까지 7년 동안 픽업트럭을 판매한 적이 있다. 300여 대를 파는 데 그쳤지만, 쿤타치의 V12 엔진을 얹어 최고 속도가 시속 210km에 달하고, 정지 상태에서 시속 100km에 도달하는 데 단 7초밖에 걸리지 않았다.

우루스는 람보르기니 특유의 기계적인 디자인을 가미해 어디서나 눈에 띈다. 날카로운 눈매와 모든 공기를 빨아들일 듯 거대한 프런트 그릴 여기에 납작한 차체는 독보적인 스타일링을 자랑한다. 포르쉐 카이엔, 레인지로버 스포츠, 애스턴마틴 DBX 등이 경쟁 모델로 거론되지만 어떤 것도 우루스를 대체하진 못한다.

심장은 V8 4.0L 트윈 터보 가솔린 엔진이다. 람보르기니가 판매하는 유일한 프런트-리어(FR) 파워트레인이다. 최고 출력은 650마력, 정지 상태에서 시속 100km까지 3.6초, 시속 200km까지는 12.8초가 소요된다. 최고 속력은 무려 시속 305km다. 등장하자마자 전 세계에서 가장 빠른 SUV라는 타이틀을 차지했다.

재미난 점은 우루스가 람보르기니에서 판매하는 가장 저렴한 모델이라는 사실이다. 시작가는 2억 중반부터다. 가족과 함께 즐길 수 있는 슈퍼카는 우루스가 유일하지 않을까. 가격이 상대적으로 저렴하고 4인승이라는 점이 우루스 흥행에 큰 공헌을 했다. 사실 우르스와 포르쉐 카이엔은 차체 뼈대를 공유한다. 두 브랜드 모두 폭스바겐 그룹에 속해서다.

자연 흡기 V12 엔진의 수호자

람보르기니를 대표하는 요소로는 날카롭고 각진 디자인 외에 자연 흡기 V12 엔진이 있다. 브랜드 최초로 선보인 350GT에서 시작해 에스파다, 자라마, 쿤타치, 디아블로, 무르시엘라고, 아벤타도르에 이르기까지 주요 모델에 자연 흡기 V12를 사용했다. 한때 보급형 모델인 우라코와 잘파에 V8을 쓰기도 했지만, 주요 차종은 아니었고 람보르기니 역사에서 예외적인 사례였다.

1998년 아우디 소속이 되면서 엔진 라인업에도 변화가 생겼다. 아우디가 개발한 V10 엔진을 가져다가 엔트리 모델인 가야르도에 얹었다. V12와 비교해 실린더 수는 두 개 줄었지만, V10 엔진에도 자연 흡기 방식을 계속해서 고수했다. 가야르도에 앞서 나온 플래그십 모델 무르시엘라고에는 전통에 따라 자연 흡기 V12 엔진을 사용했다. 이후 엔트리 모델에는 V10, 플래그십에는 V12를 쓰는 엔진 라인업을 이어가고 있다.

2018년 SUV 모델인 우루스가 등장하면서 엔진 라인업에 또다시 실린더 수가 줄어드는 변화가 찾아왔다. 우루스에는 아우디의 V8 엔진을 개량해 얹었다. 자연 흡기 방식 대신 터보차저를 적용한 점도 큰 변화다. 동력 성능과 배출 가스 규정을 만족하고, 무거운 SUV의 무게를 덜어내려면 불가피한 선택이었다. SUV인 우루스는 스포츠 쿠페인 아벤타도르나 우라칸과는 다른 영역에 속하므로 람보르기니 엔진 전략의 수정이라기보다는 전략의 추가라고 볼 수 있다.

친환경 규제 강화와 전동화 시대의 도래는 슈퍼카 브랜드에 크나큰 변수로

엠블럼 변천

1953~1963년

1963~1972년

1963~1972년

1972~1974년

1974~1998년

1998년~2024년

현재

작용했다. 맥라렌은 V8 트윈 터보 엔진이 주력이고, 하이브리드 모델에 V6 엔진을 사용한다. 역사적으로 페라리는 V6~V12를 두루 써왔지만 현재 V8 트윈 터보 엔진의 비중이 높다. 맥라렌과 마찬가지로 하이브리드 모델에는 V6 엔진을 사용한다. 한정판을 제외하고 V12를 얹은 모델은 812와 푸로산게 두 종류다. 한때 페라리가 V12 엔진을 단종한다는 소문이 돌았지만, 과급기나 하이브리드 시스템을 결합해 유지할 것으로 알려졌다. 람보르기니는 하한선을 V8에 두고 플래그십 모델에는 자연 흡기 V12를 고수한다.

람보르기니도 규제와 전동화 추세에서 자유로울 수는 없지만, 친환경차 주도권을 잡기 위해 전동화에 주력하는 다른 브랜드와 달리 서두르지 않는다. 내연기관 모델을 향한 충성도와 수요가 여전히 높다고 판단한 결과다. 경쟁 업체들은 수년 전부터 하이브리드 모델을 내놓았지만, 람보르기니는 2023년 들어서야 브랜드 최초로 플러그인 하이브리드(PHEV) 모델인 레부엘토를 출시했다. 아벤타도르 후속인 레부엘토는 PHEV 모델이지만 엔진에 여전히 자연 흡기 V12 방식을 사용한다.

전동화 추세에 맞춰 람보르기니는 2024년 하이브리드 전환, 2028년 순수 전기차 출시를 목표로 내세웠다. 최초로 선보일 순수 전기차는 일상용 성격이 강한 2+2 크로스오버라고 알려졌다. 슈퍼 스포츠카는 내연기관 엔진을 품은 하이브리드를 유지하고, 전기차는 일상용 자동차에 적용하는 두 갈래 전략을 추진해 나갈 전망이다.

레부엘토. PHEV 모델이지만 여전히
자연 흡기 V12 방식을 고집한다.

랜드로버

럭셔리 사륜구동 SUV의
결정판

설립자
—
모리스 윌크스

설립 연도
—
1948년

대표 모델
—
디펜더, 디스커버리, 프리랜더, 레인지로버

엠블럼
—
랜드로버는 원래 실용성에 바탕을 둔 차량을 지향한다.
이러한 자신의 정체성을 엠블럼에도 드러내려고
간결한 디자인을 채택했다.

오프로드를 정복한 최강의 자동차

서울 강남에서 가장 많이 보이는 대형 SUV는 단연 레인지로버다. 영국 SUV 전문 브랜드 랜드로버의 최상위 모델 말이다. 워낙 덩치가 커 쉽게 눈에 띄는 데다 폭이 넓어 웬만한 주차선 두 줄을 차지한다.

국내에 처음 출시된 때가 2013년 3월이다. 대당 가격이 1억 5,000만 원이 넘는데도, 매달 평균 100대 이상 팔렸다. 한때 '강남 싼타페'라는 별칭이 붙을 만큼 '핫'한 수입차였다.

당시 레인지로버는 주문한 뒤 4~5개월을 기다려야 받을 수 있을 만큼 인기였다. 이 차가 나오기 전 강남 부자의 SUV는 포르쉐 '카이엔'이었다. 카이엔 역시 덩치가 커 주위를 압도했으며 시속 200km를 손쉽게 돌파하는 고성능 모델이다. 두 차량의 공통점은 고성능에 주위의 시선을 끄는 큰 덩치였다. 특이한 것은 꽤 많은 여성이 이 차를 선호했다는 점이다.

어떤 차를 타고 다니냐에 따라 사람의 사회적 지위를 판단하는 한국 특유의 문화도 더해졌지만, 레인지로버는 부자들의 차량으로 손색이 없었다. 고성능에 덩치가 컸지만, 디자인이 정교해 매력적이었다. 레인지로버는 2015년 이후 글로벌 SUV 붐이 일면서 한국뿐 아니라 전 세계 시장에서 물량이 달릴 정도로 인기 상종가다. 특히 중국에서는 없어서 못 파는 차로 꼽힐 정도였다.

최상층 부자들의 뒷좌석 전용차(쇼퍼 드리븐) 하면 롤스로이스나 벤틀리 같은 영국 명차가 떠오른다. 럭셔리 대형 세단 하면 메르세데스-벤츠 S-클래스, 슈퍼카 하면 페라리 같은 차가 대표적이다. 그렇다면 부자들의 스포츠유틸리티차량(SUV)은 어떤 차일까.

바로 1960년대 영국 최대 자동차 회사였던 로버자동차가 별도 브랜드로 만든 랜드로버 '레인지로버'가 정답이다. 랜드로버는 창사 이래 SUV 외길만 걸어왔다. 레인지로버는 랜드로버의 최상위 모델이다. 토요타의 고급차 브랜드 렉서스와 비슷하다.

고급 SUV의 대명사, 레인지로버.
사막의 롤스로이스라는 별칭이
유명하다.

그렇다면 랜드로버의 성공 비결은 무엇일까. 한길만 파온 역사와 럭셔리 SUV임을 고집하는 뚜렷한 색깔에서 찾을 수 있다. 랜드로버를 되뇔 때 떠오르는 이미지는 항상 비슷하다. 모험과 대자연이다. 언제든지 떠날 수 있도록 만반의 채비를 갖추고 주인을 기다리는 애마라고나 할까.

문을 열고 운전석에 오르면 눈이 쌓인 길이든 사막이든 마음먹은 곳은 어디든 데려다줄 것이라는 믿음이 솟는다. 실제 오너들이 이 비싼 차를 타고 오프로드를 주행하는 경우는 극히 드물다. 하지만 '어디든 나를 데려다줄 수 있다.'라는 자신감을 주는 극강의 능력이 랜드로버를 선택하는 요소 가운데 하나다. 랜드로버는 지금도 오프로드 성능을 절대 포기하지 않는다. 이 점은 전기차 랜드로버에서도 마찬가지일 것이다.

역사를 보면, 랜드로버는 풍운아처럼 여기저기 떠돌았다. 1990년대 이후 주인이 세 번이나 바뀌었다. 1994년에 BMW가, 2000년에 포드가, 마지막으로 2008

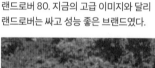

랜드로버 80. 지금의 고급 이미지와 달리
랜드로버는 싸고 성능 좋은 브랜드였다.

년에 인도 타타모터스가 인수했다. 랜드로버는 영국 문화가 깊게 밴 인도 기업을 새 주인으로 들이면서 제2의 전성기를 맞아 부활했다. 타타는 랜드로버 영국 디자인센터와 연구개발 부서, 생산 공장을 그대로 뒀다. 랜드로버의 유전자인 영국풍에 일절 손을 대지 않은 것이다. 랜드로버에는 영국의 유전자가 그대로 살아 있다.

2019년 이후 모기업인 타타그룹의 경영이 어려워지고 세계 최대 자동차 시장인 중국에서 품질 문제가 두드러지자 다시 위기의 전조가 들려왔다. 랜드로버는 2021년 초 새로운 전략을 발표하며 이를 타개하려 했다. 2030년까지 전 모델을 전동화하겠다는 '리이매진'(Reimagine) 전략이다. 연비가 나빠 기름 벌레로 유명한 V8 5.0L 슈퍼차저로 대표되는 랜드로버가 전동화로 새로운 날개를 달겠다는 의미다.

농부의 전용차에서 시작한 레인지로버

랜드로버의 뿌리는 영국 최대의 자동차 회사였던 '로버'(Rover)다. 이름의 절반이 겹치는 데서 짐작할 수 있듯 랜드로버는 로버의 브랜드였다. 로버는 '떠돌이' 또는 '유랑자'를 뜻한다. 그래서인지 이름처럼 살았다.

로버는 80~90년대에 고질적인 품질 문제로 판매가 부진했고 부도 위기에 몰렸다. 1994년 독일 BMW에 인수됐는데, 새 주인인 BMW마저 로버 경영 재건에 실패해 2000년 공중분해가 됐다. 로버는 1990년대 전륜구동의 명가인 혼다와 기술제휴를 맺고 다양한 세단을 생산했다. 그러다 결국 여기저기 주인을 찾다 사라졌다.

로버의 뿌리는 자전거 회사다. 1878년 존 캠프 스탈리와 윌리엄 서튼이 영국 코벤트리에서 창업했다. 스탈리는 1885년 바퀴 두 개를 달고 체인으로 뒷바퀴를 굴리는 '로버 자전거'를 개발했다. 당시 자전거의 일반적인 모습은 바퀴를 세 개 단 '트라이시클'이었다. 스탈리의 자전거는 바퀴 수가 하나 줄었지만, 여느 자전거

보다 오히려 더 안정적이었다. 당시 "자전거의 새로운 기준을 세웠다."라는 평가를 받았다.

1904년 스탈리는 자동차 제조에 뛰어들었다. 당시 유럽에서는 자전거 회사가 자동차 회사로 변신하던 중이었다. 로버가 내놓은 첫 차는 '로버 8'이다. 1919년에는 공랭식 수평대향 2기통 998cc 엔진을 얹은 소형차를 내놓았다. 이름은 그대로 로버 8이었다. 저렴한 가격으로 당시 인기 소형차였던 오스틴 세븐을 추격하며 1925년까지 1만 7,000대 이상 팔렸다.

로버는 2차 세계대전 기간 군수 업체로 변신해 성장을 이어갔다. 군용차와 전투기 엔진까지 생산하던 로버는 전쟁 때 쓰던 설비를 이용해 농업에 적합한 차량을 개발하기로 했다. 랜드로버 역사의 시작이었다.

1946년 로버의 기술 책임자였던 스펜서와 모리스 윌크스 형제는 2차 세계대전 당시 비포장도로를 가리지 않고 전천후로 누볐던 미군의 '윌리스 지프'에 주목

———→

로버 8. 자전거 회사였던 로버가
처음으로 만든 소형차다.

했다. 물론 지프는 험로 주행 성능이 뛰어나지만, 적재 공간이 부족해 농업용으로 적합하지 않았다. 스펜서와 모리스는 볏단을 나르기 좋은 농업용 지프를 만들 요량이었다. 이들은 버밍엄 근교 솔리헐의 군수공장을 자동차 공장으로 개조했다. 버려진 군수공장과 물자를 활용하기 위해서였다. 구동장치는 일단 윌리스 지프의 것을 그대로 썼다. 차체는 전투기 조립에 쓰다가 재고로 많이 남은 알루미늄을 이용했다. 알루미늄은 제조원가가 비쌌지만 가벼운 데다 녹이 슬지 않았다.

시트는 중앙에 놓았다. 운전석이 한가운데에 위치하면 농부가 주변 상황을 살피며 운전하기에 편했다. 게다가 영국과 반대로 우측통행을 하는 나라에도 그대로 수출할 수 있었다. 1.6L 가솔린 엔진은 55마력을 냈고, 수동 4단 변속기를 이용해 네 바퀴에 동력을 전달했다. 짐칸을 조금이라도 더 넓게 쓰려고 스페어타이어는 보닛 위에 얹었다. 1948년 '랜드로버 시리즈 Ⅰ'이라는 이름으로 등장한 이 차는 영국 농부들의 사랑을 받아 1년 만에 로버 승용차의 출고량을 추월했다.

───────→

50년대에 만들어진 랜드로버 88 시리즈 I.
보닛 위에 있는 스페어타이어가 눈에 띈다.

험로를 거뜬히 달리는 데다 고치기 쉽고, 많은 짐을 실을 수 있다는 장점이 소비자들을 매료했다. 1952년에는 배기량을 2L로 키워 주행 성능을 더욱 높였다. 재미난 점은 영국 귀족들이 사냥터에서 장화에 흙을 묻히지 않으려고 개발한 레인지로버의 시조가 농부 전용차라는 것이다.

사막의 롤스로이스 레인지로버

랜드로버 시리즈 Ⅰ의 성공에 힘입어 로버는 랜드로버를 SUV 전용 브랜드로 정착시키고 1960년부터 고급화를 추진했다. 영국 귀족이 좋아할 만한 SUV 전용차 제작에 들어간 것이다.

영국 귀족은 런던 저택 이외에 '컨트리 하우스'라는 별장을 갖고 있었다. 넓은 목장과 시내가 딸린 호화 주택으로 대자연을 만끽할 수 있는 곳이다. 귀족들은 친구나 정치인들을 그곳으로 불러 파티를 열고 사냥을 즐겼다. 문제는 타고 갈 차였다. 롤스로이스와 벤틀리를 몰고 가기에는 길이 험했다. 물론 미국의 지프를 흉내 내 만든 디펜더가 있지만, 고급차에 익숙해진 귀족에게는 달구지처럼 느껴졌다. 그들에게는 험로 주행 능력과 고급스러움을 그대로 지닌 채 아스팔트 도로를 쏜살같이 달려주는 SUV가 필요했다. 1968년 초, 프로젝트 팀은 양산에 필요한 디자인 작업을 끝냈고, 1970년 4월 레인지로버 초대 모델을 출시했다.

프로젝트 팀은 미국에서 인기를 끌던 지프를 벤치마킹하면서도 차별화를 시도했다. 덩치는 더욱 키우고, 네 바퀴 굴림 방식을 채택했다. 그리고 바퀴가 위아래로 움직일 수 있도록 서스펜션의 활동 범위를 극대화했다. 이 때문에 상용차에 많이 쓰던 판스프링 대신 승용차에 달던 부드러운 스프링을 끼웠다. 험로를 달릴 때 탑승객에게 전해지는 충격을 최소화하기 위해서였다. 네 바퀴에 있는 브레이크에는 죄다 고급스러운 디스크를 달았다.

여기에 강력한 오프로드 성능은 그대로 두고, 디자인은 편안한 왜건 스타일을 적용했다. 특히 높직한 위치에 자리 잡은 군용 스타일의 커맨더 시트는 승용차의 낮은 시트에 익숙하던 당시 부자들에게 짜릿한 흥분 그 자체였다.

이 차는 '사막의 롤스로이스'로 불리며 쾌적하고 고급스러운 사륜구동을 원하는 귀족들의 요구를 모두 반영했다. 고급스러운 내장, 좋은 승차감, 빠른 스피드 등 승용차다운 요소를 충족하면서 악천후에서는 물론 오지에서도 강력한 성능을 발휘했다. 왜건형 차체에 강력한 V8 엔진과 상시 사륜구동을 조합했다. 시장 반응은 폭발적이었다. 이 차는 전 세계 부유층이 꼭 보유해야 할 전천후 SUV가 됐고, 붐을 일으켰다. 시판하기 무섭게 대기 명단이 가득 찼다. 값은 1,998파운드로 당시 동급 차종에서 가장 비쌌다. 그래서인지 국내에서도 대기업 총수 대부분이 레인지로버를 갖고 있었다.

초대 레인지로버가 대박이 나면서 로버는 랜드로버 브랜드를 독립시켜 소형부터 대형 SUV까지 라인업을 구성했다. 그리고 오프로드 성능을 살린 채 편안한

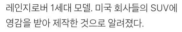

레인지로버 1세대 모델. 미국 회사들의 SUV에 영감을 받아 제작한 것으로 알려졌다.

승차감을 강조하면서 도심에도 적합한 SUV를 개발하고자 했다. 대표적인 사례가 트럭에 쓰던 딱딱한 프레임을 버리고, 사다리꼴 틀 위에 차체 껍데기를 얹는 방식을 채용한 점이다. 이처럼 랜드로버는 승용차 개발에 사용한 기술로 무게를 줄이고, 승차감을 좋게 하는 일거양득의 효과를 거뒀다.

1980년대, 레인지로버가 인기를 끌면서 부유층을 바라보는 중상층에서도 럭셔리 SUV 수요가 급증했다. 랜드로버는 1989년 보급형 레인지로버 격인 디스커버리를 내놨다. 레인지로버보다 가격이 30% 이상 저렴했다. 디스커버리는 험로에서 타의 추종을 불허하는 최고의 오프로더이자 패밀리카로 부족함 없는 실용성과 편의성을 지녀 신흥 부자들의 SUV로 순식간에 자리 잡았다. 문제는 품질이었다. 고질적인 잔고장이 랜드로버의 이미지를 갉아먹었다. '디스커버리=물 새는 차'라는 닉네임이 붙기도 했다.

2000년대 중반 랜드로버는 또 한 번 변신했다. 각지고 거대한 덩치에 아름다움을 가미한 것이다. 2004년 출시된 디스커버리 3는 랜드로버 디자인 변혁의 시작점이다. 이후 랜드로버는 강력한 SUV에서 아름다운 차로 거듭났다.

2011년에 나온 레인지로버 이보크는 누구보다 뛰어난 험로 주행 성능을 자랑하며, 'SUV 쿠페'라는 감각적인 디자인을 뽐낸다. 감성과 품질 모두를 꼼꼼히 챙겼다. 독일차에 견줘도 내장이나 마무리가 뒤질 게 없었다. 세계에서 가장 까다롭다는 한국의 자동차 소비자에게 레인지로버가 인기를 끈 이유가 바로 이것이다.

랜드로버는 점점 도심형으로 진화하면서도 오프로드 유전자는 그대로 간직했다. 첨단으로 거듭났을 뿐이다. 2004년 디스커버리 3에서 선보인 '지형 반응 시스템'이 대표적이다. 이 시스템은 현재 랜드로버의 모든 차종에 장착돼 있다.

개발 팀은 지형 반응 시스템을 개발하면서 다섯 대륙을 넘나들며 영하 40도에서 영상 50도에 이르는 기후와 50가지 지형을 꼼꼼하게 연구했다. 지형을 일반도로와 미끄러운 노면(수풀, 자갈, 눈), 오프로드(진흙, 모래, 바위)로 나눠 각 상황에서 네 바퀴가 최대한 노면을 움켜쥐고 박찰 방법을 고민했다. 메뉴에 따라 시스템은 차의 높이와 엔진 반응, 앞뒤 바퀴의 회전 차이를 제한하는 등 세밀하게 분석

유려한 디자인이 돋보였던 레인지로버 이보크.
도시에서도 잘 어울리는 세련됨이 있다.

했다. 노면에 따라 어느 정도의 헛바퀴도 허용하고, 엔진과 변속기를 굼뜨게 만들기도 했다. 어떤 도로 여건에서도 랜드로버는 모든 역량을 동원해 앞으로 나아갈 방법을 찾는다. 하지만 이런 전자 장비가 많이 장착되면서 랜드로버만의 개성을 잃어버렸다는 비판이 나오기도 했다.

캠핑장의 절대 강자 디스커버리 4

필자는 실제 랜드로버 디스커버리 4의 놀라운 성능을 경험했다. 2010년 1월 4일의 일이었다. 서울에 60년 만에 기록적인 폭설이 내려 승용차로 출퇴근하는 대중교통이 완전히 마비됐다. 운때(?)가 맞았는지 마침 새로 나온 디스커버리 4를 시승하는 중이었다. 이 차를 타고 출근길에 나선 이날, 위풍당당이라는 말을 실감했다. 대부분 후륜구동인 고급차들이 눈길에 미끄러져 멈춰 섰을 때 디스커버리 4는 전천후 활약을 했다. 국산차 가운데는 에쿠스, 제네시스 등이 길거리에 버려져 있었다. 수입차 중에도 벤츠, BMW가 방치된 모습을 쉽게 볼 수 있었다. 이날 출근길에 디스커버리 4로 건져 올린(?) 견인 차량만 네 대에 달했다. 그 가운데는 소형 학원버스 한 대도 있었다. 그야말로 놀라운 눈길 주파 능력을 보여준 것이다.

이처럼 필자가 눈길에서 자유롭게 도로를 달릴 수 있었던 것은 단순히 그림만 보고 스위치를 돌리면서 조작할 수 있는 '지형 반응 시스템' 덕분이었다. 처음에는 눈길 주행 능력을 반신반의하면서 출근길에 나섰는데, 솔직히 못 미더웠다. '2.6톤에 달하는 차가 길거리에서 퍼지면 어떻게 하나.' 하는 걱정이 몰려왔지만, 디스커버리 4는 이런 우려를 말끔히 날려버렸다. 버튼 시동을 걸고 간단하게 지형 반응 스위치를 눈길 표시가 된 곳으로 돌렸을 뿐이다. 그다음부터는 놀라운 접지 능력이 필자를 흥분시켰다. 미끄러운 눈길에서 접지력을 알아서 적용해 달리는 능력은 한마디로 놀라웠다. 그 어떤 사륜구동차에서도 경험하지 못한 흥분이

필자가 경험한 디스커버리 4의
험로 주파 능력은 실제로 대단했다.

었다. 눈길 언덕 출발도 문제가 없었다. 전자 제어식 브레이크가 출발을 도왔다. 일반 도로에서는 다시 지형 반응 스위치를 일반 도로 상태로 돌리면 자동으로 조절된다.

엔진은 푸조와 공동으로 개발한 V6 3.0L 트윈 터보 디젤이다. 물론 V8 5.0L 가솔린도 있다. 디젤 엔진은 출력뿐 아니라 정숙성에서 세계 최고 수준이다. 2열 좌석의 경우 디젤 엔진 소리를 거의 들을 수 없을 정도다. 3.0L 트윈 터보 디젤은 최고 255마력, 최대 토크 61.2kgf.m를 낸다. 8단 자동변속기를 얹고 공인 연비는 9.8km/L가 나온다. 2.6톤의 덩치를 감안하면 경제성도 뛰어난 편이다.

7인승인 이 차는 험로 주행 능력도 탁월하지만, 가족들이 레저를 즐기는 데 부족함 없는 실용성과 편의성을 갖췄다. 실내를 계단식 구조로 만들어 뒷좌석 시야도 좋을 뿐 아니라, 어른 다섯에 아이 둘이 타면 '딱' 맞다. 당시 한창 캠핑에 빠져 있던 필자는 서둘러 캠핑 전용차로 디스커버리 4 중고차를 선택했다.

이 차는 아직도 산악자전거를 즐기거나 짐을 많이 싣는 전문 캠퍼들에게 인기가 높다. 캠프장에 들어서면 주위 시선을 사로잡는다. 널찍한 적재 공간은 물론, 눈이 쌓인 캠프장도 거침없이 올라가는 주파 능력뿐 아니라 각종 편의 장치도 경쟁 독일 브랜드와 비교해 손색이 없다.

온로드 고성능 특화 모델, 레인지로버 스포츠

SUV 또는 스포츠카 등 특정 차종만 생산하는 전문 브랜드는 시장 한계를 극복하지 못하면 도태되기 쉽다. 규모의 경제를 실현하지 못하면 생존에 위협이 따르므로 전문 브랜드도 다양한 방법으로 규모 키우기에 나선다. 납작한 스포츠카 전문 브랜드 포르쉐가 2002년 선보인 SUV 카이엔이 대성공을 거두면서 스포츠카 또는 세단 전문 브랜드도 줄지어 SUV 시장으로 외도를 한 것이다. 람보르기니, 벤틀리, 롤스로이스, 마세라티, 재규어, 애스턴 마틴 등 여러 브랜드가 SUV 시장에 뛰어들었다. SUV 열풍과 맞물려 이들 SUV는 인기리에 팔리고 있다.

정작 SUV 전문 브랜드가 세단을 만드는 반대 현상은 일어나지 않는다. 대표적인 SUV 전문 브랜드인 랜드로버나 지프는 꿋꿋하게 SUV만 고수한다. 한때 랜드로버의 외도 소식이 들려온 적이 있다. 2010년대 말 랜드로버가 세단을 만든다는 소문이 돌았다. 랜드로버가 로드 로버라는 상표를 등록했고, 세단 계열 형태로 벨라 디자인을 본떠 나온다는 내용이었다. 같은 그룹 안의 재규어가 SUV를 내놨으니, 랜드로버가 재규어 자원을 활용해 세단을 만드는 상황도 충분히 예상해 볼 수 있다. 현재 랜드로버 세단 이야기는 쏙 들어갔다. 세단 인기가 예전만 못한 때에 군이 랜드로버가 세단 시장에 뛰어들 필요성도 적고, SUV 모델 전동화가 시급해서 세단으로 눈 돌릴 틈도 없어 보인다.

랜드로버는 세단 같은 타 분야로 눈을 돌리는 대신 현재 라인업 안에서 다변화를 추구한다. 오프로더에서 온로드 모델로 특성에 변화를 준 것도 한 단면이다.

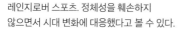

레인지로버 스포츠. 정체성을 훼손하지
않으면서 시대 변화에 대응했다고 볼 수 있다.

오프로더 특성이 강한 랜드로버라 할지라도 소유자 대부분은 온로드에서 탄다. 랜드로버도 시장 요구를 무시할 수 없다. 디자인, 차체 구조, 승차감 등에서 이미 온로드 모델 특성이 자리 잡았다. 애초에 온로드 특성에 기반을 두고 오프로드 성능을 가미하는 경쟁 모델과 달리, 오프로더 특성에 기반한 온로드 모델이라는 정반대의 접근 방식을 추구하는 점에서 차이를 보인다.

고성능 모델도 다변화를 추구하는 방법이다. 오프로드 특화 모델이라는 특색이 강한 랜드로버에 고성능은 어울리지 않아 보이지만 오히려 독특한 특성으로 틈새를 공략한다. 2005년 선보인 레인지로버 스포츠는 온로드용 고성능 모델이라는 점을 강조한다. 1999년 선보인 BMW X5가 도심형 프리미엄 SUV로 성공하자 이에 자극받아 만든 모델이 레인지로버 스포츠다. 이미 레인지로버는 V8 5.0L 엔진을 활용해 고성능 이미지를 강조해 왔다. 랜드로버는 성능 수준을 한 단계 높인 SVR이라는 고성능 모델을 레인지로버 스포츠에 처음으로 적용했다.

2014년 2세대 모델에 550마력 5.0L V8 엔진을 얹은 고성능 트림인 SVR이 생겼다. 레인지로버 스포츠 SVR은 BMW M이나 메르세데스-AMG의 동급 모델과 비교해도 손색없다는 평가를 받는다. 2023년 선보인 3세대 모델에서 SVR은 SV로 이름이 바뀌었고, 출력이 635마력으로 높아졌다. 정지 상태에서 시속 100km 가속을 3.5초 만에 끝낸다. 오프로더 이미지가 강한 랜드로버 모델에서 상상하기 힘든 수치다.

고성능 모델은 프리미엄 브랜드의 필수 요소로 자리 잡았고, 희소한 차를 원하는 트렌드에 따라 시장도 커지고 있다. 랜드로버는 오프로더 특화 브랜드의 온로드용 고성능 모델이라는 희소성을 다변화의 한 방법으로 활용한다. 내연기관이 퇴보하는 이 시기에 고성능 모델을 유지하는 것이 과연 올바른 전략인지 의문이 생길 수 있다. 하지만 각 제조사의 고성능 모델 역시 하이브리드와 전기로 진화하며 새로운 돌파구를 찾고 있다. 랜드로버가 전동화를 적극적으로 추진하더라도 고성능 모델은 계속해서 끌고 가야 할 필수 요소다.

리이매진 전략에 따라 2024년에 출시된
PHEV 모델

위기는 전동화로 타개한다!

2019년부터 랜드로버는 글로벌 시장에서 품질 문제가 불거지면서 판매가 주춤했다. 물론 2018년부터 위기는 찾아왔다. 중국에서 재규어랜드로버가 판매 부진의 여파로 큰 폭의 손실을 본 것이다. 무려 31억 2,900만 파운드의 적자를 기록하며 직원 4,500명을 정리 해고하기도 했다. 2020년에는 코로나19 탓에 경영에 더욱 어려움을 겪었다.

재규어랜드로버는 부진에서 벗어나고자 2021년 2월 새로운 글로벌 전략 '리이매진'을 발표했다. 구체적인 내용을 살펴보면, 2025년부터 무공해 전기차를 출시하고 2039년까지 탄소 중립을 실현한다는 계획이다. 랜드로버는 향후 5년 안에 순수 전기차 6종을 출시한다. 첫 번째 모델은 2024년에 출시한다. 2025년까지 랜드로버는 출시 모델의 60%를 순수 전기차로 채운다.

본격적인 전동화 시대의 개막을 앞두고 랜드로버는 두 가지 전용 플랫폼을 도입한다. 먼저 MLA(Modular Longitudinal Architecture)는 내연기관에 전기 모터를 적용하는 하이브리드 시스템이다. 플러그인 하이브리드, 풀 하이브리드, 마일드 하이브리드 등과 비슷하다. 여기에 순수 전기차 플랫폼 EMA(Electric Modular Architecture)를 2024년에 공개한다. 순수 전기차 전용 플랫폼으로 단순한 설계가 특징이다. 새로운 전동화 플랫폼을 개발하는 이유는 단순히 신모델을 출시하려는 데 있지 않다. 조립라인에서 생산되는 모델과 플랫폼의 수를 통합해 효율과 품질을 높이려는 방책이다.

그동안 랜드로버는 전동화에 소극적인 브랜드였다. 2006년 제네바 모터쇼에서 랜드 E 콘셉트라는 이름의 디젤 하이브리드 콘셉트카를 공개한 이후 마일드 하이브리드 혹은 플러그인 하이브리드 모델만을 출시했다. 최근 강화되는 배기가스 배출 기준을 충족하기 어려워 거액의 탄소 배출 벌금을 내야 했다. 국내에서는 레인지로버와 레인지로버 스포츠에 플러그인 하이브리드 시스템을 조합한 모델을 판매하고 있지만, 비인기 모델이다.

전동화 시대에 랜드로버의 전략 수정은 바람직해 보인다. 문제는 성공 가능성이다. 거대 자동차 브랜드들이 모두 전동화로 방향을 튼 가운데 연간 판매량이 100만 대에도 못 미치는 랜드로버는 생존이 쉽지 않아 보인다. 선결 조건도 눈에 띈다. 전동화의 키는 무게 감량이라는 점이다. 랜드로버의 엔트리 모델인 디스커버리 스포츠부터 레인지로버까지 모두 동급 차량에 비해 100kg 이상 무겁다. 전동화로 가려면 다이어트가 필수다.

랜드로버는 '사막의 롤스로이스'로 불릴 만큼 내연기관 SUV 시장에서 제왕으로 군림해 온 브랜드다. 그만큼 독보적인 헤리티지와 정체성이 단단하다. 다만 전동화 시대가 빠르게 다가오면서 럭셔리 SUV의 자리를 유지할 수 있을지 의문이 들기도 한다. 전기 자동차가 대세가 되면 지난 100여 년간 구축된 자동차 업계의 위상이 뒤바뀔지도 모른다. 랜드로버는 전동화라는 태풍 앞에서 어떤 모습을 보여줄 수 있을까.

엠블럼 변천 ───────────────────────────────

| 1948~19??년 | 19??~1968년 | 1968~1978년 | 1978~1986년 |

| 1986~2021년 | 1996~2021년 | 2021년~현재 |

메르세데스 -벤츠

경험 가능한 미래, 럭셔리의 모범답안

설립자

카를 벤츠, 고틀리프 다임러

설립 연도

1926년 6월 28일

대표 모델

모터바겐, G바겐, SL, C-클래스, 300SL 걸윙 쿠페, S600, SLS

엠블럼

둥근 테두리 안에 삼각형 모양의 별이 들어 있다.
테두리는 Benz & cie의 월계수 문양에서
삼각별은 DMG의 엠블럼에서 따왔다. 삼각별에는
하늘, 땅, 바다에서 최고가 되겠다는 포부가 담겨 있다.

자동차의 미래를 보는 기준

필자는 100년이 넘는 자동차 역사를 크게 두 가지로 구분한다. 1900년대는 기계공학자들이 지배했던 자동차 양산의 시대다. 성능 좋은 차를 품질 좋게 만드는 게 경쟁력의 관건이었다. 초기에는 미국과 독일, 영국, 프랑스, 이탈리아 같은 유럽 주요국이 각축을 벌였다. 그리고 후발로 일본과 한국이 뛰어들었다. 결과는 대중차 분야에서는 대량생산과 품질관리(QC)라는 두 마리 토끼를 잡은 토요타가 방점을 찍었고, 고급차 분야에서는 기술과 안전, 브랜드 가치로 대표되는 메르세데스-벤츠(이하 벤츠)가 있었다.

2000년대는 자동차의 전자화가 급격히 진행되면서 경쟁 패러다임이 바뀌었다. 자동차와 IT(정보기술)가 만난 것이다. 자동차의 각종 전자기기를 운전자 또는 휴대전화와 연결해 주는 인터페이스가 경쟁력이 됐다. 2010년대 포드가 IT 업계의 거인 마이크로소프트와 제휴해 다시 살아난 것을 대표적인 사례로 꼽을 수 있다. 지금은 이런 흐름이 전동화라는 거대한 물결로 나타나고 있다.

패러다임 변화에 휘청한 회사가 벤츠다. 안전과 고급스러움에서는 여전히 세계 정상이지만 IT와 관련해서는 전혀 앞서지 못했다. 특히 한국 시장에서는 내비게이션이나 블루투스 같은 IT 기술력에서 BMW에 뒤지면서 수입차 1위의 자리를 내준 쓰라린 기억도 있다. 현재도 벤츠의 전자 장비는 경쟁 업체를 압도하지 못한다. 내연기관 시대가 종말을 고하면서 결국 벤츠는 테슬라라는 새로운 상대와 경쟁해야 한다. IT와 접목된 기술 분야에서 테슬라가 헤비급이라면 벤츠는 미들급 정도에 불과하다. 사각 링에서 한판 붙는다면 역전할 기회를 찾을 새도 없이 100전 100패에 그칠 것이다.

내연기관 130여 년의 역사가 저물고 앞으로는 전기차 시대다. 테슬라가 빠른 속도로 전기차 시대를 열고 있다. 테슬라 전기차는 동력기관을 전기모터와 배터리로 바꾼 데 그치지 않는다. IT 기술을 적극적으로 접목해 무선으로 소프트웨어를 업데이트(OTA)하고 웬만한 성능 향상은 모두 OTA로 해결한다. 하드웨어 잘 만들기에 그친 벤츠가 따라잡기 어려운 분야다. 벤츠 역시 2019년 순수 전기차 EQC를 출시했지만, 내연기관을 전기모터로 바꾼 데 그친 수준이었다.

물론 2019년 이후의 행보를 보면, 그들도 가만히 앉아 자신의 쇠락을 바라보고만 있지는 않았다. 그도 그럴 것이 지난 100년간 벤츠는 "자동차의 미래를 알려면 벤츠를 보라."라는 문장에서 보듯 앞서가는 자동차 회사의 상징이었다. 그들은 한마디로 저력이 있는 회사다. 여기서 잠깐 시간을 돌려 벤츠의 과거를 엿보자. 그들의 이력이 실력을 말해준다.

벤츠는 지난 1998년 미국 대중차 크라이슬러(연산 300만대)를 인수하면서 눈에 띄게 쇠락했다. 당시 세계 자동차 업계에서는 '생산량 기준 세계 빅5에 들지 못하면 살아남지 못한다.'라는 주장이 거셌을 때다. 하지만 이는 결과적으로 틀린 말이 됐다. 프리미엄과 대중 브랜드의 결합은 숱한 화제를 뿌렸지만, 합병 서류의 잉크가 마르기도 전에 독일과 미국 조직 문화의 충돌이 거셌다. 미국 언론은 '독

벤츠 최초의 순수 전기차 EQC.
벤츠만의 차별점을 보여주지 못했다는 평가다.

일 나치가 돌아왔다.'라면서 벤츠를 몰아세웠다. 신차 개발에서도 혼란이었다. 고급차 기술을 크라이슬러에 접목하면서 일부 모델은 저렴한 벤츠가 됐지만, 두 회사의 브랜드 가치는 희석됐다.

그러자 한참 뒤처졌던 BMW와 아우디가 기회를 잡고 맹추격했다. 벤츠 S-클래스가 독보적이었던 대형 세단 시장에 BMW 7시리즈, 아우디 A8이 야금야금 점유율을 늘렸다. 특히 BMW는 벤츠가 취약한 중소형 세단과 SUV 모델을 앞세워 2006년에 역사상 처음으로 벤츠를 제치고 고급차 1위에 올랐다. 예전 상대가 안 됐던 아우디까지 벤츠의 턱밑까지 추격했다.

크라이슬러는 벤츠에 독이 든 사과였다. 정신을 차린 벤츠는 2006년 10조 원 이상을 손해 보고 나서야 크라이슬러를 포기했다. 그리고 프리미엄 시장의 챔피언으로 돌아왔다. 하지만 '잃어버린 10년'은 컸다. 큰 차를 팔아 이익을 냈던 시대가 가고, 소형차와 친환경차 소비층이 두꺼워진 것이다.

쇄신을 외친 벤츠는 가장 먼저 '나이 든 부자가 타는 큰 차'라는 이미지에서 탈피하려고 노력했다. 30, 40대 성공한 젊은 소비자를 끌어들이지 못하면 미래가 없다는 것을 간파한 것이다. 후륜구동만 만들던 벤츠는 2000년대 초 전륜구동 모델을 내놓으며 소형차를 개발했다. 바로 차고가 높은 해치백 스타일의 A·B클래스다. 10여 년간의 숙련을 거치며 2012년과 2013년에는 '전륜구동도 벤츠가 만들면 다르다.'라는 사실을 보여줄 만한 신형 A·B클래스를 출시했다. 엔진을 전륜구동에 맞도록 처음으로 가로 배치로 바꿨다. 승차감을 좌우하는 서스펜션도 잘 숙성해 코너링도 날렵하게 했다. 키는 낮추면서도 실내 공간은 더 넓게 다듬었다. 바뀐 시대에 제대로 적응한 첫 작품을 내놓은 것이다.

벤츠는 이렇듯 자신을 혁신하며 앞으로 나아가는 모습을 자주 보여줬다. 지금까지 벤츠가 새롭게 내놓은 모델들이 모두 자동차 업체의 벤치마킹 대상이 됐다는 점에서 이는 역사가 증명한다. 2003년에 나온 4도어 쿠페 CLS가 대표적인 경우다. 유선형 쿠페는 날렵하게 떨어지는 뒷유리창 곡선이 특징이지만 이런 디자인 때문에 뒷좌석은 비좁아 애완견이나 겨우 태울 정도여서 2도어가 상식이었다. 하지만 벤츠는 쿠페 대중화를 목표로 뒷좌석에도 어른이 앉을 수 있는 공간을 확보하고 탑승이 편리한 4도어 쿠페 CLS를 내놓았다. 그러자 다른 자동차 업체도 비슷한 차를 개발했다. 제대로 벤치마킹해 재미를 본 것이 폭스바겐의 4도어 쿠페 CC다.

심지어 벤츠의 역사는 '자동차 최초'의 기록이라고 할 수 있을 정도다. 최초의 가솔린 자동차를 비롯해 1935년 최초의 디젤 승용차(260D)를 개발했다. 최초의 트럭과 버스도 만들었으며, 레이스 대회에서 처음 우승한 제조사도 벤츠다. 안전 문제에 어느 브랜드보다 많은 투자를 했던 (당시) 다임러 벤츠는 1930년대 강화 측면 보호대와 안전 도어 잠금장치를 자동차 업계 최초로 개발했다.

1951년에는 충돌 사고가 일어나면 엔진이 아래로 밀려나 운전자의 부상을 막는 안전 차체를 개발해 특허를 땄다. 1953년에는 충격을 흡수하는 차체 구조(크럼플 존)를 개발했으며, 안전띠 역시 1959년에 벤츠가 처음 설치했다. 1959년에는 세계 최초로 충돌 테스트를 실시했다. 이제는 기본 장치로 여기는 ABS(브레이크 잠김 방지 장치)와 에어백 역시 벤츠가 처음 적용했다. 미끄러운 노면에서 바퀴가 헛돌거나 코너에서 밀려 나가는 현상을 막아주는 자세 제어 장치도 벤츠 아니면 어려웠던 신기술이었다.

벤츠 역대 최고의 명차로는 1954년에 출시된 스포츠카 300SL이 꼽힌다. 세계 최초로 문이 새 날개처럼 열려 마치 갈매기가 날아가는 것처럼 보이는 '걸윙 도어' 양산차다. 3L 215마력 엔진을 얹고 최고 시속 250km를 냈다. 걸윙 도어는 디자인이 돋보이지만, 안전성 확보가 어려워 생산하기가 무척 어렵다. 당시 자동차 업계에서는 '벤츠 아니면 할 수 없는 기적'이라는 반응이 나올 정도였다. 300SL은 1954~1963년에 3,258대가 생산됐다.

이후 람보르기니 같은 스포츠카 업체에서 걸윙 도어 붐이 일었다. 이 차는 2010년에 다시 태어났다. 신형 SLS AMG가 그것이다. 걸윙 도어는 그대로 살리고 현대적 디자인으로 다듬었다. 최고 시속은 300km를 넘어선다. 한국에 배정된 30여 대는 한 달 만에 모두 팔렸다. 대당 가격이 2억 8,000만 원이었지만 말이다.

역대 최고의 명차로 꼽히는 300SL 쿠페.
걸윙 도어 디자인은 많은 영향을 끼쳤다.

필자는 이 차를 2011년 두바이 서킷에서 직접 타봤다. 미쉐린타이어 초청으로 슈퍼카를 골라 타는 기회였다. 걸윙 도어의 SLS는 페라리급 이상의 성능을 보여줬다. 달리기 성능보다 걸윙 도어가 열릴 때 주는 엄청난 하차감이 가장 큰 매력이다. 서킷에서 시속 200km까지 5, 6초 만에 가속을 끝내는 놀라운 파워는 덤이었다. 수많은 시승 행사를 경험했지만, 걸윙 도어 SLS는 진주처럼 뇌리에 박힌 차로 자리매김했다.

한국은 벤츠 판매량이 높은 시장이다. 2억 원을 넘나드는 대형 S-클래스의 판매 순위는 세계 3위다. 2010년에는 전 세계 140여 개 해외 지사 중 성장률 1위(전년 대비 90%)를 기록했다. 오죽하면 독일 본사에서 한국을 배우라는 자료까지 만들었을까. 2016년부터 2022년까지 한국 수입차 시장 1위로 군림했다. 젊어진 디자인이 가장 큰 성공 요인이다. 2021년 상반기, 벤츠를 대표하는 10세대 S-클

S-클래스 중에서도 고가 모델인 마이바흐 S580.
고급, 혁신, 안전 등 벤츠를 상징하는 가치를 앞으로도
실현할 수 있을까.

래스가 출시됐다. 놀라운 신기술로 무장했을 뿐만 아니라 벤츠가 그동안 뒤졌던 IT와 디스플레이에서 경쟁 차급을 뛰어넘는 혁신을 보여줬다.

요즘 신차 개발의 트렌드는 전기차를 위시한 친환경차, 자동차의 IT화로 요약할 수 있다. '최고가 아니면 만들지 않겠다.'라는 창업 정신에 걸맞게 최고의 차를 만들었던 벤츠가 새로운 시대에 어떤 차를 만들어낼지 기대된다. 역경을 맞이할 때마다 자기 혁신으로 고난을 돌파하던 유전자를 이번에도 발휘할까.

자동차 역사는 곧 벤츠가 걸어온 역사

메르세데스-벤츠는 독일 만하임의 발명가 카를 벤츠(Karl Benz)에서 시작한다. 그는 1886년 1월 29일, 가솔린 엔진을 단 최초의 자동차를 특허 등록(페이턴트 모터바겐)했고, 이미 1883년에 세계 최초의 자동차 공장 '벤츠 앤드 시에'(Benz & cie)를 설립했다. 또 다른 자동차 발명가인 고틀리프 다임러(Gottlieb Daimler) 역시 1886년에 '말 없는 마차'라는 이름의 자동차를 개발한 데 이어 1890년 다임러 자동차(DMG)를 설립했다. 두 회사는 치열한 경쟁을 펼치며 30여 년간 독일 자동차 발전을 주도했다.

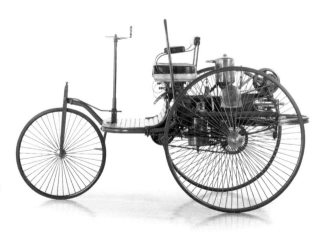

세계 최초의 자동차로 인정받는
페이턴트 모터바겐

메르세데스는 자동차와 별 상관없는 인생을 살았지만, 자기 이름을 자동차 업계에 남겼다.

여기서 짚어볼 것은 세계 최초의 자동차에 대한 이견이다. 당시 독일을 비롯해 프랑스, 영국, 이탈리아의 귀족들은 앞다퉈 자동차를 개발했다. 1887년, 이탈리아 베로나의 한 교수도 자동차 특허를 냈다. 인터넷도 없던 시대에 세계 최초의 자동차를 검증하기는 어려웠을 것이다. 어쩌면 벤츠가 세계 최초의 자동차로 인정받은 것은 특허 등록 기준일이 제일 빨랐을 뿐 아니라, 지금까지 성공적으로 자동차 사업을 지속하고 있기 때문일 것이다.

메르세데스(스페인어로 우아하다는 뜻)는 1902년 다임러가 만든 모델명에서 나왔다. 당시 다임러의 오스트리아 판매 지사장이던 에밀 옐리네크가 자기 딸의 이름인 메르세데스를 차명으로 써 달라고 요청했다. 그녀는 평범한 인생을 살았지만, 세상에 이름을 남긴 셈이다.

벤츠 앤드 시에와 DMG는 1926년에 합병했다. 독일의 1차 세계대전 패전으로 인한 경제난이 이유였다. 회사 이름은 '다임러 벤츠'였다. 다임러 로고를 그대로 썼는데, 원 안에 별 세 개를 결합한 형태다. 육지, 바다, 하늘에서 최고가 된다는 의미다. 레이스에 역점을 둔 다임러와 안전을 중요시한 벤츠의 만남은 절묘했다. 벤츠는 소량 생산으로 희소가치를 높이고 비싸게 판매하는 전략을 구사해 1960년대 유럽과 미국의 부자를 상징하는 대표적인 고급차가 됐다.

모델명인 S500(5L 엔진)에서 보듯 엔진 배기량을 모델 이름에 사용한 것은 1970년대부터다. 1980년대에는 전성기를 맞이했다. 품질이 우수하면서도 값싼 대중차 붐이 일자 벤츠는 소형차 190시리즈(현재의 C-클래스)를, 1985년에는 중형차 300시리즈(E-클래스)를 개발하며 연산 100만 대 규모에 진입했다.

두 창업자의 철학은 남달랐다. 카를 벤츠의 "발명에 대한 열정은 결코 잠들지 않는다." 다임러의 "최고가 아니면 만들지 않는다."라는 좌우명은 오늘날 영광을 만들어준 토대인 셈이다. 1980년대에는 막대한 자금을 바탕으로 독일 가전업체 AEG, 우주항공 메이커 MTU를 흡수하며 사세를 넓히기도 했다.

한국에서도 승승장구였다. 2011년에 1만 대 판매를 넘겼고, 2012년에는 2만 대를 돌파했다. 2015년까지 수입차 시장 2위에 머물렀는데, 이는 국내 판매량에서 BMW를 따라잡지 못해서였다. 그러나 2015년 벤츠는 4만 6,994대를 팔아 4만 7,877대를 기록한 BMW를 턱밑까지 따라붙었다. 2016년 드디어 BMW를 제친 벤츠는 2022년까지 7년째 1위 자리를 지켰다. (2023년에는 BMW에 1위 자리를 내줬지만 근소한 차이다.) 유독 벤츠는 한국에서 인기가 많다. 왜 그럴까. 디자인 쇄신으로 구매층의 평균 연령이 낮아지면서 저변이 확대됐고, 고급차 선호 트렌드가 확산하면서 고급차 중에서도 최고로 꼽히는 벤츠를 찾는 소비자가 늘어난 데서 이유를 찾을 수 있다.

1960년대에 이미 벤츠는 부를 상징하는 차가 됐다.
사진은 1961년에 출시된 300 SEL.

내연기관 시대의 제왕은 전기차 시대에도 통할까

벤츠는 내연기관 시대의 산증인이다. 문제는 이제부터다. 전기차 시대가 도래하기 때문이다. 세계 주요 자동차 브랜드들이 앞다퉈 전동화에 나서고 있다. 그에 비해 벤츠의 전동화 이행은 다소 더디다는 평가를 받는다. 자신이 가장 잘하는 내연기관 분야에서 왕좌를 내려놓고 싶지 않다는 속내일까. 그렇다고 마냥 손을 놓고 있는 것은 아니다.

벤츠는 2016년 전동화 브랜드 EQ를 내놨다. 제너레이션 EQ 콘셉트를 선보이며 대중 앞에 등장했다. 기존 벤츠 디자인을 크게 벗어나지 않는 선에서 미래 느낌을 더했다. 한국에 소개된 것은 2018년 1월이다. 전동화를 넘어 미래 모빌리티 생태계를 구축하겠다는 당찬 자신감을 내비쳤다. '경험 가능한 미래'라는 멋진 슬로건도 함께 내놨다. EQ는 전동화 정도에 따라 셋으로 세분화한다. 마일드 하

벤츠가 처음으로 선보인 EQ 모델
GLC 350e

이브리드는 EQ 부스트, 플러그인 하이브리드는 EQ 파워, 순수 전기차는 EQ다.

EQ 브랜드는 단순히 전동화한 벤츠를 뜻하지 않는다. 커넥티드(Connected), 자율주행(Autonomous), 공유 및 서비스(Shared & Service), 전기 구동(Electric), 즉 CASE로 대변되는 벤츠의 미래 전략을 모두 담고 있다. 내연기관 시대의 왕좌에 올랐던 경험을 전기차 시장에 그대로 접목하겠다는 속셈이다

순수 전기차에 앞서 벤츠는 2017년 플러그인 하이브리드 모델로 '더 뉴 GLC 350e 4매틱'을 선보였다. 첫 EQ 브랜드 모델이었는데, 소비자 반응은 꽤 괜찮았다. 벤츠 고유의 정체성(기술, 안전, 브랜드 가치)을 해치지 않고 전동화에 성공했다는 평이었다. 이 차는 플러그인 하이브리드 모델로 2.0L 가솔린 터보 엔진과 전기모터가 짝을 이룬다. 합산 출력 316마력, 합산 토크 57.1kgf.m로 고성능 모델 못지않은 가속감을 선사한다.

아쉬움이라면 기존 내연기관 모델과 내외관은 물론 플랫폼까지 바뀐 곳이 거의 없다는 점이다. 기존 내연기관에 익숙한 벤츠 고객들의 거부감을 최소화하겠다는 전략이었다. 실제로 국내 시장에서 상당한 인기를 끌었고, 부분 변경을 거쳐 현재도 잘 팔리는 모델 중 하나로 자리 잡았다. 대신 순수 전기차 도입에는 상대적으로 뒤처진 점을 인정할 수밖에 없다.

벤츠는 이후 '전기차 흉내만 낸다.'라는 평가를 탈피하려고 순수 전기차 개발에 적극적으로 나섰다. 국내에 처음 선보인 모델은 2019년 10월 등장한 EQC 400. 벤츠가 만들었다는 것 하나만으로 많은 이의 관심을 끌기에 충분했다. 안타깝게도 결과는 대실패였다. 일단 주행거리 문제로 전기차 구매 보조금 대상에서 제외됐다. 한국은 여름과 겨울의 기온 차가 크다. 이 때문에 저온 주행거리가 상온 주행거리의 60%를 넘어야 전기차 구매 보조금을 받을 수 있다. EQC 400의 당시 저온 주행거리(171km)는 상온 주행거리(309km)의 55.3% 수준이었다. 이후 반년이 지나서야 소프트웨어를 업데이트해 저온 주행거리가 상온 주행거리의 60%를 넘었고, 겨우 보조금 지급 조건에 턱걸이했다. 2021년에는 9천만 원이 넘는 전기차에 보조금을 지급하지 않는 조건에 걸려버렸다.

EQC 400으로 쓴맛을 본 벤츠는 작정하고 새로운 모델을 연이어 출시할 계획을 세웠다. 2019년 프랑크푸르트 모터쇼에서 EQS 콘셉트를 공개한 것이다. 미래지향적인 디자인에 더해 실내 역시 혁신적인 시도를 거듭했다. 먼저 센터페시아를 가득 채운 OLED 패널이 눈길을 사로잡는다. 하이퍼 스크린이라 부르는 이 디스플레이는 양산형 모델에도 그대로 적용했다. 1회 완전 충전으로 700km 이상 주행할 수 있는 것은 물론 20분 만에 배터리의 80%를 충전하는 기술도 심었다. 굉장히 보수적으로 전동화를 바라보던 벤츠도 이제 변했음을 느낄 수 있었다.

다만 실제 출시 후에는 아직 갈 길이 멀다는 평이 많았다. 2021년 8월 출시한 EQS는 판매 초기에 여러 논란에 휩싸였는데, 특히 후륜 조향의 성능을 제한한 사실이 알려지면서 문제가 커졌다. 사람들은 벤츠답지 못한 전기차 성능과 문제 대응 방식에 실망했고, 내연기관 시대의 제왕으로 군림한 S-클래스의 영광을 EQS가 제대로 이어나갈 수 있을지 의구심을 품었다.

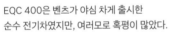

EQC 400은 벤츠가 야심 차게 출시한
순수 전기차였지만, 여러모로 혹평이 많았다.

EQ 브랜드는 EQS에 이어 벤츠의 소형 SUV GLA와 GLB를 기반으로 한 순수 전기차인 EQA와 EQB도 출시했다. 각각 1회 완전 충전에 400km 이상 주행할 수 있고, 급속 충전을 이용하면 배터리 잔량 10%에서 80%까지 약 30분 만에 충전된다. 이 차량도 실망을 안겨주긴 마찬가지였다. EQS와 달리 기존 내연기관 모델의 플랫폼을 대부분 활용해 공간이나 디자인에서 순수 전기차만의 특징을 찾기 어렵다는 아쉬움을 남겼기 때문이다.

여러 논란에도 불구하고 벤츠는 2022년에 EQE를 출시하며 자신들의 의지를 분명히 보여주긴 했다. 짧은 기간 동안 순수 전기차 모델을 여럿 내놓는 모습에서 내연기관 시대의 제왕, 벤츠가 본격적인 전동화에 나서고 있음을 보여준 것이다. 다만 사람들의 평가가 엇갈리는 모습에서 알 수 있듯, 전동화 시대에서도 벤츠가 프리미엄 시장의 제왕으로 우뚝 설 수 있을지는 아직 오리무중이다. 벤츠는 내심 자신이 가장 잘하는 내연기관 시대가 더 오래 지속되길 바라는 것일까. 일부러 전기차를 못 만든다는 설이 나올 정도이니 말이다. 물론 100년간 쌓은 벤츠의 저력이 여기서 쉽게 무너지지는 않을 것이다. 10세대 S-클래스에서 벤츠다운 모습을 보여줬고, 발전한 전기차 라인업을 지속적으로 출시하는 모습을 보면 더욱 그렇다.

고급차 대명사의 아픈 손가락, 마이바흐

벤츠는 여전히 고급차의 대명사로 통한다. '자동차는 벤츠'라는 말이 아직도 통용되고, 고급차 고객은 돌고 돌아 결국 벤츠에 안착한다는 말도 유효하다. 고급차를 대표하는 독일 3사의 순위를 말할 때도 벤츠-BMW-아우디 순으로 벤츠를 맨 앞에 놓는다. 이처럼 고급차 브랜드 사이에서 선두로 인정받지만, 벤츠도 제대로 힘을 쓰지 못하는 분야가 있다. 고급차보다 한 단계 높은 영역인 프레스티지카(prestige car)다.

S-클래스의 전기차 버전.
벤츠의 전기차 플랫폼 EVA를 이용했다.

프레스티지카 또는 초호화 자동차는 고급차 위에 선 고급차라고 할 수 있다. 대표 브랜드는 롤스로이스와 벤틀리다. 이들 브랜드는 수작업과 희소성에 기반하고, 초호화 감성과 영광스러운 전통을 앞세워 값비싼 차를 만들어낸다. 벤츠의 최고급 모델 S-클래스는 비싼 트림이 2억 원대인데, 롤스로이스에서 가장 비싼 팬텀은 7억~8억 원 선에 이른다. 벤틀리 모델도 3억 원대에서 시작한다.

프레스티지카 브랜드는 화려한 명성과 달리 생존에 어려움을 겪어왔다. 소품종 소량 생산으로 희소성을 강조하다 보니 수익을 내기가 쉽지 않고, 주로 무겁고 큰 대형급 모델 위주로 운용하다 보니 환경이나 효율성 문제가 불거지면 비난에 직면한다. 결국 롤스로이스와 벤틀리도 각각 BMW 그룹과 폭스바겐 그룹 소속이 됐다. 인수 후 모델 다변화와 수익 추구에 몰두하면서 과거와 비교해 희소성이나 가치는 줄었지만, 여전히 프레스티지 브랜드의 대표라는 상징성은 유효하게 이어가는 중이다.

고급차 브랜드로서 최고를 추구하려면 모기업 내에 프레스티지 브랜드를 갖춰야 하는 시장 구도가 형성되면서 벤츠도 가만히 있을 수 없었다. 벤츠는 아예 마이바흐라는 브랜드를 별도로 만들어 프레스티지카 시장에 진출했다. 마이바흐는 원래 다임러 엔지니어 출신인 빌헬름 마이바흐가 아들과 함께 1909년에 세운 회사다. 비행기 엔진을 제작하는 회사에서 시작해 자동차 산업에도 뛰어들어 고급차를 생산했다. 빌헬름 마이바흐는 다임러의 창업자인 고틀리프 다임러의 기술 파트너 역할을 하며 자동차 개발과 메르세데스 브랜드 탄생에 큰 영향을 주었다. 마이바흐는 1960년에 다임러 벤츠에 인수됐다. 이처럼 마이바흐는 오래전부터 벤츠와 깊은 인연을 이어왔다.

마이바흐라는 이름은 2002년 당시 다임러크라이슬러 그룹에 의해 프레스티지 브랜드로 부활했다. 마이바흐는 57과 62 모델을 내놓으며 롤스로이스와 벤틀리에 도전장을 내밀었다. 숫자 57과 62는 차체 길이가 5.7m와 6.2m라는 뜻이다. 리무진처럼 기다란 차체에 호화로운 실내를 갖춰 부유층을 공략했다. 고객 한 사람당 전담 인력을 배정하고, 차 한 대당 평균 210개의 가죽 조각과 100여 개의 원

목 장식으로 꾸미는 등 고급화에 주력했다.

제품 자체에 대한 평은 좋았지만, 마이바흐 판매는 부진했다. 연간 판매량을 2,000여 대로 계획했지만 실제로는 150여 대 팔리는 데 그쳤다. 부진한 이유는 여러 가지지만 벤츠와 차별성이 떨어지는 점이 큰 영향을 미쳤다. 마이바흐 57과 62 모두 S-클래스의 고급형 이미지를 떨치지 못했다. 실제로 S-클래스의 플랫폼을 이용해 만들었고 디자인도 유사했다. 마이바흐라는 이름에는 오랜 역사가 깃들어 있지만, 브랜드가 오랫동안 생산되지 않았던 점이 전통 확립에 약점으로 작용했다. 결국 2013년 브랜드 철수라는 비운을 맞이했다.

벤츠는 마이바흐 브랜드를 완전히 없애지 않고 2014년 서브 브랜드로 되살렸다. 고성능 AMG, 전기차 EQ, 최고급차 마이바흐로 브랜드를 세분했다. 현재 마이바흐 모델은 S-클래스, GLS, EQS SUV 등 최고급 모델에 한정해 나온다. 서브 브랜드라고 해도 희소성과 가치는 지키겠다는 전략을 엿볼 수 있다. 국내 판매

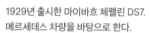

1929년 출시한 마이바흐 체펠린 DS7.
메르세데스 차량을 바탕으로 한다.

중인 가장 비싼 메르세데스-마이바흐 모델은 S 680으로 가격은 3억 7,500만 원이다. 20여 년 전에 나온 마이바흐 62의 가격이 7억~8억 원대인 것과 비교하면 위상이 어느 정도인지 짐작할 수 있다.

프레스티지 브랜드는 천하의 벤츠라도 쉽게 이뤄내기 힘들다는 사실을 보여준다. 출범 당시만 해도 세계 3대 프레스티지카 브랜드로 칭송받았지만, 현실은 냉정했다. 벤츠는 자존심을 구겼다. 현재 마이바흐는 서브 브랜드로 잘 나가지만, 브랜드 철수와 갈등이라는 아픈 과거를 품고 있다. 벤츠의 아픈 손가락이라는 평가 역시 빼놓지 않고 붙어 다닌다.

엠블럼 변천 ─────────────────────────────

1902~1909년

1909~1910년

1909~1916년

1916~1926년

1926~1933년

1933~1989년

1989~2008년

2008년

2009~2011년

2011년~현재

볼보

스칸디나비안 럭셔리를 갖춘
안전의 대명사

설립자

아사르 가브리엘손, 구스타프 라르손

설립 연도

1927년 4월 14일

대표 모델

XC90, V70, P1800, 아마존

엠블럼

전쟁의 신 아레스가 썼다는 창을 형상화하고
원형 화살 안에 회사명을 넣은 디자인이 기본이다.
이 디자인은 1930년대에 처음 등장했으며
회사의 긴 역사 안에서 등장하고 사라지기를 몇 차례 반복했다.
2021년 새 엠블럼이 발표됐으며 2023년부터 쓰인다.

척박한 기후가 만든 안전의 대명사

땅덩이가 큰 미국에서는 나들이에 한 번 나서면 여행 가방 몇 개를 싣고 온종일 1,000km 이상 달리면서 여러 주(州)를 넘나들기 일쑤다. 그래서 미국 자동차는 실내나 트렁크 공간을 널찍하게 만든다. 장시간 주행해도 피곤하지 않게 서스펜션도 물렁하다.

독일차는 잘 달리고, 잘 돌고, 잘 선다. 정교한 맛이 일품이다. 비가 자주 와도 속도 제한 없는 아우토반(독일식 고속도로)을 시속 200km 가까이 질주할 수 있게 차체를 견고하게 만든다. 서스펜션도 코너링이 좋도록 딱딱하게 하는 편이다. 프랑스와 이탈리아 자동차는 어떤가. 먼저 고풍스럽고 감성적인 디자인이 떠오른다. 여기에 비좁은 거리를 다니기 좋은 소형차의 이미지가 덧붙는다. 서스펜션은 물렁하지만, 도로에 쫀득하게 달라붙는 맛이 일품이다.

3점식 안전벨트가 장착된 PV544.
안전의 대명사로 알려진 계기가 된 모델이다.

이처럼 나라마다 각기 다른 성향의 자동차를 만든다. 북유럽에 위치한 스웨덴도 자신이 처한 환경과 특성에 맞게 차를 만들어왔다. 이 나라는 연중 절반이 겨울이고 11월부터 이듬해 3월까지 눈이 내리는 가혹한 기후다. 길에 눈 덮인 날이 많다 보니 날렵한 코너링보다는 눈길에 미끄러져도 충격이나 사고 정도가 약하도록 안전 기술에 신경을 많이 썼다.

넓은 땅에 적은 인구가 사는 것도 차를 만드는 방식에 영향을 미쳤다. 인간의 삶을 귀하게 여긴다. 차에 타고 있는 승객과 길을 걷는 보행자까지 전천후의 안전 철학을 지녔다. 또 눈비와 제설제에 잘 부식되지 않는 내구성이 신차 개발의 핵심이다.

이러다 보니 스웨덴 브랜드 볼보는 안전의 대명사가 됐다. 전기차 시대가 도래하고 있지만, 안전을 향한 볼보의 의지는 흔들리지 않는다. 적어도 긴 역사와 뚜렷한 개성만큼은 독일의 벤츠나 BMW와 견줄 만하다. 디자인 개념도 근본적으로 다르다. 북유럽의 환경 요인이 디자인에 담겨 있다. 독일차가 전후좌우 균형과 치장을 중시한다면, 볼보는 바이킹식 실용성을 내세운 스칸디나비안 디자인이다. 군살 없는 직선과 곡선의 단순미가 그렇다. 인테리어도 마찬가지, 집 안에서 보내는 시간이 많다 보니 가구와 조명이 발달했다. 볼보의 인테리어는 아늑한 거실 소파에 앉은 듯 심신을 안정시킨다.

스칸디나비아풍 실용 디자인과
세계 최초의 안전장치들

볼보 설립에 얽힌 일화는 흥미롭다. 경제학자 아사르 가브리엘손과 당시 스웨덴 최대 볼베어링 회사 SFK의 엔지니어 구스타프 라르손이 만찬 도중 자동차 사업 이야기를 꺼낸 것이 창업한 발단이 됐다. 유럽의 부자와 학자들은 당시 미국 포드가 거둔 성공에 자극을 받아 모이기만 하면 자동차 산업을 화제로 올렸다. 두 사람은 이야기가 나온 김에 즉석에서 음식점 테이블 위에 놓인 냅킨 뒷면에 자동차 차대를 술술 그려봤다. 낙서 같은 이 얼개가 바로 볼보의 첫 모델인 'ÖV4'의 개발 도면으로 이어졌다. 일명 '야곱'이다.

이들은 SFK의 재원으로 스웨덴 예테보리에 자동차 공장을 세웠다. 베어링 회사가 돈을 대서 그런지 '볼보'라는 회사명은 '나는 구른다.'라는 뜻의 라틴어에서 유래했다. 이들은 SFK의 투자를 기념하려고 회전하는 베어링을 형상화한 화살표 문양의 엠블럼을 만들어 차에 달았다. 이것이 볼보의 상징 아이언 마크가 됐다. 첫 모델 야곱은 포드 모델 T 자동차를 벤치마킹해 단단한 차체와 축을 지향하고, 긴 원통형 스프링을 앞뒤에 달았다. 4기통 가솔린 엔진으로 최고 시속 90km까지 냈다.

볼보는 눈길에서 미끄러져 사고가 날 것에 대비해 안전에 신경을 많이 썼다. 그래서 1950년대에 충격을 흡수하는 안전 차체를 세계 최초로 설계했다. 또 유리

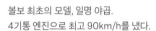

볼보 최초의 모델, 일명 야곱.
4기통 엔진으로 최고 90km/h를 냈다.

를 겹겹이 붙여 큰 충격을 받으면 부스러지는 래미네이트 안전유리를 선보였다.

1959년에는 세계 자동차 역사에 획을 긋는 작품이 나왔다. 바로 교통사고의 사망 및 부상률을 획기적으로 줄인 3점식 안전띠다. 종전 2점식 안전띠에다 어깨 끈을 더해 만들었는데, 항공기 조종석 벨트에서 아이디어를 얻었다고 한다.

1974년 출시된 240, 260 시리즈는 볼보의 전성기를 예약했다. 튼튼한 차로 소문나자 미국교통안전공사(NHTSA)는 1976년에 볼보 240을 대량 구입해 각종 테스트를 해보고 자동차 안전기준을 제정하기도 했다. 이를 계기로 볼보는 '안전의 대명사'라는 별명을 확실하게 굳혔다. 볼보가 만든 세계 최초의 안전장치들은 여기에 그치지 않았다. 대표적인 것만 해도 측면 보호 에어백(1994년), 커튼형 에어백과 경추 보호 시스템(1998년), 전복 방지 시스템(2002년) 등이 있다.

1982년에 나온 중형 고급차 760은 소위 대박이었다. 튼튼하게 보이는 각진 디자인에 넓은 실내 공간을 갖춰 여유로운 계층의 자가용으로 주목받았다. 차보

볼보 240 시리즈는 미국 안전기준 마련에
활용됐다고 한다. 사진은 볼보 242.

다 더 유명했던 것은 이 차의 TV 및 지면 광고였다. 광고에서 튼튼한 차라는 점을 강조하려고 760으로 7층 탑을 쌓았다. 무거운 차가 첩첩이 쌓였는데도 맨 아래 차가 찌그러지지 않고 멀쩡히 차체 구조를 유지하는 모습이 사람들에게 깊은 인상을 줬다고 한다. 과장 광고 논란도 있었지만 '볼보=안전한 차' 등식을 더욱 각인시켰다.

하지만 큰 성공은 실패의 씨앗이 되곤 한다. 자동차 시장의 대세가 공기역학을 내세운 유선형 디자인 쪽으로 흘렀을 때, 볼보는 여전히 종전 디자인을 고수했다. 이 탓에 볼보는 권위적이고 딱딱하다는 이미지가 심어졌다. 우선 디자인이 도마 위에 올랐다. 직선 위주에다가 선과 각이 너무 두드러져 '네모난 깡통차'라는 혹평이 일었다. 젊은 층에 어울리지 않는 차라는 선입견과 함께 주 소비층이 안전을 중시하는 40대 이후 연령층으로 쏠렸다.

여기에 인구 1,000만 명도 되지 않는 스웨덴의 비좁은 내수 시장이 볼보의

볼보 760. 특유의 디자인을 고수하자
젊은 고객에게 외면받기도 했다.

1927~1930년   1930~2021년   1930~1959년   1959~1970년

1959~1970년   1965~1970년   1970~2020년   1970~1999년

1999~2013년   2013~2014년   2014~2021년   2020년~현재

2021년~현재

발목을 잡았다. 미국과 독일, 프랑스와 달리 안방의 든든한 소비자층이 부족했다. 스웨덴 내수 1위를 차지해도 판매량은 5만 대도 안 됐다. 해외 수출이 탈출구였지만 안방의 지원사격 없이는 경쟁에 한계가 있었다. 볼보는 1980년대 들어 경영난을 겪다가 1999년 포드에 인수됐다. 유럽의 고급차 시장을 공략하려는 포드의 해외 전략과 이해가 맞아떨어졌기 때문이다. 포드에 인수된 이후에도 상황은 나아지지 않았다. 포드의 상황이 나빠지자 볼보에 투자가 제대로 이뤄지지 않았다. 결과적으로 볼보는 적자를 면치 못했고, 결국 포드의 품을 떠나 중국 저장지리홀딩그룹의 지리자동차에 인수됐다.

제2의 도약을 앞둔 숨은 명차

포드는 볼보를 인수한 후에 우선 각진 디자인에 손을 댔다. 소비자 취향에 맞게 실용성뿐 아니라 아름다움을 가미한 것이다. 2000년대 선보인 승용차 중에 '가장 빼어난 뒤태'를 꼽으라면 볼보 C30을 꼽겠다. 이 차는 종전 볼보 제품과 달리 디자인을 살리려고 실내 공간을 대폭 희생했다. 아름다운 해치백을 디자인하려고 트렁크 부분에 큰 각을 주면서 적재 공간이 확 줄었다. 대신 너무나 매력적인 후면을 만들어냈다. C30은 인기 영화 〈트와일라잇〉의 주인공이 탄 차로 화제가 되기도 했다.

볼보는 2008년 미국발 금융위기로 운명을 갈아탔다. 자금 사정이 어려워진 포드가 볼보를 매물로 내놓은 것이다. 2010년 결국 지리자동차가 18억 달러에 볼보를 인수했다. 10년간 수조 원을 투자해 볼보를 연산 80만 대 규모까지 키우겠다는 약속까지 했는데, 이 약속은 결국 지켜졌다. 신차를 내놓는 족족 큰 인기를 얻으며 성장을 거듭하고 있다.

지리자동차 손에 넘어간 이후 첫 번째 작업은 중형 세단 S80보다 더 큰 대형 세단을 개발하는 일이었다. 2011년 11월 독일 프랑크푸르트 모터쇼에서 '콘셉트

한국에서 볼보가 안착하는 데
가장 큰 역할을 한 XC60

U'라는 시제작 차를 선보였으며, 2013년에는 볼보 쿠페 콘셉트를 내놨다. 해당 콘셉트카에서 출발해 등장한 모델이 바로 2016년에 등장한 S90이다. 볼보가 지리자동차 손에 넘어간 뒤 새로운 디자인 테마를 처음 선보인 모델은 2015년 등장한 XC90이다. 필자가 알던 볼보가 맞나 싶은 의문이 들 만큼 신선한 충격을 줬다. 디자인 변혁의 중심에는 2011년 영입한 토마스 잉엔라트가 있었다. XC90은 볼보 부활의 신호탄 역할을 톡톡히 했다. 연이어 출시한 XC60, XC40과 같은 SUV는 물론 국내서 불모지라 불리던 왜건 시장에 선보인 V90 CC, V60 CC 모두 성공을 이뤄냈다.

볼보의 한국 내 입지는 미약했다. 독일차가 수입차 시장의 70%를 점유하는 기형적인 구조에 가장 큰 타격을 본 게 볼보였다. 주로 독일차와 비교당하면서 볼보의 특징이 주목받을 기회조차 얻지 못했다. 볼보는 수입차 가운데 가장 저평가된 브랜드였다. 우선 고급차 가운데 가격 대비 가치가 높은 편이다. 또 한국 지형에 적합한 서스펜션으로 쫀득한(?) 핸들링 실력을 보여준다. 타의 추종을 불허하는 안전장치와 공간 디자인, 여기에 어디에서나 어울리는 실용 디자인이 호감을 준다. 잔고장 없는 내구성도 일품이다.

이런 장점이 입소문을 탄 건 외관 디자인을 싹 뜯어고치면서다. 아무리 좋아도 디자인이 마음에 들지 않으면 구매 목록에 올리지 않는 것이 사람 마음이다. 외관 디자인을 일신한 볼보는 이젠 물량이 없어 못 팔 정도로 높은 인기를 얻고 있다. 2019년 수입차 1만 대 클럽에 처음 이름을 올린 이후 2021년에도 1만 대를 크게 웃돌며 큰 인기를 얻었다. 2022년에는 1만 4,431대, 2023년에는 1만 7,018대를 기록하며 5년 연속 1만 대 클럽을 유지했고, 누적 10만 대를 돌파했다.

볼보의 안전 철학은 창업 때부터 이어진 유전자다. 안전은 곧 볼보의 디자인 언어였다. 공동 창업자 구스타프 라르손과 아사르 가브리엘손은 "자동차는 사람이 운전한다. 볼보의 모든 차량은 안전이 최우선이다. 볼보라는 브랜드가 존속하는 한 영원하다."라고 강조하곤 했다.

우선 디자인이 겉멋보다 실용성 위주였다. 해외 시승회에서 만난 볼보 디자이너들은 "차 외관에 음양이 확실한 선과 면을 넣어 멋을 부리고 싶지만 안전과 관련성이 적다는 이유로 삭제되기 일쑤"라고 불만을 토로하기도 했다. 그러다 보니 볼보의 신차는 실내 공간이 널찍하고 안전성이 가장 높은 네모 형태가 많았다. 문짝도 안전을 고려한다고 두툼하게 만들어 여닫기 불편하다는 느낌이 들 정도였다.

볼보의 디자인 혁신은 1999년 포드가 인수한 이후에 이뤄졌다. 재규어의 이언 컬럼과 함께 영국이 낳은 자동차 디자이너 거성 피터 호버리가 변화의 주역이었다. 해외 모터쇼에서 만날 때마다 질문하면 함박웃음과 함께 친절한 설명을 아끼지 않던 호버리다. 그는 2002년까지 볼보 디자인을 맡으면서 "네모에서 벗어난 새로운 디자인 언어를 만들겠다."라고 공언했다.

먼저 둥근 코(앞범퍼)와 부드러운 곡선을 가미해 현대적 아름다움을 살렸다. 세계 최초로 지붕이 세 조각으로 접히는 하드톱 컨버터블 C70, 스칸디나비안 럭

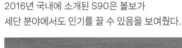

2016년 국내에 소개된 S90은 볼보가
세단 분야에서도 인기를 끌 수 있음을 보여줬다.

셔리 S80, 볼보의 첫 SUV XC90이 그의 손을 거쳤다. 호버리는 영국의 명문 디자인 대학원인 영국왕립예술학교(RCA) 출신이다. 7년 만인 2009년 5월 다시 볼보에 복귀한 그에게 전기가 찾아온다. 중국 지리자동차가 볼보의 새 주인이 된 이듬해인 2011년 그는 지리자동차의 디자인 총괄로 영입됐다. 호버리가 은퇴한 이후에는 벤틀리의 디자인을 총괄해 온 스테판 시에라프가 지리자동차 디자인 총괄로 옮겨 와 새로운 전기를 만들어 가고 있다.

호버리가 디자인 총괄이 된 2011년, 볼보는 독일 디자이너 토마스 잉엔라트를 불러들였다. 그는 1991년부터 20년간 아우디, 폭스바겐, 슈코다(폭스바겐이 인수한 체코 자동차 브랜드, 일명 스코다)를 맡아왔다. 2006년부터는 폭스바겐 디자인 수석으로 일했다. 토마스 잉엔라트는 디자인 혁신으로 쓰러진 볼보를 일으켜 세웠다는 평가를 받고 있다. 2017년 디자이너 출신으로는 드물게 볼보와 지리자동차가 설립한 전기차 브랜드 폴스타의 CEO로 자리를 옮겼다.

폴스타, 전기차 브랜드로 재도약

볼보의 전동화 흐름은 크게 두 가지로 나눌 수 있다. 볼보와 폴스타다. 볼보는 지난 2017년 폴스타를 분리하며 프리미엄 전기차 브랜드로 내세웠다. 그렇다면 볼보는 이대로 없어지는 것일까. 그건 아니다. 볼보는 나름의 방식으로 전동화를 맞이하고 있다. 순수 전기차만 출시하는 폴스타와 달리 볼보는 마일드 하이브리드, 플러그인 하이브리드와 같은 초기 단계의 전동화 모델부터 순수 전기차까지 폭넓게 전동화를 아우른다.

볼보는 말보다 행동으로 실천한다. 2017년 제네바 모터쇼에서 디젤 엔진 신규 개발 중단을 선언했다. 다른 프리미엄 브랜드들이 눈치 싸움을 벌이고 있을 때 앞장서서 전동화 시대를 받아들인 과감한 선택이다. 볼보는 2019년 브랜드 최초의 전기차 XC40 리차지와 쿠페형 전기 SUV C40 리차지를 선보였다.

소형 전기 SUV인 EX30.
비교적 저렴한 가격과 준수한
성능 덕분에 주목받았다.

볼보는 2025년까지 모든 라인업을 전동화 모델로 채우겠다는 목표를 세웠다. 이 중 판매되는 모델의 50%를 전기차로 대체하고, 나머지 50%는 하이브리드 모델로 채운다는 계획을 덧붙였다. 이를 위해 2025년까지 매년 순수 전기차를 출시함과 동시에 볼보가 가진 전 모델에 플러그인 하이브리드를 선택할 수 있도록 하겠다고 공언했다. 더 나아가 2030년에는 완전 전기차 업체로 변신하겠다는 계획을 내놨다.

계획은 차근차근 이뤄지고 있다. 국내 시장에서는 이제 볼보의 디젤 모델을 구매할 수 없다. 가솔린 파워트레인을 장착한 모델은 마일드 하이브리드 혹은 플러그인 하이브리드 시스템과 짝을 이룬다. CO_2 배출량을 줄이려고 다운사이징을 거친 2.0L 가솔린 터보 엔진으로 소형부터 대형까지 아우르는 드라이브e 전략의 확장이다.

전기차 전용 모델 출시도 순조롭게 이뤄지고 있다. 이름 뒤에 '리차지'가 붙은 모델은 내연기관 모델의 전동화를 가리킨다. XC40 리차지와 C40 리차지는 X40 내연기관에 기반한 전기차다. 2022년 말 공개한 EX90은 전기차 전용 모델이다. 이름 숫자에서 알 수 있듯이 XC90에 대응하는 준대형급 SUV이다. 불과 반년 후 볼보는 EX90과 차급에서 정 반대 자리에 서는 소형 전기 SUV EX30을 공개했다. 길이가 4,233mm에 불과한 EX30은 볼보 브랜드 역사상 최초로 선보이는 소형 SUV이다. 보급형 소형 SUV이지만 정지 상태에서 시속 100km까지 3.6초 만에 가속하는 역동성이 돋보인다. 이 수치는 볼보 자동차 역사상 가장 빠른 가속력이다. 보급형 차의 경제성에 성능까지 챙기는 볼보의 전기차 전략을 엿볼 수 있다.

볼보의 전기차 전용 모델은 E로 시작되는 이름을 달고 나온다. 앞으로 볼보는 XC60, S60, S90에 해당하는 모델과 크로스오버 전기차를 내놓을 것으로 알려졌다. 이들은 모두 현재 내연기관 모델에 대응하는 차종이다. 계획대로 나온다면 내연기관 모델은 차례로 전기차로 대체된다. 2030년부터 순수 전기차만 판매하겠다는 목표는 확고해서 볼보 측은 계획이 변동되는 일이 없을 것이라고 공언한다. EX90과 EX30이 나오는 추세를 보면 불가능한 일은 아니다.

전기차 전용 브랜드를 제외하고 모든 라인업을 전동화 모델만 판매하는 브랜드는 볼보가 유일하다. 결과적으로 신차 판매 CO_2 목표를 초과 달성하고 있다. 남는 CO_2 배출권을 다른 브랜드에 판매할 수도 있다. 전기차 전용 브랜드가 아닌데도 전동화 모델로 이뤄낸 성과다. 볼보는 본인만의 스타일로 친환경 시대를 제대로 맞이하고 있다.

주인이 여러 번 바뀐 볼보와 마찬가지로 폴스타의 역사도 기구하다. 시작은 1996년 볼보 모델 전용 퍼포먼스 소프트웨어를 개발해 판매하는 레이싱 회사였다. 2009년부터 볼보의 공식 파트너가 돼 폴스타 퍼포먼스라는 볼보의 고성능 모델을 도맡았다. 2015년 볼보가 폴스타를 인수했으며 BMW의 M, 메르세데스-벤츠의 AMG처럼 고성능 서브 브랜드로 자리 잡았다. 그러다 2017년에 폴스타는 새로운 전기를 맞이했다. 볼보는 폴스타를 분사하고, 전기차 브랜드로서 새 출발을 알렸다.

폴스타의 첫 번째 모델은 2017년 처음 대중 앞에 등장한 폴스타1이다. 2019년 본격적인 판매에 돌입했다. 1,500대를 한정 판매했는데, 순식간에 팔려나갔다. 2도어 쿠페 스타일의 디자인을 적용한 폴스타1은 볼보에 뿌리를 둔 자동차답게 전체적인 느낌이 볼보와 유사하지만 보다 미래 지향적인 느낌이 강하다. 폴스타1은 폴스타가 처음이자 마지막으로 엔진을 탑재한 모델이다. 2.0L 가솔린 터보 엔진에 전기모터 두 개가 결합한 플러그인 하이브리드 방식을 채용했다. 시스템 총출력 609마력, 시스템 최대 토크 102.0kgf.m로 무시무시한 힘을 자랑한다. 내연기관의 개입 없이 배터리로만 주행할 수 있는 거리는 124km(WLTP 기준) 내외다. 전 세계에서 배터리 주행거리가 가장 긴 하이브리드 모델이었다. 폴스타가 완전한 전기차 브랜드로 거듭나자 단종 절차를 밟았다.

폴스타1에 이어 2019년 등장한 폴스타2는 순수 전기차다. 폴스타의 본격적인 시작을 알린 모델이다. 디자인은 2016년 공개한 볼보 콘셉트 40.2에서 가져왔다. 세단과 SUV를 결합한 크로스오버 스타일이다. 토르의 망치라 불리는 T자 모양의 주간 주행등을 유지했고, 후미등은 한 줄로 연결해 최신 트렌드를 따른다.

볼보의 모듈형 플랫폼 CMA를 활용한 폴스타2는 전륜과 후륜에 각각 전기모터를 장착한다. 최고 출력 402마력, 최대 토크 67.3kgf.m의 부족함 없는 출력을 발휘한다. 75kWh 용량의 배터리는 WLTP 기준 1회 완전 충전으로 470km를 주행할 수 있다.

폴스타는 폴스타2에 이어 순수 전기 SUV 폴스타3와 순수 전기 스포츠카 폴스타4, 4도어 GT 폴스타5의 출시를 준비하고 있다. 다양한 선택지를 제공해 판매량을 늘려가겠다는 전략이다.

스웨덴 예테보리에 본사를 둔 폴스타는 유럽과 북미, 중국 등 10개국에 판매하고 있다. 2021년에는 유럽과 아시아 태평양 5개 국가에 진출했다. 2022년을 기준으로 25개 국가에서 판매 중이다.

폴스타의 시작은 새롭다. 볼보의 안전 철학을 그대로 따르면서 볼보와는 다른 방향성을 추구한다. 볼보가 안전을 지키려고 최고 속도를 제한한다면, 폴스타

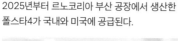

2025년부터 르노코리아 부산 공장에서 생산한
폴스타4가 국내와 미국에 공급된다.

는 속도감 있는 운전을 안전하게 즐길 수 있게 한다. 가령, 폴스타2에서 선택할 수 있는 고성능 브레이크 시스템과 올린즈 서스펜션이 그렇다. 탄탄한 주행 성능을 제대로 즐길 수 있다.

이제 막 첫걸음을 뗀 폴스타에는 아직 볼보의 그늘이 드리워져 있다. 폴스타 1과 폴스타2에서 볼보의 유전자가 눈에 띈다. 앞으로는 다르다. 폴스타4의 모태인 프리셉트 콘셉트카를 보면 알 수 있다. 이 자동차에는 폴스타만의 디자인 철학이 가장 잘 녹아 있다. 폴스타2에 남아 있는 토르의 망치 주간 주행등이 프리셉트 콘셉트카에선 듀얼 블레이드라 불리는 새로운 형태가 됐다. 볼보의 아이언 마크가 달려 있을 것만 같은 그릴도 그렇다. 앞으로 새롭게 출시되는 폴스타 모델에는 그릴이 사라지고 각종 센서가 붙는다. 폴스타의 여정은 이제 시작이다. 차근차근 나아가고 있다.

폴스타는 2030년까지 완전한 탄소 중립 차량을 생산하는 것이 목표다. 프로젝트명 '폴스타 제로'다. 폴스타는 미래로 나아가는 일이 미지의 세계로 항해하는 것이라고 표현한다. 브랜드 로고가 뜻하는 바에서 알 수 있듯 폴스타는 북극성(완전한 기후 중립 회사)을 향해 나아간다.

아우디

디자인과 기술을 앞세운 진보,
전기차를 이끌다

설립자
—
아우구스트 호르히

설립 연도
—
1909년 7월 16일

대표 모델
—
TT, A4, R8, 콰트로

엠블럼
—
원 4개가 겹쳐진 로고는 아우토 우니온을 결성한 회사 네 곳을
상징한다. 아우토 우니온이 생긴 1932년에 처음 등장했으며
몇 차례 엠블럼이 바뀌는 과정에서 사라지기도 했으나
다시 등장해 지금껏 쓰이고 있다.

대중차에서 고급 자동차로의 변신

차를 좋아하는 사람들에게 '프리미엄 자동차'(우리말로 '고급차'가 가장 적당할 듯하다.) 브랜드를 물으면 열 명 가운데 절반 이상이 벤츠, BMW, 아우디를 꼽는다. 과거 영광까지 감안해 조금 더 인심을 쓴다면 재규어와 캐딜락이 포함될 것이다. 진짜 후한 사람은 렉서스와 볼보까지 추가할 수 있겠다.

그렇다면 과거 고급차라고 주장했던 폭스바겐의 대형 세단 페이톤은 어떨까? 가격만 놓고 보면 1억 원이 넘고, 고급차에 들어가는 첨단장치 상당 부분을 달았다. 비싸고 고급스럽지만, 브랜드는 2,000만 원대 차와 똑같다. 이 탓에 페이톤은 고급 옵션이 많이 달린 고가(高價)차로 보는 게 적당하다. 시장에서도 성공하지 못했다. 페이톤은 1세대를 끝으로 단종됐다. 그렇다면 현대 그랜저나 기아 K9은 어디에 들어갈까? 페이톤과 마찬가지다. 고급차 디자인과 어딘가 비슷하고,

고급 브랜드라면 으레 역사와 전통이 있어야 한다.
사진은 아우토 우니온 시절의 호르히 930S.

이미 고급차에 달린 비싼 옵션을 잔뜩 단 고가차라고 볼 수 있다.

필자는 고급차의 기준으로 세 가지를 따진다. 큰 범주에서 다른 전문가들과 크게 다르지 않을 것이다. 우선 브랜드를 설명할 전통과 유산이 있어야 한다. 벤츠는 '안전의 대명사' BMW는 '드라이빙 머신'으로 연결되는 확실한 이미지가 있다. 둘째는 누군가 먼저 개발한 것을 베끼는 것이 아니라 업계를 선도하는 기술과 혁신성이 있어야 한다. 마지막으로 디자인이다. 멀리서 봐도 '아, 저 차는 아우디구나.' 하고 알 수 있는 자신만의 디자인 말이다. 이런 점에서 고가차의 특징은 디자인을 부분적으로 베끼거나(통상 벤치마킹이라 한다.) 남들이 먼저 개발한 신기술을 뒤늦게 장착해 비싼 가격을 받는 차라고 할 수 있다.

포드의 고급 브랜드 링컨, 닛산의 인피니티, 혼다의 아큐라는 왜 빠졌느냐고 묻는 사람도 있을 것이다. 이들 역시 한때는 고급차 기준에 근접했지만 2% 부족해 역시 고가차 수준을 벗어나지 못했다. 현대의 제네시스도 마찬가지다. 2015년 출범한 신생 브랜드이기 때문에 브랜드를 설명할 전통과 유산을 찾기 어렵다. 단순히 고급 소재를 사용하고 첨단 기능을 달았다고 해서 단숨에 프리미엄이 되는 것은 아니다. 자리를 잘 잡아가고 있지만, 기존 고급차 브랜드의 위상에 비견할 정도는 아직 아니다.

통상 고급차는 비슷한 크기와 성능을 지닌 대중차에 비해 30~50% 비싸다. 그런데도 부자들은 쉽사리 고급차에 지갑을 연다. 부자라서가 아니다. 눈에 보이는 엔진 출력이나 크기 같은 수치 이외에 프리미엄 브랜드라는 숨어 있는 가치를 인정하기 때문이다.

그러다 보니 고급차 시장 경쟁은 대중차보다 치열하다. 경제적으로 안정된 고객들은 웬만해서 선호 차량을 바꾸지 않는다. 프리미엄급 시장에서 통상 전년 대비 1% 판매 신장률을 올리려면 최소 마케팅 비용이 1,000억~2,000억 원 정도 들어간다는 게 업계의 정설이다.

고급차 업체는 저마다 다른 전통이 있다. 벤츠는 최초의 내연기관 자동차 개발부터 시작해 걸어온 길 그 자체가 고급차의 역사였다. BMW는 2차 세계대전 이후 지속적인 노력으로 고급차 반열에 올랐다. 그런 점에서 보면 아우디는 가장 늦은 후발주자다.

아우디는 1970년대만 해도 유럽의 대중차였으나 1980년대부터 세계 첫 사륜구동(콰트로) 승용차를 내놓으면서 본격적으로 고급차 시장에 도전했다. 전륜구동인 아우디가 후륜구동의 절대 강자인 벤츠, BMW의 벽을 넘으려면 무언가 다른 것이 필요했다. 그것이 바로 콰트로다. 이후 끊임없는 신기술 개발과 실용화를 거쳐 2000년 이후 벤츠, BMW와 어깨를 나란히 하는 프리미엄 브랜드로 성장했다.

기존 성과에 안주하지도 않는다. 전기차 시대로 전환이 가속화되자 아우디도 전기차 생산을 시작했다. 기존 내연기관 자동차와 큰 차이를 느끼기는 쉽지 않지만, 아우디만의 매력으로 전기차를 만든다. 전기차는 구동할 때 전기모터를 사용하지만, 아우디는 '콰트로'라는 이름을 버리지 않았다. 과거 전통을 이어가기 위해서다. 전기차 특유의 이질감이 느껴지지 않도록 디자인했다. 공기역학을 이용한 곡선 디자인을 많이 사용했지만, 아우디만의 디자인은 그대로다. 승차감도 마찬가지다. 아우디 전기차의 부드러운 승차감은 그야말로 압권이다. 아우디는 2033년 내연기관 차량 생산을 완전 종료하고 전기차 제조사로 전환할 것을 선언했다. 남은 시간 아우디는 어떤 전략을 준비 중일지 궁금증을 자아낸다.

최초로 콰트로 시스템을 탑재한 아우디 콰트로. 이후 콰트로는 아우디의 정체성이 됐다.

네 개의 링, 그 의미의 전환

아우디의 역사는 1909년에 시작됐다. 1899년 호르히 자동차를 설립했던 아우구스트 호르히(August Horch) 박사가 1909년 새로운 회사를 세우면서 자신의 성을 라틴어로 번역해 회사 이름을 지었다. 아우디(Audi)는 라틴어로 '듣다'(Listen)라는 말이다.

군소 자동차 업체였던 아우디는 다른 회사와 합병하면서 도약의 계기를 마련한다. 1932년 아우디는 독일 삭소니 지방의 자동차 회사였던 반더러(Wanderer), 호르히(Horch), 데카베(DKW)와 모여 '서로의 장점을 살리자.'라며 합병했다. 사명은 아우토 유니언으로 정했다. 현재 아우디의 초석을 놓는 대합병이었다. 그리고 고리처럼 연결된 링 네 개를 엠블럼으로 정했다. '서로 싸우지 않는다.'라는 상징이었다. 기술력에서 대동소이했던 네 회사는 협력이 가장 큰 과제였다. 화합을 의미한 링 네 개는 요즘 들어서 부(富)의 상징으로도 비유된다. 링 하나를 결혼반지로 보면 아우디는 네 번 결혼할 만한 부자나 탈 수 있는 차라는 것이다. 공교롭게도 아우디 회장을 역임한 페르디난트 피에히 전 폭스바겐 그룹 이사회 의장은 네 번 결혼했다.

링 네 개의 결합은 생각보다 어려웠다. 신차 개발을 놓고 의견이 분분했고 내분이 이어졌으며, 여기에 판매 부진까지 겹치면서 1958년 다임러 벤츠에 회사가 인수되고 말았다. 고급차 위치를 확고하게 굳히고 있던 벤츠에서 아우디는 뚜렷한 정체성을 찾지 못했고, 1964년 폭스바겐 그룹에 다시 인수됐다.

인수 당시 아우디는 폭스바겐 브랜드와 엇비슷한 대중차로 출발했다. 폭스바겐과 마찬가지로 전륜구동차만 생산했던 것이다. 당시 고급차는 대부분 후륜구동이었다. 벤츠와 BMW가 후륜구동으로 고급차를 대표했고, 미국 캐딜락과 영국 재규어도 후륜구동이었다. 뒷바퀴로 구동을 전달하는 후륜구동은 앞뒤 무게 배분을 50：50에 맞추면서 안정된 코너링과 승차감을 자랑했다.

1980년 아우디는 제네바 모터쇼에 세상을 깜짝 놀라게 한 사륜구동 콰트로를 내놓았다. 아우디는 전륜구동을 이용해 차대를 가로지르는 축(프로펠러 샤프트)으로 뒷바퀴에도 동력을 전달했다. 사륜구동으로 전륜구동이 지닌 핸들링과 승차감의 한계를 극복한 것이다. 그러면서 본격적으로 고급차 시장에 발을 들여놓았다. 콰트로는 이후 WRC 같은 모터스포츠 대회에서 잇따라 우승하면서 탁월한 주행 성능을 뽐냈다.

디자인이라는 승부수

2000년 이후 자동차 전문가들이 꼽는 아우디의 가장 큰 경쟁력은 다이내믹한 디자인과 다양한 신차 투입이었다. 이런 전략에는 폭스바겐 그룹이라는 배경이 있다. 폭스바겐과 아우디가 차체(플랫폼)를 공유하는 전략을 쓰자 개발비를 줄이면서 다양한 차종을 단시간에 내놓을 수 있었다. 폭스바겐 골프의 차체를 이용해 아우디가 소형 세단 A4, SUV Q5, 쿠페 A5를 만드는 식이다.

아우디는 일반 도로 시속 400km 돌파(1937년), 사륜구동 승용차 콰트로 개발(1980년), 알루미늄 차체 개발(1993년) 등 세계 최초의 신기술을 개발하면서 경쟁사와 어깨를 나란히 했다. 그리고 다른 고급차 브랜드와 성능과 기술이 비슷해진 2000년대에는 차별화된 경쟁 요소로 디자인에 승부를 걸었다. 기술만으로는 소비자를 끌어들이는 데 한계가 있다고 판단한 것이다.

디자인에 있어 가장 큰 도전은 커다란 라디에이터 그릴인 '싱글 프레임'이다. 2004년 A6에서 처음 선보인 싱글 프레임은 이후 모든 차량에 사용되면서 패밀리 룩으로 자리 잡았다. 당시 발터 드 실바 디자인 총괄 사장은 "싱글 프레임은 다이내믹하면서도 기품이 흐르는 아우디 내면의 힘을 표현한 것"이라며 "정체되지 않고 진보하는 역동적인 디자인 철학을 그대로 반영했다."라고 설명했다. 이후 아우디의 디자인은 세계 자동차 업체가 벤치마킹하는 대상이 됐다.

싱글 프레임이 적용된 A8, A6, A4 등의 모델은 세계적으로 권위가 높은 아우토니스 디자인 어워드(2005년)를 받으며 디자인 분야의 상들을 휩쓸었다. 2세대 아우디 TT는 '2006 세상에서 가장 아름다운 자동차' '2007 최고의 자동차 디자인'에 잇따라 선정됐다. 아우디는 별도의 촉각·후각·청각 팀을 운영하면서 외관 디자인뿐 아니라 고객의 오감(五感)을 만족시키는 감성 품질에서도 성공을 거뒀다.

아우디는 1970년대 미국에서 뼈아픈 실패를 맛봐야만 했다. 한 방송사에서 "아우디는 급발진 위험이 있다."라는 검증 안 된 보도를 내보냈던 것이다. 2009년 미국에서 터진 토요타 리콜과 비슷한 경우다. 판매는 급감했고, 결국 미국 시장 철수로 이어졌다. 1980년대 중반에 아우디는 다시 미국에 진출했지만, 한 번 꺾인 신뢰를 회복하기가 쉽지 않았던 탓에 미국 시장에서는 계속 고전했다.

하지만 이는 전화위복이 됐다. 어떤 고급차보다도 먼저 중국에 입성했던 것이다.(1989년) 벤츠와 BMW, 렉서스가 미국에 집중하는 동안 아우디는 1990년대

2004년 아우디 A6. 싱글 프레임 디자인은
이후 여러 브랜드에 영향을 줬다.

이후 중국에서 고급차 1위를 질주했다.

2008년에 예상하지 못한 금융위기가 닥치자 판세가 요동쳤다. 미국 의존도가 큰 벤츠와 BMW는 다음 해에 2차 세계대전 이후 처음으로 적자를 냈다. 상대적으로 미국 판매가 적은 아우디는 2009년에 처음으로 연간 100만 대 판매를 넘어서면서(100만 3,400대) 중국 호조를 바탕으로 흑자를 이어갔다. BMW와 벤츠의 북미 시장 의존도는 25~30%에 달하는 반면, 아우디는 10% 이하였다.

2015년에는 모기업인 폭스바겐의 디젤게이트에 영향을 받았다. 애초 알려진 것과 달리 아우디도 배출 가스 조작 사건과 관련돼 있다는 사실이 불거지면서 판매에 제동이 걸렸다. 국내에서도 약 2년 동안 판매를 거의 하지 못하다 2021년이 돼서야 제대로 된 판매 라인업을 갖췄다. 이는 아우디가 전기차 브랜드 전환을 서두르게 된 계기이기도 하다.

진보와 혁신의 상징

100년이 넘는 역사를 지닌 아우디의 성공 키워드는 '진보와 혁신'이다. 시장에 탄력적으로 대응하는 조직을 갖춘 것이다. 아우디는 준중형 차체(C세그먼트) 하나로 세단부터 해치백, 쿠페, 컨버터블뿐 아니라 SUV까지 개발했다. A4와 A4 아반트(왜건), A4 컨버터블, A3 해치백, A5 쿠페, SUV인 Q5는 모두 A4와 같은 차체와 엔진을 쓴다. 다양한 차종에 같은 차체와 엔진을 사용하면서 생산 단가를 낮추는 규모의 경제 효과를 톡톡히 봤다. 개발비는 줄이면서도 다양한 신차를 만들어 고객 요구에 대응한 것이다. 물론 이런 신차 경쟁력에는 차종마다 확실하게 차별화에 성공한 디자인 능력이 뒷받침됐다. 최근에는 새로운 모델(부분 변경 포함)도 매년 경쟁사보다 많이 내놓고 있다.

다양한 차종을 조립라인 한 곳에서 생산한 점도 생산성을 높였다. 잉골슈타트 본사 공장에서는 A3 해치백부터 A4 세단과 왜건, A5 쿠페가 함께 생산된다.

아우디의 기함 A8.
싱글 프레임 디자인이 돋보인다.

마티아스 리플 공장 홍보 담당자는 "판매량에 따라 전환 배치뿐 아니라 근로 시간도 탄력적으로 조절할 수 있어서 생산성이 높다."라고 말한다.

아우디는 2015년에 연간 150만 대 판매를 달성해 내심 BMW를 꺾고 고급차 브랜드 세계 1위가 되고자 하는 야심을 드러냈다. 디젤게이트라는 대형 악재에도 불구하고 오히려 판매 실적이 올랐다. 유독 국내에서만 이미지 회복이 쉽지 않아 보였다.

아우디는 2011년에 경쟁차인 벤츠 S-클래스, BMW 7시리즈에 비해 약세를 보인 대형차 시장에 새로운 카드를 빼 들었다. 대형 세단은 고급차 이미지를 좌우하는 플래그십 모델이다. 그동안 아우디 A8은 벤츠 S-클래스, BMW 7시리즈에 밀려 존재감마저 위태로웠다. 신형 A8은 무게를 줄여 고성능을 내려고 차체를 100% 알루미늄으로 만들었다. 대형 세단 시장에서 성공하지 못하면 세계 1위는 불가능하다고 본 아우디는 A8을 승부수로 던진 것이다.

아우디는 한국에서도 괄목할 성장을 했다. 2004년 진출 첫해 807대를 팔았다. 2011년에는 1만 대를 넘겼으며, 2013년에는 50% 성장률로 2만 대를 돌파했다. 디젤게이트 이후, 판매를 재개하고 정상화가 이뤄진 2020년에 2만 5,513대, 2021년에 2만 5,615대, 2022년에 2만 1,402대, 2023년에 1만 7,868대를 팔았다. 꾸준한 성적을 이어가며 프리미엄 브랜드의 위상을 지키고 있다.

특이한 것은 아우디 경영진의 세대교체다. 아우디는 2007년 1월, 44세의 루퍼트 슈타들러를 사장으로 임명했다. 부사장단이 모두 50대 중반인 점을 감안하면 혁신적인 인사였다. 슈타들러는 1990년 아우디에 입사해 영업·마케팅·상품 기획·인사·재무 경력을 쌓아왔다. 젊은 사장이 50대 중후반의 담당 임원을 독려하는 시스템으로 바뀌었다. 그해 BMW도 40대 후반으로 회장을 교체했다.

슈타들러 사장은 취임 이후 한목소리로 아우디 성공의 유전자인 '진보와 혁신'을 외쳤다. 당시 90만 대 수준이던 연간 판매를 수년 내에 100만 대까지 끌어올리겠다고 약속했다. 그리고 목표는 세계 1위(고급차 시장)라고 공언했다.

그의 말은 모두 맞아떨어진 듯했다. 슈타들러는 아우디 브랜드뿐 아니라 아

루퍼트 슈타들러 전 사장. 아우디를
성공으로 이끌었지만, 배출 가스 조작이라는
과오를 저질렀다.

우디 그룹을 관장하는 관록 있는 CEO로
거듭났지만 2018년 6월 배출 가스 불법 조
작 소프트웨어 개발을 지시한 혐의로 체포
됐다. 회장에 오른 지 11년 만에 불명예 퇴
임했다.

아우디도 기술에서만큼은 경쟁사에
뒤지지 않는다. 혁신적인 세계 최초 기술
들을 선보여 왔다. 후발주자였던 아우디의
마지막 승부를 결정지은 것은 디자인이었
다. A6에 처음 선보인 커다란 라디에이터
그릴을 일컫는 '싱글 프레임'은 아우디의
얼굴이 됐다. 촘촘히 박힌 다이아몬드를
연상시키는 LED 라이트도 아우디가 세계 자동차 업계에 전파한 디자인이다. 전
문가들은 "아우디는 신차마다 새로운 느낌을 주는 디자인 능력이 탁월하다. 우아
함뿐 아니라 날렵하고 스포티한 성능이 디자인에서 물씬 풍긴다."라고 평가한다.

아우디는 외관뿐 아니라 고급스러우면서도 감성적인 인테리어도 세계 최고
로 꼽힌다. 별도의 촉각·후각·청각 팀을 운영하면서 오감을 만족시키는 감성 품
질을 추구한 결과다. 이런 감성 디자인을 도드라지게 한 인물은 2006년부터 디자
인 총괄을 맡았던 슈테판 질라프다. 2015년 벤틀리로 자리를 옮겼던 그는 2018년
볼보의 모회사인 지리자동차의 글로벌 디자인 부사장으로 부임했다.

필자는 190cm의 큰 키에 꽃미남인 그와 열 번쯤 만나 디자인 철학을 주제로
토론한 바 있다. 그 역시 유럽 자동차 디자이너 총괄을 가장 많이 배출한 영국왕
립예술학교 출신이다. 질라프는 "싱글 프레임은 다이내믹하면서도 기품이 흐르
는 아우디 내면의 힘을 표현했다. 우아함, 진보성, 스포티로 대표되는 아우디 디자
인 철학이 그대로 반영됐다."라고 설명한다. 이어 "항상 자동차 디자인의 아이콘
이 될 수 있는 것을 추구한다. 그래서 아우디가 하면 자동차 업체 대부분이 따라

아우디 최초의 순수 전기차 e-tron.
싱글 프레임 그릴은 여전하다.

한다. A4에 세계 최초로 사용된 LED 라이트가 대표적이다."라고 말했다. 디자인 총괄의 역할에 대해서는 "최고경영자에게 다양한 디자인 아이디어를 추천하는 것이다. 단 아무리 진보적이라도 생산하기 쉬워야 한다. 고객 자신도 몰랐던 새로운 욕구(트렌드)를 만들어내는 디자인도 중요하다."라고 피력했다.

그는 또 "때로는 '노'(no)라고 말할 수 있는 결단도 디자인 총괄의 중요한 역할"이라며 "팀원들에게 정확한 가이드라인을 줄 수 있는 경험과 조직을 이끌 리더십 역시 중요한 자질"이라고 덧붙였다.

자동차 디자이너로 성공하고 싶은 한국인들에게 조언을 부탁하자, "아우디에도 한국계 디자이너가 서너 명 근무한다. 능력이 탁월하다. 디자이너로 성공하려면 가장 먼저 출근하고 저녁에 늦게 퇴근하는 것은 감수해야 한다. 일을 대하는 진지함, 성실한 태도가 기본이다. 디자이너들은 창조력이 풍부하고 예술성이 강해 이런 사람들을 잘 다룰 줄 아는 대인 관계에 능통해야 한다."라고 말했다.

영국왕립예술학교는 세계적인 자동차 디자이너를 배출하는 산실로 유명하다. 이곳에서 무엇을 배웠는가를 물었다. 그는 "영국왕립예술학교는 철저히 혼자 살아남는 법을 터득하게 해주는 곳이다. 또 다양한 국가에서 온 최고 인재들과 교류하면서 많이 배웠다. 졸업 후 최고급 정보를 교류할 수 있는 네트워크가 된다. 디자인 업계의 하버드 경영대학원이라고나 할까. 한국 친구로는 김태완(전 한국 GM 디자인 총괄) 씨가 동기다."라고 했다.

현재 아우디 디자인은 마크 리히테가 이끌고 있다. 그는 1996년부터 폭스바겐 그룹에만 몸담았다. 전기차 시대를 맞이하면서 딱딱했던 아우디의 디자인을 더욱 부드러운 근육질 몸매로 다듬었다. 후드 밑에 있던 엔진이 사라지면서 디자이너가 열망한 대로 디자인의 자유도가 높아졌다. 통상적으로 전기차는 그릴 부위를 없앤다. 아우디는 전기차에도 싱글 프레임 그릴을 남겼다. 아우디만의 존재감을 위해서다.

유행을 창조하는 조명 맛집

자동차 시장에서 아우디를 높게 평가하는 이유 중 하나는 유행을 창조하는 혁신성이다. 아우디의 본질은 진보와 혁신인데, 브랜드 안에서 변화하는 데 그치지 않고 자동차 시장 전체의 유행 흐름을 바꿔놓는다. 사륜구동 시스템인 콰트로나 그릴을 범퍼 아래까지 확장한 싱글 프레임 그릴은 아우디가 먼저 시작한 이후 자동차 시장 전체의 트렌드가 됐다.

LED 주간 주행등도 아우디에서 시작해 전 세계로 퍼졌고, 자동차의 기본 장비로 자리 잡았다. 아우디는 2004년 A8에 LED 주간 주행등을 도입했다. 이전까지 자동차의 주간 주행등은 별도 장치가 있는 것이 아니라, 방향 지시등이나 차폭등 또는 헤드램프가 기능을 겸했다. 주간 주행등을 켜면 도로에서 자동차 인식률이 높아져서 사고를 줄일 수 있다. 밤이 길거나 백야 시기에 어스름한 여명이 시야에 영향을 미치는 북유럽 국가에서 주간 주행등의 필요성이 대두됐다. 1970년대 북유럽 일부 국가에서 처음 주간 주행등을 의무화했으며 점차 전 세계로 퍼져 나갔다.

아우디는 주간 주행등을 독립 장비로 구성했다. 크기가 작고 자유롭게 배치할 수 있는 LED의 장점을 살려 자동차의 디자인 요소로 만들었다. 기능 요소에 불과하던 주간 주행등을 자동차의 인상을 좌우하는 핵심 요소로 바꿔놓은 것이다. 모델마다 다른 디자인을 적용하고 세대교체가 이뤄질 때 새롭게 바꾸는 등 주간 주행등은 아우디의 개성을 상징하는 요소로 작용했다. 아우디가 주간 주행등을 디자인 요소로 활용한 이후 자동차 제조사들이 앞다퉈 LED 주간 주행등을 도입했다. 이제는 자동차 디자인에 없어서는 안 될 핵심 요소다.

요즘에는 전문성을 살려 다양한 제품을 내놓는 업체를 '맛집'에 비유한다. 아우디는 자동차 업계에서 '조명 맛집'으로 통한다. LED 주간 주행등뿐만 아니라 LED 헤드램프, 레이저 라이트, OLED 테일램프 등 다양한 조명 기술을 선보이며 혁신을 주도해 왔다. 2008년 R8에 세계 최초로 풀 LED 헤드램프를 도입한 아우디는 2013년에는 매트릭스 LED 헤드램프를 세계 최초로 선보였다. 매트릭스 LED는 LED 소자 수십 개를 각각 제어한다. 마치 지능이 있는 것처럼 빛을 비추는 각도, 거리, 면적을 자유자재로 바꾼다. 기술은 더욱 발전해서 프로젝터처럼 글자나 그림을 비추는 수준에 이르렀다. LED 헤드램프에서 한발 더 나아가 아우디는 레이저 라이트도 개발했다. 레이저 라이트는 LED보다 두 배 정도 더 먼 600m 거리를 비출 수 있다.

조명을 다루는 아우디의 다양한 시도는 끝없이 이어진다. 방향 지시등이 깜박이는 방식이 아니라 한쪽에서 다른 쪽으로 이어지듯 켜지는 다이내믹 턴 시그널도 아우디가 먼저 시작했다. 이제는 테일램프에 OLED를 적용해 애니메이션으로 의미를 전달하는 기능도 들어간다. 워낙 새롭고 다양한 조명 기술을 선보이다 보니 시장에서는 아우디를 '조명 맛집' 또는 '조명 회사'라고 부른다. '조명을 샀더니 자동차가 딸려 왔다.'라는 우스갯소리까지 나올 정도다. 그만큼 특정 분야에서

2019년 e-tron 스포트백에 세계 최초로
디지털 매트릭스 LED 헤드램프를 탑재했다.

혁신과 전문성을 인정받는다.

아우디 조명은 세련되고 멋진 이미지가 특징이지만, 개발 과정에는 기름 냄새나는 엔지니어 감성이 숨어 있다. 아우디 조명 기술은 양산차에 앞서 모터스포츠에 먼저 등장한다. 한때 아우디는 르망 24시간 내구레이스에서 활약했다. 24시간 동안 달려야 하므로 야간 주행 시간이 길어서 조명이 우승에 절대적인 영향을 미친다. 극한 상황의 연속이어서 조명 기술을 테스트하기에 더없이 좋은 환경이다. LED 헤드램프, 매트릭스 LED, 레이저 라이트 모두 르망 24시간 경주차에 달려 극한 상황을 거친 후 양산차에 적용됐다.

엠블럼 변천

1909년

1909년

1909~1932년

1932~1949년

1949~1969년

1969년

1969~1995년

1969~1995년

1978~1995년

1995~2009년

2009~2016년

2016년~현재

재규어

성능까지 모두 잡은 브리티시 엘레강스

설립자

윌리엄 라이언스, 윌리엄 웜슬리

설립 연도

1922년

대표 모델

XK120, XJ220, E-타입, F-타입

엠블럼

재규어라는 동물의 형상을 역동적으로 표현했으며
이 덕분에 매우 인상적인 자동차 엠블럼으로 유명하다.
재규어가 뛰어오르는 모습을 표현한 리퍼 엠블럼과 포효하는
모습을 담은 크롤러 엠블럼 두 종류가 있다.

전 세계에서 가장 아름다운 자동차

필자가 좋아하는 자동차 디자이너 가운데 한 사람이 이안 칼럼(전 재규어 디자인 총괄)이다. 우선 그는 압도적이지 않다. 무슨 이야기냐면, 그는 적당한 키에 부담스럽지 않은 얼굴로 멋진 영국식 발음의 영어를 구사한다. 더구나 자신의 열정을 디자인이라는 언어로 제대로 바꿔 전달하는 사람이다. 그는 스케치의 중요성을 강조하는데, 디자이너의 천재성보다는 노력을 중요하게 여긴다. 다른 메이커의 디자인 총괄이 상업성 있는 자동차 디자인에 주력하는 데 비해 미미하게나마 예술성을 가미하려고 애쓴다.

영국왕립예술학교 출신인 그는 동생 머레이 칼럼(전 포드 북미 디자인 총괄)과 함께 몇 안 되는 영국 디자이너로 재규어의 전통을 지켜왔다. 그에게서 들은 재규어 디자인의 특징은 아이러니하게도 영국차라기보다 '웃음을 주는' 디자인이었

한국인에게 익숙한 재규어의 모습.
헤드라이트와 보닛이 인상적이다.

다. 60년이 넘은 재규어 디자인의 전통 어딘가에 익살이 살아 있다는 의미다. 영국 귀족의 차가 익살을 이야기하고 있다는 게 흥미로운 포인트다.

1990년대까지 고급차를 대표하는 브랜드는 유럽의 벤츠와 BMW, 재규어, 미국의 캐딜락이었다. 새로운 강호가 뛰어들기 어려운 이 시장에 1990년대부터 격변이 일어났다. 폭스바겐과 더불어 평생 대중차로 머물 줄 알았던 독일 아우디가 프리미엄 시장에서 급부상했고, 토요타가 렉서스 브랜드로 돌풍을 일으킨 것이다. 신흥 세력의 등장으로 고전을 면치 못하며 시장을 뺏긴 브랜드는 재규어와 캐딜락이다.

재규어는 1950년대부터 영국 귀족들의 전용차로 유명했다. 긴 선으로 대표되는 우아한 디자인과 레이싱 전통을 되살린 고성능으로 독일차와 차별화했다. 특히 재규어는 창업자 윌리엄 라이언스 경의 이름을 딴 '라이언스 라인'이라는 독특한 디자인 아이덴티티를 지켜왔다. XJ 모델에 사용된 원형 헤드라이트 네 개와 우아한 보닛 곡선은 멀리서 봐도 재규어임을 알아보게 하는 특징이다.

영국 최초 대규모 양산 자동차
재규어의 역사

"아름다운 고성능"(Beautiful Fast Car)이라는 말로 유명한 재규어. 영국 최초의 양산 자동차 브랜드인 재규어는 고급 세단 스타일을 선도하는 개성적인 디자인과 수작업으로 구현한 장인 정신, 첨단 기술의 조화를 추구해 왔다. 특히 재규어는 "모방 대상이 될지언정 어떤 것도 따라 하지 않는다."(A Copy of Nothing)라는 철학을 바탕으로 지금껏 독창적인 디자인을 선보여왔다. 뒷좌석이 다소 불편할지라도, 실내 크기가 경쟁차보다 작더라도 재규어만의 고풍스러운 디자인을 지켜온 것이다.

재규어의 독특한 디자인 원형은 정글의 맹수 재규어에서 출발한다. 재규어는

재규어가 만든 자동차 중
최고 걸작으로 꼽히는 E-타입

평소 유연한 움직임을 보이지만, 먹잇감을 발견하면 맹렬한 속도로 달리는 것으로 유명하다. 혹자는 이렇게 말한다.

"우아한 영국 신사처럼 아름다운 외관을 갖췄지만, 도로에서는 엄청난 주행 성능을 발휘하는 이 차는 재규어의 날카로움과 상호 접목돼 있다."

"Beautiful Fast Car"는 재규어의 브랜드 정체성이 드러나는 부분이다. 재규어는 회사 이름부터 로고와 엠블럼까지 모두 일관되게 재규어란 동물의 이미지를 적용한 브랜드다. 2007년까지 기존 재규어 모델의 보닛에는 재규어가 펄쩍 뛰어오르는 모습을 형상화한 조각품을 달았다. '리퍼'(Leaper)라고 불리는 특유의 엠블럼이다. 이는 재규어의 브랜드 아이덴티티를 극명하게 드러내는 특징으로 재규어 모델에서 공통으로 볼 수 있었다.

재규어의 모태는 1922년 모터사이클의 사이드카를 제작한 '스왈로우 사이드카'다. 창업자는 윌리엄 라이언스 경이다. 2차 세계대전이 끝난 뒤에는 1945년 회사 명칭을 재규어 자동차 회사(Jaguar Cars Limited)로 변경하고, 1948년에 직렬 6기통 엔진과 오버헤드 캠샤프트가 장착된 XK120을 출시한다. 이 차의 최고 시속은 200km로 당시 세계에서 가장 빠른 양산차로 기록됐다. 재규어는 이 시절 자동차 레이싱에서 빼어난 성적을 내며 고급차로 변신했다.

당시 유럽 자동차 경주는 4개국의 경쟁이 불을 뿜었다. 영국은 재규어를 상징하는 그린, 독일은 실버, 이탈리아는 레드, 프랑스는 블루로 대표됐다. 재규어는 C·D-타입 경주차로 1950년대에 르망 레이스 우승을 다섯 번이나 거머쥐었다. 시상대를 그린이 점령한 것이다.

1961년에는 전 세계 자동차 마니아들을 깜짝 놀라게 했다. 제네바 모터쇼에 E-타입 3.8을 처음 소개한 것이다. 이 차는 지금까지도 자동차 역사상 가장 아름다운 차로 꼽힌다. 긴 앞부분과 공기역학을 고려한 도드라진 보닛의 곡선은 스포츠카 냄새를 물씬 풍긴다. 하지만 상대적으로 뒷모습은 빈약하다.

E-타입은 1974년 생산이 중단됐지만, 2011년 제네바 모터쇼에서 다시 등장했다. 50주년을 기념해서다. 제네바 모터쇼에서 실물로 만난 E-타입은 감동 그

자체였다. 2차 세계대전의 참화를 겪고도 풍요로운 자본주의가 꽃을 피운 1960
년대의 여유가 물씬 느껴졌다. 기름 냄새만 맡아도 굴러가야 하는 친환경차가 대
세인 시대에 만난 E-타입은 자동차를 향한 꿈과 열정을 보여주는 차다.

다시 재규어의 역사로 돌아가자. 레이싱으로 명성을 쌓은 재규어는 1968년
라이언스 경의 디자인 철학이 담긴 대형 세단 'XJ6 살룬'을 출시하면서 고급차 반
열에 오른다. 최고급 모델인 XJ의 모태가 된 차다. 1972년, 12기통 엔진을 탑재한
XJ12 모델은 세계에서 가장 빠른 4인승 차량으로 기록됐다. 같은 해 최상급 다임
러 버전이 출시됐다.

이 차의 시작은 흥미롭다. 이름은 재규어 내부 프로젝트명으로 사용된 '실험
적인 재규어'(eXperime-ntal Jaguar)에서 유래했다. 재규어의 XJ 시리즈는 자동
차 디자인과 성능의 새로운 기준을 만들어왔다. 레이싱으로 단련된 회사가 대형
세단을 만드는 것은 대단한 모험이었을 것이다. 이런 점에서 실험적인 차가 결국

1972년 당시 세계에서 가장 빠른
4인승 차량인 XJ12

재규어를 강력한 프리미엄 브랜드에 올려놓은 것은 우연이 아니다. 세상의 변화에 적응한 것이다. 소비자들이 레이싱카처럼 잘 달리면서도 편안하고 넓은 차를 타고 싶었던 결과다.

하지만 재규어는 1980년대 영국병의 희생양이 된다. 악화한 노사 관계로 품질 불량이 이어지면서 1989년 미국 포드 그룹에 편입된 것이다. 또 다른 시련의 시작이었다. 볼보와 마쓰다까지 장바구니에 담은 포드는 비용을 아끼려고 이들의 차체를 이용해 재규어 신차를 내놓았다. 결국 재규어의 프리미엄 이미지는 손상됐고 정체성까지 흔들렸다.

정체성 혼란을 겪던 포드 그룹 시절

재규어는 1999년 S-타입을 출시해 사상 유례없는 판매 대수를 기록했다. 2001년 재규어는 첫 전륜구동인 X-타입을 발표하면서 동시에 최고급 프리미엄 모델 XJ, '가장 빠른 차'의 명성을 잇는 스포츠카 XK, 재규어의 모방할 수 없는 디자인을 살린 스포츠 세단 S-타입으로 이어지는 라인업을 구축했다. 덕분에 연간 20만 대를 생산하는 프리미엄 브랜드로 거듭났다.

문제는 포드였다. 모회사 포드의 간섭으로 재규어의 프리미엄 이미지가 흔들린 것이다. X-타입의 경우, 볼보 S80뿐 아니라 포드의 중형 세단 몬데오와도 차체를 공유했다. 그 때문에 수십 년간 후륜구동 차량만 만들었던 재규어가 고급차답지 않은 전륜구동을 내놓았다. 3,000만 원짜리 몬데오와 6,000만 원짜리 재규어 X-타입이 차체를 공유한다면, 몬데오가 얻는 득보다 재규어가 보는 손해가 훨씬 크다는 결과가 나왔다.

프리미엄 브랜드는 '브랜드' 그 자체만으로도 1,000만 원 이상을 더 받을 수 있다. 단지 프리미엄이 주는 고급스러운 재질과 인테리어 때문이 아니다. 거기에는 '나만의 차별화된 유니크함'이라는 의미가 내포돼 있다. 가격이나 기능적인 수치가 아닌 '이미지'인 것이다. 그런데 대중 브랜드인 몬데오와 이런저런 부분이 같다는 소리가 나오면 프리미엄 이미지가 떨어진다. 그렇다고 해서 상대적으로 몬데오 효과를 보는 것도 아니었다. '몬데오가 재규어 및 볼보의 차체를 같이 써 프리미엄 냄새가 난다.'라고 느끼는 소비자보다 '재규어가 몬데오와 차체를 같이 쓸 정도로 품위가 떨어졌어!'라고 느끼는 소비자가 더 많아진 것이다.

재규어가 모델 수를 늘린 이유는 좀처럼 흑자를 내지 못해서였다. 재규어는 결국 '경제성'의 포로가 돼 생산량을 늘렸지만, 포드 그룹의 다른 모델과 차체나 엔진을 공유하는 식으로 이뤄진 것이었다. 이 방식은 결국 고급차 재규어의 정체성을 흔들었다. 레이싱의 전통을 이어받은 차, 영국 신사들의 차 재규어가 대량생산과 대중성을 대변하는 미국차와 다를 바 없어졌다는 혹평이 쏟아졌다.

중형차인 C세그먼트 X-타입과 준대형급인 D세그먼트 S-타입은 차체 크기 이외에 별다른 차이가 없었다. 외관 디자인은 재규어의 전통을 지켰지만, 인테리

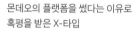

몬데오의 플랫폼을 썼다는 이유로
혹평을 받은 X-타입

어는 경쟁차보다 뒤졌다. 포드의 원가 절감 정책에 따라 실내 플라스틱이나 마무리 재질에서 포드의 여타 모델과 큰 차이를 두지 못했다. 고급차여야 할 재규어가 이름만으로 가격을 올린 고가차가 돼버린 것이다. 최고 마력이나 차체 크기 같은 제원표의 수치보다 점점 인테리어 같은 감성 품질을 주목하는 시대에 재규어는 거꾸로 가버린 셈이다.

포드를 벗고 인도에서 서광을 찾다

2007년 재규어에 변화의 기회가 찾아왔다. 포드가 경영이 어려워지면서 재규어를 인도 타타그룹에 매각하기로 한 것이다.(인수 완료는 2008년) 그해 이안 칼럼이 재규어 디자인 총괄로 다시 부임했다. 페라리에 버금가던 영국 스포츠카 애스턴 마틴을 멋지게 살려냈던 그는 상처 입은 재규어의 이미지를 대수술했다. 명예 회복에 나선 주인공이 바로 혁신적인 디자인으로 단장한 스포츠 쿠페 스타일의 XF다. '재규어 이름만 빼고 모든 것을 다 바꿨다.'라는 평가를 받으며 XF는 성공적인 판매고를 올렸다. 칼럼의 두 번째 작품인 대형 세단 XJ도 히트를 이어갔다. 100% 알루미늄 차체로 경쟁 모델보다 100kg 이상 가볍고, 우주선 제작 기법인 리벳 본딩 방식을 도입해 단단한 고성능 세단으로 변신했다. 너무 많이 팔려 식상해진 벤츠 S-클래스, BMW 7시리즈에 맞설 최적의 대안이었다.

이안 칼럼이 내놓은 XF.
당시에 혁신적인 디자인으로 호평을 받았다.

SUV가 갈수록 인기를 얻자,
재규어도 이 시장에 뛰어들
수밖에 없었다. 사진은
F-페이스 R-DYNAMIC.

흥미로운 점은 새로 나온 XF, XK, XJ의 보닛 위에 리퍼 엠블럼이 없어지고 재규어 전통의 크롬매시 그릴이 넓어졌다. 재규어에서 '재규어'가 사라진 것이다. 대신 매시 그릴 중앙에는 재규어가 포효하는 모습을 담은 '그롤러' 엠블럼을 붙였고 '리퍼'는 배지 형태로 변해 트렁크 리드 쪽으로 옮겨졌다. 이 때문에 동물 형상의 재규어는 찾아보기 어렵게 됐다. 하지만 재규어는 멋지게 변신에 성공했다.

XE, XF, XJ라는 재규어 라인업은 후륜구동이다. 왜 전륜구동인 X-타입의 후속을 만들지 않느냐고 묻는 사람이 있을 수 있다. 정답은 앞서 설명한 대로다. 포드와 결별했으니 전륜구동인 몬데오 차체와 플랫폼을 넘겨받을 수 없거니와 받을 필요도 없어서다. 재규어는 판매량 회복을 노리고 SUV로 눈길을 돌렸다. 그렇게 탄생한 모델이 F-페이스다. 재규어가 처음으로 생산한 SUV다. 2015년 프랑크푸르트 모터쇼에 등장해 2016년부터 본격적인 판매에 돌입했다.

시작은 좋았다. 재규어에서 가장 아름다운 모델로 꼽히는 F-타입의 디자인을 빼다 박았다. SUV의 강인함에 스포츠카의 유려한 디자인을 더했다. 다른 브랜드와 차별화되는 아름다운 디자인은 F-페이스를 선택할 충분한 가치를 제공했다. 여기에 더해 베이비 F-페이스라 불리는 E-페이스를 추가했다. F-페이스에 비해 인기는 떨어졌지만, 구색을 갖추기에는 충분했다. 아쉬움은 있었다. 비싼 가격에 비해 옵션이 다소 부족했다. 거기에 디젤 파워트레인을 주력 판매 모델로 내세우고, 고성능 가솔린 모델을 추가한 점이 아쉬웠다. 전동화로 빠르게 나아가는 시대 흐름과 다소 동떨어진 선택이었기 때문이다. 그 때문일까, 재규어는 최근 몇 년간 부진한 판매에 골머리를 앓았다. 그에 대한 해답으로 재규어도 결국 전기차 브랜드로 완전히 변신하는 길을 택했다.

전기차 브랜드로의 변신과 위상 재정립

2014년 전기차 개발에 착수한 재규어는 2016년 브랜드 최초의 순수 전기차인 I-페이스 콘셉트를 공개했다. 콘셉트카임에도 양산형에 가까울 정도로 완성도가 높았다. 재규어 특유의 유려한 디자인과 고급스러운 실내 구성이 눈길을 끌었다. 정지 상태에서 시속 100km까지 단 4.8초 만에 도달하는 재규어 특유의 스포츠성까지 챙겼다. 2018년부터 글로벌 판매를 시작한 I-페이스의 인기는 예상보다 시들했다. 소문난 잔치에 먹을 것 없다는 옛말이 I-페이스를 두고 하는 게 아닌가 하는 생각까지 들 정도였다. 짧은 주행거리(국내 환경부 기준 333km), 1억 원을 호가하는 높은 가격, 디자인을 제외하면 찾아볼 수 없는 혁신성 등이 대표적인 약점으로 꼽혔다.

내연기관 모델의 판매에서도 어려움을 겪자 재규어는 결국 전기차 브랜드로 완전히 변신하기로 한다. 2021년 초 리이매진 전략을 발표하며 대대적인 변화를 예고했다. 2025년부터 혁신적인 기술과 순수한 아름다움을 보여주는 순수 전기차 럭셔리 브랜드로 재탄생한다는 내용이 핵심이다. 해마다 24억 파운드를 투자해 2030년부터 전기차만 생산하고, 2039년에는 탄소 제로를 달성하겠다는 내용을 보면 전동화를 향한 확고한 의지를 읽을 수 있다.

재규어의 전동화 계획은 매우 그럴듯해 보이지만, 과정에는 여러 가지 허점이 드러난다. 리이매진 계획을 발표하면서 재규어는 현재 판매 중인 모든 내연기관 모델을 단종하고 2025년까지 신차를 발표하지 않기로 했다. 실제로 대부분 모델이 2019~2020년경 부분 변경을 거친 이후 신차 출시는 이뤄지지 않았다. 앞서 계획한 중형 크로스오버 프로젝트 2개도 중단하고, 결정적으로 양산을 앞둔 신형 XJ 전기차를 폐기해 버렸다. 전기차라고는 2018년에 선보인 I-페이스가 유일하고, 내연기관 모델은 노후화로 경쟁력이 떨어지는 상황이 현재까지 지속되고 있다.

거의 모든 자동차 제조사가 전동화에 몰두하고 있지만, 내연기관으로 현상 유지를 하면서 전동화를 추진한다. 내연기관의 경쟁력을 유지해 나가면서 자연스

엠블럼 변천

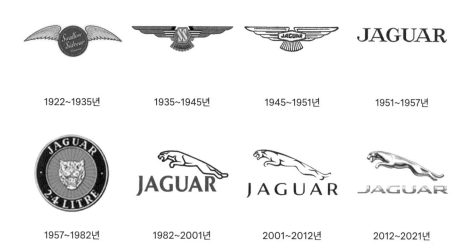

1922~1935년　　　1935~1945년　　　1945~1951년　　　1951~1957년

1957~1982년　　　1982~2001년　　　2001~2012년　　　2012~2021년

2021년~현재

럽게 전동화로 넘어가는 전략을 펼친다. 내연기관에서 손을 떼고 전기차에만 집중하는 재규어의 전략은 상당히 급진적이다. 마치 고시원에 틀어박혀서 세상과 담쌓고 공부만 하는 상황이랄까? 합격하면 단번에 보상받는다는 보장도 없는데 말이다. 경쟁자들은 생업에 종사하면서 시험을 준비하고 있다.

플랫폼도 새로 개발한다. 이미 랜드로버와 MLA 플랫폼을 공유 중이었는데, JAE(Jaguar Electrified Architecture)라는 플랫폼을 별도로 개발해 재규어 전용으로 사용하겠다는 계획이다. MLA 플랫폼을 사용해 개발하던 신형 XJ 전기차 계획이 폐기된 것도 독자 플랫폼 계획과 무관하지 않다. 브랜드 독자성을 강화하는 데는 도움이 될지 모르지만, 개발 기간이나 비용을 고려하면 기대한 만큼 효과를 얻을지는 의문이다.

재규어는 전동화와 더불어 브랜드 위상을 한 단계 높이려고 한다. 지금 경쟁 상대로 꼽히는 메르세데스-벤츠나 BMW를 넘어서 벤틀리나 애스턴 마틴과 동급으로 도약하겠다는 계획을 세웠다. 전기차 개발에 모든 역량을 집중하는 것도 완전히 새로운 모델로 라인업을 새로 꾸려 브랜드 이미지를 확 바꾸겠다는 의도다.

현시대 재규어의 전성기를 꼽으라면 XJ와 XK 두 종류만 나오던 1990년대 중후반이 아닌가 싶다. 포드 자회사였지만 재규어의 개성이 가장 잘 살아 있던 시기이기도 하고, 소품종 소량 생산으로 희소성을 유지하며 벤츠나 BMW보다도 위급으로 인정받았다. 이후 규모의 경제를 달성하려고 모델 가짓수를 늘리면서 브랜드 위상이 떨어졌다.

2008년 타타 밑으로 들어가서는 SUV로 영역을 넓혀서 제법 라인업 규모가 커졌다. 모델 다양화는 이뤘지만, 대중성과 보편성을 얻은 만큼 개성은 옅어졌다. 재규어 내부에서도 소수의 부유층을 공략해야 한다는 주장이 나오고 있다. 규모의 경제를 추구하던 재규어는 전동화를 추진하면서 다시 소품종 소량 생산으로 회귀하려고 한다. 세 종류의 GT 모델을 차례로 선보이고, 시작 가격대도 10만 파운드(1억 원대 중반)로 책정하는 등 고급화에 집중할 것으로 보인다.

파격적인 변신을 준비하는 사이 시장의 관심은 점점 멀어지고 있다. 신차가 없는 상황에서 워낙 다양한 경쟁 모델이 쏟아져 나오다 보니 잊히는 속도도 빠르다. 이미 한국 시장에서는 재규어가 펼치는 급진적인 전략의 부작용이 나타나고 있다. 신차가 없는 데다가 고질적인 품질 문제로 인식이 악화하면서 판매량이 급감했다. 2018년 3,700여 대에 이르던 판매 대수는 2020년 875대로 떨어졌고, 2021년 338대, 2022년 163대로 확 줄었다. 급기야 재규어는 한국 시장에서 철수하는 상황에 이르렀다. 2025년까지 일시적인 판매 중단이라고 하지만 실질적으로 철수한 상황이다.

전동화를 추구하는 재규어의 전략은 긍정적인 반응 이면에 모험 또는 도박이라는 평가가 공존한다. 재규어가 시장을 뒤엎을 획기적인 결과물을 내놓지 않으면 두문불출하며 보낸 시간이 헛되이 스러질 수도 있다.

이안 칼럼과 재규어

재규어의 전 디자인 총괄 이안 칼럼은 현존하는 세계 3대 자동차 디자이너(혹자에 따라 5대로 평가하기도 한다.)로 인정받는다. 1999년 재규어 수석 디자이너로 임명된 뒤 뉴 XJ, 뉴 S-타입 페이스 리프트를 주도했다. 2001년에 R-Coupe Concept를 시작으로 R-D6 Concept, XF의 시초가 된 C-XF 등 수많은 콘셉트 카를 디자인했으며, 스포츠카인 뉴 XK와 XF, 올 뉴 XJ 등에서 재규어의 전통적 디자인을 현대 감각에 맞게 바꿨다. 그는 재규어 리퍼 엠블럼을 없앤 주인공이기도 하다.

그가 없앤 것이 리퍼 엠블럼뿐일까. 그는 신형 재규어에서 신기술을 이용해 인테리어 변혁을 시도했다. 가장 큰 부분은 운전석 옆에 자리 잡은 원형 변속레버. 기어 조작을 간편하게 한다고 하지만 디자인 변혁에 더 가깝다.

재규어는 업계 최초로 원형 변속레버인 '재규어 드라이브 셀렉터'를 적용했다. 시동을 켜면 원형 드라이브 셀렉터가 위로 솟아오른다. 운전자는 손바닥에 쥐

업계 최초로 도입한 원형 변속레버,
재규어 드라이브 셀렉터. 디자이너의
아이디어가 빛난다.

어지는 원형 변속레버를 좌우로 돌려 드라이브 모드(P, R, N, D, S)를 선택하면 된다.

평소 만화를 좋아한다는 이안 칼럼만의 독특한 아이디어가 적용된 게 아닐까 생각한다. 미래 자동차에 달릴 법한 장치가 현실에서 구현된 것이다. 드라이브 셀렉터 안에는 스프링을 내장해 변속할 때 기존 레버를 당길 필요 없이 부드럽게 움직일 수 있다. 수동 모드일 때는 밀면서 돌리면 변속이 된다. 어찌 보면 더 불편할 수도 있지만, 센터 공간을 확보하는 데 대단히 편하다. 드라이브 셀렉터는 크기가 작아서 컵홀더와 수납공간을 최대로 확보할 수 있도록 해준다. 2001년 BMW의 또 다른 이단아 크리스 뱅글이 접목한 칼럼 시프트와 비슷한 장치로 보면 된다. 당시 BMW도 센터 공간을 확보하려고 칼럼 시프트를 도입했다.

XF에는 업계 최초로 재규어 센스를 달았다. 글로브박스를 열 때 레버를 당기거나 실내등을 켤 때 스위치를 누를 필요가 없다. 글로브박스에 손을 가볍게 대기만 하면 내장된 작동 센서가 인지해 자동으로 열어준다. 별도의 레버나 스위치가 필요 없어 좀 더 깔끔한 디자인을 가능케 한다. 머리 위 실내등에도 센서가 달려 살짝 건드리거나 가까이 손을 가져가면 움직임을 인식해 작동한다. 운전 중이거나 야간에 어두운 실내에서 스위치를 찾아 헤맬 필요가 없다. 이런 스마트 장치는 이제 다른 제조사에서도 쉽게 볼 수 있다. 지저분한 스위치를 없애고 한결 깔끔한 대시보드와 센터페시아를 꾸밀 수 있기 때문이다.

재규어를 혁신으로 이끈 이안 칼럼은 최장수 디자인 총괄로서, 살아 있는 업계 전설로 통했다. 그는 영국 스포츠카인 애스턴 마틴의 디자인을 현대화하면서 유명해졌다. 재규어가 포드 그룹에 속해 있을 당시 포드에서 동생 머레이 칼럼과 함께 형제 디자이너로 일한 것으로도 잘 알려져 있다. 머레이는 마쓰다 디자인 총괄을 거쳐 포드 디트로이트 디자인센터 수석 디자이너로 활동했다.

이안은 '워커홀릭'으로 알려져 있다. 제때 퇴근하는 경우가 없다. 밤샘 작업이 수도 없고 쉬는 날이나 여행을 가서도 스케치를 한다. 그렇다고 무절제한 것은 아니다. 그가 가장 중요하게 여기는 것은 기본 스케치다. 늘 기본을 강조하는 그는 학력 좋은 디자이너가 그림을 못 그리는 경우도 있다고 말했다.

XF의 센터페시아.
상당히 깔끔한 모습임을 알 수 있다.

필자는 오래전 그와 인터뷰한 적이 있는데, 영어에 능숙하지 못한 필자를 위해 이해하기 쉬운 단어를 골라 쓰면서도 멋진 영국식 악센트를 구사하던 모습이 기억에 남는다. 어려운 디자인 요소를 쉬운 예를 들어가며 설명하던 모습에서 그가 얼마나 많은 언론 인터뷰에 단련된 '언어의 마술사'인지 실감한 경험이었다.

2019년을 마지막으로 이안 칼럼은 재규어를 떠났지만, 재규어의 디자인 컨설턴트로 활동한다는 소식을 들었다. 게다가 자신의 회사인 칼럼 디자인을 설립해 활동한다니, 앞으로도 당분간은 그의 창의력과 숨결이 들어간 자동차 디자인을 계속 만나볼 수 있지 않을까.

페라리

F1 슈퍼 레이싱카를
도로에서 만나다

설립자
—
엔초 페라리

설립 연도
—
1939년

대표 모델
—
라 페라리, 엔초 페라리, F40, 458 이탈리아

엠블럼
—
말 디자인은 프란체스코 바라카 백작의 전투기 표식에서 유래했다고
한다. 여기에 엔초 페라리의 고향인 이탈리아 모데나시의 상징인
노란색을 사용하고, 말 색깔을 빨강에서 검정으로 바꿨다.

이름만으로 모두를 흥분시키는 자동차

페라리는 단순히 빨리 달리는 스포츠카가 아니다. 빼어난 디자인뿐 아니라 오감을 만족시킨다. 그래서 페라리는 차를 파는 게 아니라 '꿈을 판다'고 마케팅을 한다.

우선 시동을 걸면 웅장한 엔진과 배기음 소리에 귀가 호사를 한다. 황홀한 오케스트라의 연주처럼 V8, V12 엔진들이 연주를 쏟아낸다. 눈도 호사롭다. 이탈리아 전문 디자인 업체 피닌파리나의 디자인은 페라리를 바퀴가 네 개 달린 자동차에서 소장 가치가 있는 조각품으로 변모시킨다. 촉감은 영락없는 최고급 소재의 향연이다. 외관 도장의 매끄러움뿐 아니라 인테리어를 감싼 알칸타 가죽은 손가락이 닿는 곳곳에 편안함과 럭셔리라는 영감을 줄 정도다.

후각 역시 빼어나다. 가죽 소재에서 배어 나오는 은은한 향은 초콜릿, 아니 고급 와인의 아로마를 느끼게 한다. 그렇다면 입맛은 어떨까. 페라리의 빼어난 자태와 함께 어떤 악기로도 흉내 내기 어려운 배기음을 듣고 나면 입에 군침이 돈다. 마치 한 겨울 군고구마 아저씨가 쓴 '벙거지'를 봤을 때처럼 말이다. 고구마가 익는 달콤한 향처럼 페라리는 입맛을 돋우는 첨가물이다.

필자는 두 번이나 페라리의 고향 이탈리아 마라넬로에 가본 경험이 있다. 특히 2007년 5월 페라리 60주년 행사가 기억에 남는다. 전 세계에서 모여든 페라리 팬들이 1960년대 페라리부터 현 모델까지 끌고 나와 말 그대로 페라리 퍼레이드를 벌였다. 누가 요구해서가 아니라 페라리를 사랑하는 고객 스스로 원해 참여한 것이다.

페라리는 전 세계 어디서나 '부의 상징'으로 통한다. 차 한 대당 가격이 수억 원씩이나 하는 고가라서가 아니다. 스페셜 또는 한정 판매(리미티드 에디션)라는 독특한 마케팅 기법을 쓴 덕이다. 돈만 있으면 누구나 언제든지 살 수 있는 비싼 차라는 이미지를 벗어났다. 페라리의 연간 생산 대수는 2022년 1만 3,000여 대다. 페라리는 2012년 7,318대를 판매하고, 2014년에는 6,922대를 기록했다. 당시에 생산 능력은 1만여 대에 이르렀지만, 2014년 루카 디 몬테제몰로 회장은 2018년까지 생산량을 7,000여 대 이하로 줄인다고 발표했다. 길거리에서 쉽게 볼 수 있는 차가 되지 않도록 희소성을 유지하기 위해서였다. 이후 세르지오 마르치오네가 CEO로 부임하면서 7,000대 유지 전략을 폐기하고 생산량을 늘려왔다. 2019년부터 생산량은 꾸준히 1만 대를 넘었지만, 창사 이래 지금까지 판매한 차는 25만 대에 불과해 여전히 희소성을 유지하고 있다.

이처럼 페라리는 고급차 메이커인 벤츠나 BMW와는 판매 전략이 다르다. 따라서 세계 경제 위기와 페라리 고객과는 큰 관련이 없다. 통상 페라리 고객의 예금 잔고(부동산이나 펀드 등에 투자한 자산 이외의 순수 현금성 자산)에는 500만 달러(약 55억 원) 이상이 들어 있다. 차량에는 생산 날짜와 순번, 고객 이름을 새겨준다. 페라리 오너들은 보통 한 달에 한두 번 정도 운전을 한다. 5~10%의 고객은 1년에 한 번 정도 시동을 걸 뿐 자동차 성능이 아니라 예술품처럼 컬렉션을 즐긴다. 구

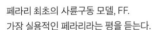

페라리 최초의 사륜구동 모델, FF.
가장 실용적인 페라리라는 평을 듣는다.

매한 후 단 한 번도 타보지 않은 경우도 있을 정도다. 페라리는 고성능뿐 아니라 빼어난 디자인으로도 유명하다. 엘레강스한 이탈리아의 전통을 담아낸 디자인 전문 업체 피닌파리나의 공적이다.

납작한 스포츠카만 생산하는 페라리가 2011년 재미있는 신차를 내놨다. 사륜구동 4인승 FF다. '페라리 포'(Ferrari Four)의 약자로 4인승과 사륜구동을 의미한다. 혹자는 "페라리가 무슨 사륜구동? 그것도 4인승이라니."라고 혹평을 할지도 모른다. 하지만 요즘 돈 많은 부자들은 페라리의 거친 드라이빙 성능보다 안전하고 마음만 먹으면 탈 수 있는 차를 원한다. 그런 소비자의 요구에 페라리가 대응에 나선 것이다. 국내에서도 FF는 여러 대 팔렸다.

FF는 페라리의 유전자를 그대로 계승했다. 우선 성능으로 압도한다. V12 6,262cc 직분사 엔진을 달고 8,000rpm에서 최고 660마력을 낸다. 포뮬러1 레이스에 사용되는 7단 자동 듀얼 클러치 변속기를 달았다. 정지 상태에서 3.7초 만에 시속 100km까지 가속이 가능하다. FF는 서킷뿐 아니라 눈길이나 빗길, 진흙길 같은 험로에서도 달릴 수 있는 전천후 차량이다.

페라리의 사륜구동 시스템은 경쟁 차에 비해 약 50%가량 무게를 줄였다. 스포츠카에서 중요한 요소인 무게 배분을 앞 47%, 뒤 53%로 거의 같게 해 급격한 코너에서도 제대로 균형을 유지할 수 있다. 4명이 승차할 수 있을 뿐 아니라 트렁크(450L)에는 골프백 두 개도 실을 수 있어 스포츠카 성능에 장거리 투어러 기능을 더했다.

FF는 지금까지 페라리가 제작한 차량 중에서 가장 운전하기 쉽다는 매력을 지니고 있다. 그렇다고 얌전하지만은 않다. 서킷에 들어서면 최고 시속 335km를 가뿐히 뽑아내는 폭주족으로 변신한다.

마세라티와 람보르기니도 SUV를 만드는 시대다. 스포츠카만으로는 먹고 살기 쉽지 않기 때문이다. 부자들의 지갑을 열게 하는 데는 SUV만 한 게 없다고 하지 않는가. 포르쉐가 만든 SUV 카이엔이 성공하자 이들도 자극을 받은 셈이다.

그렇다면 페라리도 SUV를 만들까. 페라리 경영진은 수많은 언론이 SUV 시장 진입을 물을 때마다 "절대 그럴 일은 없다."라고 잘라 말해왔다. 끝까지 자존심을 지킬 것처럼 보이던 페라리도 결국 SUV 시장에 발을 들여놓았다. 2022년 9월 페라리의 첫 SUV인 푸로산게가 공개됐다. 정작 페라리는 어떤 설명에도 SUV라는 말을 쓰지 않는다. 4인승 4도어 자동차라고 설명하고, FUV(Ferrari Utility Vehicle)라고 분류한다. 푸로산게(Purosangue)는 이탈리아어로 '순혈'을 뜻한다. 차종 분류나 이름에서 용도에 맞게 페라리다운 차를 만들었을 뿐 SUV의 인기에 편승한 것은 아니라는 메시지를 전한다.

실제로 푸로산게를 보면 SUV보다는 키가 좀 큰 스포츠카나 해치백처럼 보인다. SUV보다는 크로스오버에 가깝다. FF와 비슷해 보이지만 푸로산게의 키가 SUV답게 더 크다.(FF : 1,379mm, 푸로산게 : 1,589mm) 푸로산게는 페라리 양산차 중에서는 최초로 선보인 4도어 모델이기도 하다. 판매 확대를 고려해 V6 또는 V8 엔진을 얹고 나오리라는 예상과 달리 푸로산게는 자연 흡기 V12를 품었다. 기존 페라리 소유자에게 구매 우선권을 주고, 판매 비중도 20%를 넘기지 않도록 하는 등 페라리는 모델의 가치를 유지하는 데 공을 들이는 모습이다. SUV는 절대 만들지 않는다는 약속이 깨졌지만, 수익을 우선하는 여타 슈퍼카 브랜드와는 다른 방향으로 SUV 전략을 펼쳐나간다.

페라리 모델 가운데 페라리 이름이 붙지 않은 대중차도 있다. 1967년 출시된 디노 206 GT다. 필자는 이 차를 페라리 클래식카 가운데 1957년형 250 테스타로사(22대 한정 판매)와 함께 가장 디자인이 멋진 차로 꼽는다. 물론 디노는 3,000여 대가 생산돼 중고차 가격이 약 2만 5,000유로(약 4,000만 원 정도)로 마음만 먹으로 구입이 가능하다는 점도 있지만, 앙증맞은 디자인이 눈길을 떼지 못하게 한다.

희귀 차 소장가들에게 인기 모델인 이 차는 엔초 페라리가 사망한 큰아들의 이름을 붙인 걸로도 유명하다. 당시 경영난을 겪던 페라리는 6기통 엔진을 단 소형 스포츠카를 제작했다. 그전까지 모든 페라리는 V12 엔진을 사용했다. 자존심이 상한 엔초는 페라리 이름 대신 소형 스포츠카에 디노라는 이름을 붙였다. 디노 206 GT를 비롯한 후속 차량이 인기를 끌면서 1976년부터 페라리는 디노 브랜드

페라리 유틸리티 차량이라고
명명한 푸로산게. 페라리의 특성을
잘 유지했다.

디노 206 GT. 매끈한 디자인과 퍼포먼스로
많은 사랑을 받았다.

에 페라리의 엠블럼을 붙였다. 디노는 V6, V8 엔진을 달아 가격이 비교적 저렴해 예상 밖으로 인기를 누렸다.

자동차 마니아의 가슴에 소유욕을 일으키는 브랜드, 페라리. 그렇다면 역대 페라리 차 가운데 가장 잘 만든 모델은 무엇일까. 힌트는 창업자 엔초 페라리에서 나온다. 엔초는 늘 말했다. 페라리가 가장 잘 만든 차는 '다음에 나올 차'라고 말이다.

페라리의 시작 그리고 포뮬러1

페라리는 이탈리아 자동차 레이서로 유명했던 엔초 페라리가 1939년 이탈리아 북부의 소도시인 마라넬로에 설립한 회사다. 그는 1929년 자신이 만든 스쿠데리아 페라리 팀 드라이버로 활약하다 1933년 아들 알프레도(애칭인 '디노'로 더 유명하다.)가 태어나자 아내 뜻에 따라 드라이버 생활을 접고, 1939년 독자적인 자동차 제조를 목표로 '아우토 아비오 코스트루치오니'(Auto Avio Costruzioni)를 설립했다.

2차 세계대전이 끝난 뒤 페라리는 마라넬로로 본사를 이전하고 본격적으로 자동차를 생산했다. 1947년에는 페라리의 첫 번째 고유 모델인 '페라리 125S'가 생산됐고, 이후 페라리는 그의 이름을 딴 제품으로 자동차 시장에 혁신을 가져왔다. 뛰어난 성능과 우아한 디자인이 결합한 자동차로 명성을 쌓았던 것이다.

1950년대에 페라리는 포뮬러1(F1)에 진출하며 모터스포츠에서 큰 성공을 거뒀다. 페라리 팀은 여러 번의 월드 챔피언십 타이틀을 획득하며 레이싱 세계의 상징이 됐다. 이처럼 페라리와 F1은 서로 뗄 수 없는 관계다.

1950년 첫 F1 대회부터 단 한 번도 빠지지 않고 참가한 유일한 메이커이며, 1952년 처음 챔피언에 올라 지금까지 역대 최다인 240번 이상 우승했다. 레이싱 황제 미하엘 슈마허도 페라리 팀에서 우승해 명성을 쌓았다. 1972년 이후 엔초

1923~1929년   1929~1932년   1932년~1940년

1940~1945년   1945~1947년

1947~1951년   1951~1960년   1960~1981년   1981~2005년

2005~2010년   2010년~현재

페라리는 내구 레이스와 스포츠카 챔피언십에서 손을 떼고 F1에만 주력했다. 엔초 페라리는 1988년, 90세를 일기로 타계할 때까지 레이싱 팀을 지휘했다. 엔초가 생전 마지막으로 지켜본 새 모델은 페라리 F40이었다. 지금까지 페라리는 F1 드라이버 세계 타이틀 15번, 컨스트럭터 세계 타이틀 16번을 달성했다. 페라리 F1 팀의 전성기는 2000년~2007년으로 이때 많은 우승 기록을 쌓았다. 이후 과거의 영광을 이어가지는 못했지만, 여전히 F1을 상징하는 팀으로 인정받고 있다.

1980년대와 1990년대에는 페라리 테스타로사(Testarossa), F40 같은 아이코닉한 모델들이 시장에 등장했다. 이 모델들은 고성능 스포츠카의 대명사로 여겨지며 페라리의 상징이 됐다. 1990년대로 접어들면 페라리는 피아트 그룹의 일원이 된다. 이는 회사에 새로운 자본과 시장 접근성을 가져다줬다. 이 시기에 페라리는 생산 시설을 현대화하고, 소비자의 변화하는 요구에 맞춘 새로운 모델을

페라리 500 F2에 탑승한 알베르토 아스카리.
아스카리는 1952/1953년 연속으로 포뮬러1에서
우승했다.

개발하는 데 투자했다. 지금은 피아트에서 독립했지만, 여전히 피아트의 모기업인 엑소르가 최대 주주이긴 하다.

오늘날 페라리는 고성능 엔진, 과감한 디자인, 이탈리아의 장인 정신 등이 결합한 차량을 생산하며 자동차 산업의 선두에 서 있다. 페라리가 추구하는 속도, 열정, 우아함이라는 가치는 여전히 전 세계에서 수많은 사람을 매혹한다.

슈퍼카의 미래, 원오프 모델

슈퍼카 시장의 미래는 어떻게 될까? 과거 역사를 보면 슈퍼카 시장은 경기 침체나 석유 파동 등을 겪으며 부침을 거듭해 왔다. 최근 들어서는 친환경과 전동화의 영향으로 슈퍼카의 성격 자체가 변하고 있다. 슈퍼카 제조사는 어떻게 미래를 대비할까? 여러 가지 계획이 있을 텐데 페라리도 한 가지 답을 제시한다.

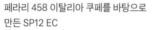

페라리 458 이탈리아 쿠페를 바탕으로
만든 SP12 EC

원오프(one-off) 모델은 한정판 중에서도 단 한 대만 주문 제작하는 차를 가리킨다. 단 한 대를 만들려고 디자인, 설계, 부품 제작, 조립을 따로 하므로 가격이 낮게는 수십억 원에서 높게는 수백억 원에 이른다. 그만큼 고급성이 남다르고, 브랜드 가치가 뒷받침돼야 하므로 아무 제조사나 원오프 모델 분야에 뛰어들 수 없다. 차 한 대를 만들려고 조립라인을 설치할 수 없으니 대부분 공정이 수작업으로 이뤄진다. 평소 수작업에 일가견 있는 브랜드만 시도할 수 있다. 고급차 제조사 중에서도 슈퍼카나 하이엔드 브랜드 일부만이 원오프 모델을 제작한다.

롤스로이스, 벤틀리, 람보르기니 등 일부 브랜드가 원오프 모델을 선보이는데, 그중에서도 가장 활발한 곳은 페라리다. 값비싼 슈퍼카를 소량 생산하는 노하우를 원오프 모델에 그대로 적용해서 특별한 차를 만들어낸다.

페라리는 창사 이래 비공식적으로 간간이 개조 모델을 만들어왔다. 2008년에는 '포트폴리오 코치빌딩 프로그램'을 론칭하고 일대일 제작을 공식화했다. 페라리가 2022년까지 만든 원오프 모델은 20여 대에 이른다. SP12 EC는 유명 가수 에릭 클랩턴의 주문을 받아 만들었고, SP30은 석유 사업가이자 페라리 수집가로 유명한 치라크 아리아의 요청을 받아 제작했다. 이 밖에도 P540 슈퍼패스트 아페르타, SP38 데보라, P80/C, AP38 유니카 등 다양한 원오프 모델을 선보였다.

자동차 시장은 개성을 중시하는 희소성 높은 모델의 인기가 날로 높아지고 있다. 슈퍼카 제조사의 소량 생산 모델이나 한정판으로도 만족할 수 없는 사람은 원오프 모델로 눈을 돌린다. 여러 고급차 업체가 원오프 모델 사업에 뛰어들지만, 아직은 페라리가 체계적이고 수준 높은 원오프 모델로 주목받는다.

포르쉐

럭셔리 스포츠카의 기준

설립자
—
페르디난트 포르쉐

설립 연도
—
1931년

대표 모델
—
911, 박스터, 카이엔

엠블럼
—
포르쉐의 문화유산을 상징하며, 매우 오랫동안 같은 모양을 유지하고
있다. 가운데에 자리 잡은 말 모양은 독일 슈투트가르트의 휘장에서
따왔다. 검은색과 빨간색을 띤 줄무늬는 독일 뷔르템베르크 지역의
문장에서 영향을 받았으며, 사슴뿔 모양 역시 그렇다.

전 세계 남자들의 로망, 포르쉐

로또 복권에 맞아 여윳돈이 생긴다면 어떤 스포츠카를 장만할까? 아마도 가장 먼저 떠오르는 차가 독일의 포르쉐일 것이다. 포르쉐는 남자의 '로망'으로 통한다. 유행을 타지 않는 디자인과 '우르릉' 대며 질주 욕망을 자극하는 낮은 배기음, 마음먹은 대로 도로를 정복할 수 있는 탁월한 성능, 한 번 타면 내리기 싫은 운전의 재미 등 포르쉐를 원하는 이유는 수없이 많다. 특히 911 같은 스포츠카는 정밀 기계를 다루는 느낌이 손바닥으로 전해질 정도다. 노면의 요철을 그대로 읽어 운전자에게 전달한다. 또 원하는 대로 코너를 돌 수 있다는 자신감을 불어 넣어준다. 스포츠카는 앞쪽보다 뒷바퀴가 크다. 후륜구동인 포르쉐의 접지력을 극대화할 뿐 아니라, 코너에서 차체에 접착제를 붙인 듯 아스팔트에 달라붙는 느낌을 주기 위해서다.

통칭 993(911)의 뒷모습은 언제 봐도
감탄이 나온다. 사진은 911 카레라 4S.

포르쉐 하면 필자는 고성능 스포츠카라는 이미지 외에 '엉덩이가 예쁜 차'가 떠오른다. 특히 마지막 공랭식 엔진을 달고 1993년에 나온 911(코드명 993, 통상 포르쉐 마니아들은 993이라 부른다.)을 보면 더욱 그렇다.

2003년, 일본 자동차 연수 중에 20여 명의 993 동호회원과 드라이빙을 한 적이 있다. 꽁무니를 쫓아가며 내내 넋이 나간 듯 993의 뒤쪽 자태만 바라봤다. "아, 저렇게 아름다운 뒷모습이 있을까."라고 연신 중얼거렸다.

130여 년 자동차 역사의 본고장 유럽에서는 수없이 많은 스포츠카 업체가 생겼다가 망했다. 페라리, 람보르기니, 벤틀리는 여러 번 새 주인을 맞이했다. 스포츠카가 성능은 뛰어났지만 여간해선 일반 운전자가 다루기 어려웠던 게 가장 큰 이유다. 그래서 경기를 많이 탔다. 조금만 불황이 와도 재고가 넘쳐 부도 위기에 몰렸다.

하지만 포르쉐는 90여 년 역사를 이어오면서 한 번도 망하지 않았을 뿐 아니라, 아직도 창업 일가가 경영에 참여하는 회사 중 하나다. 강력한 오너 리더십도 중요하지만, 운전면허증만 있으면 다룰 수 있는 손쉬운 스포츠카를 만드는 노하우 덕분이다. 또 한 가지, 포르쉐만의 디자인이다. 둥글게 솟아오른 헤드라이트, 잘록한 유선형 디자인과 아름다운 엉덩이를 연상시키는 꽁무니까지, 포르쉐만의 디자인이 돋보인다.

엔진에 대한 고집도 대단하다. 스포츠카에 달린 가솔린 엔진은 V형이 아닌 수평대향이다. 피스톤이 서로 마주 보고 평행하게 움직여 이런 이름이 붙었다. 엔진 형태가 이런 덕분에 뒷바퀴 접지력을 극대화할 수 있고, 무게중심을 낮춰 완벽한 코너링이 가능하다.

포르쉐는 강력한 성능을 입증하는 데 효과 높은 마케팅 수단인 모터스포츠를 제대로 활용했다. 지금까지 여러 레이싱에서 무려 2만 8,000여 회나 우승했다. 이런 레이싱 유전자는 시동장치에 그대로 드러난다. 포르쉐 경주차는 보다 빠르게 출발하려고 운전자가 왼손으로 시동을 걸면서 동시에 오른손으로 기어를 넣을 수 있도록 시동장치를 왼쪽에 뒀다. 이런 전통에 따라 지금도 모든 스포츠카

운전대 왼쪽에 시동장치가 보인다.
사진은 911 터보 S.

모델의 시동장치가 왼쪽에 있다. 어리숙한 자동차 도둑들이 포르쉐의 시동장치를 찾지 못해 실패했다는 우스갯소리도 나올 정도다.

대신 꽉 막힌 도심 도로에서는 고역이다. 시끄러운 엔진음과 민감한 가속페달, 커다란 앞바퀴를 움직이는 무거운 핸들 등 불편하기 짝이 없다. 그렇다고 출퇴근할 때 못 탈 차는 아니다. 매일 운동 삼아 타면 된다. 그리고 운전의 재미를 즐기면 된다. 정체가 풀린 도로에서 출발부터 시속 100km까지 3, 4초대에 가속하는 즐거움은 타보지 않으면 알 수 없다. 뻥 뚫린 새벽 고속도로에서 시속 200km를 넘나드는 재미는 운전자를 숙연하게 만든다. 시속 200km를 넘으면 앞에 보이는 시야가 확 좁아진다. 옆 차선을 볼 틈이 없다. 손에 땀이 나면서 잡생각이 사라지고, 운전에 몰입되는 현상은 아드레날린이 분출되는 것을 자각하는 묘한 느낌을 준다.

천재 공학자 페르디난트 포르쉐

포르쉐의 시작은 1931년이다. 창업자는 오스트리아 출신인 페르디난트 포르쉐 박사다. 그는 사명을 자신의 이름을 따 'Dr. Ing.h.c. F. Porsche AG'(포르쉐 박사 주식회사)라고 지었다.

30세가 된 포르쉐 박사는 1905년, 독일 슈투트가르트에 자리한 다임러 자동차 회사에 들어가 기술부장이 됐다. 그곳에서 그는 슈퍼차저(엔진에 공기를 강제로 압축해 불어넣는 터보의 일종)를 얹은 대형 엔진 개발에 주력했다. 정규 학력은 고졸이지만 1924년 그는 슈투트가르트 공대에서 명예 공학박사 학위를 받았다. 회사 이름에 적힌 'Dr.'는 이때 받은 학위에서 비롯됐다. 스포츠카는 물론 항공기 엔진 개발에도 재주를 보였는데, 재능을 인정받은 포르쉐 박사는 10년 만에 연구 담당 본부장이 됐다. 그는 1차 세계대전이 끝난 후 소형 레이싱카 개발에 몰두했지만, 다임러가 벤츠와 합병하면서 수익성 높은 대형 세단 개발로 방향을 돌리자 이를 못마땅하게 여겨 1926년 사표를 썼다.

1930년 12월 1일, 포르쉐 박사는 지금의 포르쉐 본사가 자리한 슈투트가르트 주펜하우젠에 사무실을 내고, '포르쉐 설계 사무소'라는 간판을 걸었다. 전 세

히틀러의 명령으로 만든 비틀.
자동차 역사에서 상징적인 차량이다.

계 남자들의 로망, 포르쉐의 역사가 시작되는 순간이었다.

포르쉐 설계 사무소 설립 초기에는 자동차 개발 컨설팅을 주로 했다. 포르쉐 박사는 당시 독일 정부로부터 국민차 사업을 의뢰받았다. 이때 제작한 차가 세계 첫 국민차로 꼽히는 폭스바겐 비틀(딱정벌레)이다. 첫 모델은 공랭식 엔진을 뒷좌석 뒤에 얹은 후륜구동 방식이었다. 2차 세계대전 때는 비틀 차체를 활용해 전투용 장갑차로 개조한 '퀴벨바겐' 같은 무기를 생산했다. 그런 이유로 전쟁이 끝나고 포르쉐 박사는 전범으로 몰려 옥살이를 하기도 했다.

비틀 차체로 만든 스포츠카 356

주인을 잃은 포르쉐 회사는 부도 위기에 몰렸지만, 아들 페리 덕분에 기적처럼 살아났다. 1948년, 페리는 비틀 부품을 활용해 소형 스포츠카 356을 생산했다. 356의 엔진은 1.1L 40마력을 시작으로 1963년에는 2.0L 130마력까지 발전했다.

356은 포르쉐의 전통을 낳았다. 수평대향 공랭식 엔진을 꽁무니에 얹은 앞뒤 2+2 좌석의 레이아웃은 최종 모델까지 변함없이 이어졌다. 단지 엔진이 공랭식에서 수랭식으로 바뀌었을 뿐 911에 그 유전자가 그대로 흐르고 있다. 356은 1965년까지 7만 9,070대가 생산됐다. 포르쉐를 명실상부한 최고의 스포츠카 메이커로 올려놓은 의미 있는 차다.

세계 경제가 2차 세계대전의 참화에서 벗어나고, 미국 경제가 살아나면서 번영이 찾아왔다. 근근이 356으로 버티던 포르쉐는 변화의 필요성에 직면했다. 소비자들은 356보다 크고 강력한 스포츠카를 원했다. 작고한 아버지의 대를 이은 페리는 새 차 개발에 착수했다. 오늘날 포르쉐를 스포츠카의 대명사 반열에 올린 911이 태동하는 순간이었다.

새로운 스포츠카를 개발하는 과정에서 포르쉐는 적잖은 시행착오를 거쳤다. 처음에는 수요가 많은 4인승, 4도어 세단을 만들고자 했다. 이탈리아의 자동차 전문 엔지니어링 업체인 카로체리아 기아(Ghia)에 의뢰해 프로토타입까지 만들었다. 하지만 페리의 성에 차지 않았다. 결국 페리는 스포츠카다운 크기와 무게를 유지하되, 2+2 좌석을 갖춘 차를 개발하기로 마음을 굳혔다.

1963년 가을, 포르쉐는 독일 프랑크푸르트 모터쇼에서 2도어 스포츠카 901을 선보이기로 했다. 그런데 뜻하지 않은 걸림돌을 만났다. 프랑스의 푸조가 중간에 '0'이 들어가는 세 자리 숫자의 차 이름을 쓰는 권리를 갖고 있었던 것이다. 결국 포르쉐는 1964년, 901을 양산하면서 이름을 911로 바꿨다. 전설적 이름 911은 궁여지책에서 비롯된 셈이다.

첫 911은 수평대향 6기통 1,991cc 공랭식 130마력 엔진을 꽁무니에 얹고, 최고 시속 210km를 기록했다. 911은 출시되자마자 레이스 트랙에 투입돼 우승컵을 잇달아 거머쥐었다. 2019년까지 8세대 진화를 거쳤다. 2.0L로 시작한 배기량은 4.0L까지 늘어났다가 8세대에서 3.0L가 됐고, 처음 130마력이었던 출력은

포르쉐 356.
지금의 포르쉐를 있게 한 주역이다.

450마력으로 발전했다.(8세대 기준) 여기에 시대 트렌드에 맞춰 사륜구동 모델이 추가됐다.

이후 911의 진화는 고독한 자신만의 싸움이었다. 엔진이 뒤에 놓인 데다 후륜구동이라 무게중심이 한껏 뒤로 쏠려 운전이 무척 까다로웠다. 엔진을 뒤에 놓은 것은 트렁크 공간을 줄이는 대신 작은 차체에 넓은 실내 공간을 확보하려는 묘안이었다. 이런 형태는 초대 비틀에서 비롯됐다.

포르쉐 하면 떠오르는 디자인 아이덴티티 때문에 새로운 변화를 주기도 쉽지 않았다. 무엇보다 매번 성능을 최고로 끌어올려야 하는 스트레스도 만만치 않았다. 1990년대 이후부터는 친환경 규제 강화로 연비와 이산화탄소 배출량도 줄여야 했다. 어려운 숙제였지만 포르쉐는 기술 장인답게 능숙하게 풀어왔다. 새로운 911을 내놓을 때마다 '역시 포르쉐'라는 찬사를 받았다.

엔진을 꽁무니에 얹으면 무게 배분이 뒤로 처져 직진 가속에 유리하지만, 내리막 코너에서는 불리하다. 뒷바퀴가 노면을 놓치는 순간, 묵직한 꽁무니가 팽이처럼 빙그르르 돌 수 있기 때문이다. 포르쉐는 절묘한 서스펜션 세팅과 정교한 전자 장비의 힘을 이용해 이러한 단점을 기술력으로 감쪽같이 해결했다. 따라서 오늘날의 911에서는 이런 위험을 만나기가 어렵다.

스포츠카에서 SUV, 4도어 쿠페까지

1980년대 포르쉐에 위기가 찾아왔다. 모든 생산 차량이 스포츠카뿐이라 경제 환경에 민감했다. 결국 1980년대 말 세계 경제 침체의 여파로 부도 위기에 몰렸다. 1990년대 초 당시 '세계 경영'을 내세우고 동유럽에 자동차 공장을 건설하던 한국의 대우자동차에 인수 제의가 들어왔다. 대우그룹 김우중 회장이 포르쉐를 실사하려고 프로젝트 팀을 만들어 독일 본사에 보낸 일화도 남아 있다. 대우그룹은 당시 연간 2만 대 남짓 판매하는 포르쉐에 사업성이 별로 없다고 판단해 인수하지 않았다. 결국 포르쉐는 1991년, 벤델린 비데킹이라는 걸출한 경영자가 등장해 생산성을 혁신적으로 높이면서 위기를 넘겼다.

포르쉐는 1990년대 말 근본적인 개혁에 들어가 차종 다양화를 시도했다. 스포츠카뿐인 모델 라인업에서 벗어나려는 노력을 한 것이다. 당시 미국의 신흥 부자들이 스포츠카보다 가족과 함께 레저를 즐기는 SUV에 매료된 모습을 보고, 고성능 SUV를 개발하기로 했다. 이 프로젝트에 의해 출시된 차가 바로 카이엔이다.

스포츠카는 아무리 운전이 쉽고 매력적인 디자인을 뽐내도 문이 두 개뿐이며 뒷자리 시트가 좁아 불편한 게 사실이다. 더구나 스포츠카를 찾는 계층은 극소수에 불과하다. 포르쉐는 자신만의 유전자를 살리는 고성능 SUV를 생각해 냈다. 실내 공간이 넓은 SUV지만, 질주 본능만큼은 여전히 포르쉐라는 것이다.

1999년, 평소 기술제휴를 해오던 폭스바겐과 공동 개발에 들어가 2002년 첫선을 보인 카이엔은 고성능 SUV 시장을 개척했다. 한국에서 '강남 상류층 아줌마'의 차로도 유명한 이 차는 떡 벌어진 위엄 있는 외관에 보닛에는 고성능과 부(富)를 상징하는 포르쉐 로고가 붙어 있다.

특이한 점은 엔진 변화다. 그동안 포르쉐의 심장을 상징했던 수평대향 가솔린 터보 엔진이 아니라, 폭스바겐과 공동 개발한 V6 3.0L 디젤을 탑재했다. 혹자는 카이엔이 사실상 무늬만 포르쉐고, 자세히 뜯어보면 폭스바겐의 SUV 투아렉과 형제차라는 혹평을 하기도 한다. 어쨌든 카이엔은 고성능 럭셔리 SUV를 찾는 부자들의 입맛을 선점해 대박을 냈다. 20년 넘게 이어진 카이엔은 중형 SUV 마칸을 포함하면 전 세계 포르쉐 매출의 절반을 넘게 차지한다. 스포츠카에서 SUV 회사로 변신했다고 해도 과언이 아닐 정도다.

포르쉐는 2000년대 중반, 2인승 스포츠카의 협소한 실내 공간을 해결하려고 4도어 세단 시장에 뛰어들었다. 2009년 첫선을 보인 4도어 파나메라는 널찍하고 고급스러운 실내와 고성능을 두루 갖추면서 포르쉐 엠블럼을 단 고성능 세단을 타고 싶은 소비자에게 강력하게 어필했다.

파나메라는 엄격히 구분하면 5도어 해치백이다. 트렁크룸이 실내와 분리돼

현재 가장 많이 팔리는 모델은
카이엔이다. 그다음을 역시 SUV인
마칸이 차지한다.

있지 않고 뒷문이 유리창과 연결돼 위로 열린다. 해치백이라는 말이 가정용 일반 승용차 느낌이 나서인지 포르쉐는 4도어 스포츠 세단 또는 4도어 그란투스리모(장거리 투어용 차)라고 말한다.

스포츠카가 아닌 두 차의 활약으로 포르쉐는 2012년 연간 판매에서 처음으로 10만 대 벽을 돌파했다. 매출액도 109억 유로, 영업이익은 20억 5,000만 유로로 역대 최고치를 기록했다. 아울러 2000년대 세계에서 가장 영업이익률(연평균 15% 이상)이 높은 자동차 회사에 등극했다. 10년이 지난 2020년에는 코로나19의 영향에도 불구하고 27만 2,000대 이상의 차량을 판매했으며, 매출액은 287억 유로(약 38조 2,600억 원), 영업이익은 42억 유로(약 5조 6,000억 원), 영업이익률은 14.6%를 기록했다.

포르쉐는 한국에서도 고속 질주다. 2006년 209대 판매에서 2012년 1,516대를 판매해 700% 이상 증가했다. 2020년에는 7,779대를 팔았다. 판매는 계속 늘어나 2021년 8,431대, 2022년 8,963대를 기록했으며 2023년에는 '1만 대 클럽'에 들어갔다.

속내를 들여다보면 한국 수입차 시장의 특성이 그대로 드러난다. 포르쉐는 스포츠카 브랜드라기보다는 프리미엄 브랜드의 한 부류다. 전체 판매량에서 스포츠카 비중은 20%가 채 안 된다. 70% 이상이 SUV 카이엔과 마칸, 4도어 세단 파나메라다. 사실 전 세계적으로도 포르쉐의 스포츠카 점유율은 25% 정도다.

적응력이 뛰어난 유전자 때문인지 포르쉐는 2000년대 이후 누구나 손쉽게 빠른 차를 운전할 수 있는 기술을 개발하는 데 전력을 쏟았다. 스포츠카의 매력에 탐을 내다가도 어려운 운전에 절레절레 고개를 흔드는 운전자를 잡기 위해서다. SUV 카이엔이든, 4도어 파나메라든 운전석에 앉아 시동을 걸면 레이싱 경기에 나온 듯한 흥분을 느끼게 하는 게 포르쉐만의 유전자가 아닐까.

포르쉐에는 내로라하는 경영자가 많다. 우선 창업자 페르디난트 포르쉐 박사가 있다. 그 뒤 어려움을 딛고 1990년대 이후 세계 최대 스포츠카 회사로 발돋움한 데는 벤델린 비데킹 전 회장의 탁월한 경영 능력이 있었다. 독일 명문 아헨 공대 기계공학 박사 출신인 비데킹은 1991년 생산 이사에 선임됐다. 계열사 사장이던 그가 포르쉐 일가의 후원으로 전격 발탁된 것이다.

당시 포르쉐는 판매 부진과 과도한 생산원가로 적자의 늪과 파산 위기에 빠져 있었다. 1988년, 포르쉐의 생산 대수는 5만 8,000대였다. 그런데 1992년에는 1만 3,800대로 뚝 떨어졌다. 그해 2억 5,000만 마르크의 적자를 냈다. 당시 포르쉐의 1년 인건비는 9억 마르크. 엄청난 위기였다. 비데킹은 취임 첫 달에 직원 1,850명을 명예퇴직시켰다. 1992년까지 2,000여 명의 직원이 일자리를 잃었다. 그리고 임원이 되기까지 과정을 6단계에서 4단계로 줄여 직원의 38%에 달하는 중간 관리자를 줄였다.

생산 전문가인 비데킹은 취임과 동시에 비용 절감에 나섰다. 은퇴한 토요타 생산 담당 간부 다섯 명을 고문으로 영입해서 조립라인 하나에서 여러 모델을 동시에 생산해 비용을 절감하는 토요타 생산방식(TPS)을 접목했다. 다양한 고가 모델을 생산하는 포르쉐에 TPS는 딱 맞는 궁합이었다. 포르쉐는 금세 흑자로 전환됐다. 이후 세계 자동차 업계에서 10%대 중반의 영업이익을 내는 회사로 자리 잡았다. 비데킹은 이러한 공로로 1993년 회장에 올랐고, 16년간 CEO로 재임하면서 포르쉐를 10배 이상 성장시켰다.

카이엔으로 돈을 잔뜩 번 포르쉐는 2006년 깜짝 놀랄 뉴스를 발표했다. 유럽 1위 자동차 업체인 폭스바겐을 인수하겠다고 선언한 것이다. 유럽 언론들은 앞다퉈 "다윗(포르쉐)이 골리앗(폭스바겐)을 쓰러뜨리려 한다."라며 대서특필했다.

포르쉐는 덩치가 16배나 큰 폭스바겐을 인수하려고 차입금을 빌려 공개 매수에 나섰다. 2008년 1월까지 폭스바겐 지분 51%를 매집했다. 인수 대상이 된 폭스바겐 주가는 열 배가 넘게 올라 2,000유로(약 300만 원)까지 치솟았다. 하지만 페르디난트 피에히(포르쉐 창업자의 외손자) 폭스바겐 이사회 의장이 반격에 나섰다. 주정부가 인수합병 승인을 연기하자 포르쉐는 90억 유로의 부채만 떠안게 됐다. 포르쉐의 최대 주주인 볼프강 포르쉐(창업자의 친손자)는 자금난에 몰리자 역으로 폭스바겐에 인수를 요청했다. 결국 폭스바겐은 2011년 80억 유로(약 12조

원)에 포르쉐(지분 49.9%)를 인수했다. 아울러 비데킹 시대도 막을 내렸다.

비데킹은 공포의 경영자로도 불렸다. 특유의 카리스마와 추진력에 나가떨어진 임원이 한둘이 아니었다. 2008년 독일 프랑크푸르트 모터쇼에서 만난 그는 퍽 인상적이었다. 자신감 넘치는 표정으로 속사포처럼 포르쉐 자랑을 늘어놓았다. 비데킹은 유럽 자동차 회사 CEO치고는 많은 연봉을 받았다. 2008~2011년, 해마다 5,000만 유로(약 750억 원)를 받았고 별도의 스톡옵션 계약도 있었다. 실제 연봉은 평균 1억 유로에 육박했다. 그는 2011년 말 은퇴와 동시에 포르쉐의 고향인 슈투트가르트에 자신의 이름을 딴 사회복지 재단을 세우고는 제2의 인생을 꾸려가고 있다.

포르쉐가 만들면 전기차도 다르다

포르쉐는 스포츠카의 교과서다. 지축을 울리는 배기음, 짜릿한 코너링, 빵빵한 뒤태까지 스포츠카에서 기대하는 모든 요소를 갖추고 있다. 수익률 개선을 노리고 카이엔과 파나메라를 선보인 포르쉐가 전동화에도 빠르게 편승했다. 수년 전부터 플러그인 하이브리드 모델을 판매하더니 이제는 순수 전기차의 판매에 두 팔 걷어붙였다. 주인공은 타이칸이다. 다소 우울해 보인다는 외모 평가와 달리 달리기 성능은 확실하다. 포르쉐가 만들면 다르다는 것을 전기차 시대에도 증명하고 있다.

타이칸은 배터리 용량과 출력 등을 기준으로 트림을 나눈다. 가장 높은 트림은 터보 S다. 내연기관 엔진에 장착되는 과급기 중 하나인 터보를 전기차 트림명에 사용했다. 순수 전기차인 타이칸에 터보차저가 있을 리 만무하다. 굉장히 아이러니하다. 내연기관 시대에 사용하던 트림명을 순수 전기차에도 그대로 적용하겠다는 계산으로 보인다.

국내 판매하는 타이칸은 기본형, 4S, GTS, 터보, 터보 S로 나뉜다. 각각의 배터리 용량은 79.2kWh와 93.4kWh다. 꽤 큰 용량의 배터리가 장착돼 주행거리가 얼마나 나올지 사람들의 관심이 높았다. 까다로운 국내 환경부에서 인증한 타이칸의 주행거리는 기본 모델 240km, 4S 251km다. 높은 관심을 보이던 이들에게는 실망스러운 수치가 아닐 수 없다. 타이칸 4S의 최대출력은 530마력, 최대 토크는 65.3kgf.m다. 정지 상태에서 시속 100km까지 단 4초 만에 돌파한다. 가장 높은 출력을 자랑하는 타이칸 터보 S의 최대출력은 761마력, 최대 토크는 무려 107.1kgf.m에 달한다. 순간적으로 출력을 높여주는 오버부스트 기능을 활용하면 단 2.8초 만에 시속 100km에 도달할 수 있다. 궁극의 레이싱 머신으로 불리는 F1과 어깨를 나란히 한다. 단, 타이칸을 가지고 놀려면 자주 충전해야 한다는 사실을 잊으면 안 된다.

단순히 수치만 보면 테슬라 모델 S와 비교할 수 있다. 물론 포르쉐와 테슬라는 출신 성분이 다르다. 수십 년간 레이스에 출전해 쌓은 데이터를 바탕으로 만든 포르쉐와 IT 전문가인 일론 머스크의 손길이 닿은 테슬라다. 포르쉐는 기계공학, 테슬라는 IT의 최정점에 서 있다. 주행에서도 그 차이가 확연히 느껴진다.

포르쉐는 2030년까지 라인업의 80%를 전동화할 것이라고 밝혔다. 다만, 포르쉐 골수팬이 좋아할 선택지는 남겨졌다. 바로 911이다. 911은 포르쉐의 아이코닉 모델이다. 포르쉐 CEO 올리버 블루메는 "911의 전기화는 진행되지 않을 것"이라며, "만약 진행되더라도 가장 마지막이 될 것"이라고 밝혔다.

현재 판매 중인 내연기관 모델 중 SUV 마칸이 가장 빠르게 전기차로 변신했다. 마칸의 뒤를 이어 MR 방식의 스포츠카인 카이맨과 박스터도 전기차로 재탄생시킬 준비를 하고 있다. 포르쉐의 전동화는 조용하지만 빠르게 진행 중이다. 전동화라는 약간은 혼란스러운 전환기를 맞아서도 포르쉐는 자신의 진가를 발휘할 것이다.

포르쉐 최초의 순수 전기 자동차, 타이칸.
포르쉐답게 고성능과 고급스러움을 지향한다.

내연기관 911의 생명 연장, 이퓨얼

스포츠카 전문 브랜드를 바라보는 시각에는 선입견이 따른다. 전통을 고수하고 자존심을 앞세워 변화를 거부하는 모습이 떠오른다. 일반 자동차보다 독특한 개성을 중요시하다 보니, 디자인이나 성능에서 고유한 특징을 고수하는 스포츠카 브랜드는 변화에 둔감한 인상을 풍긴다. 포르쉐도 911만 놓고 보면, 60년 넘게 한결같은 형태를 유지하는 고집스러운 면모가 두드러진다.

하지만 자세히 살펴보면 포르쉐는 변화에 매우 빠르게 대응해 왔다. 시대 상황에 바로 적응하며 살길을 찾아 나선다. 스포츠카 전문 브랜드를 고수하다가 SUV 시장 확대를 예견하고 카이엔을 개발한 사례는 이미 잘 알려졌다. 스포츠카 브랜드와는 어울리지 않는 대형 세단 시장에도 파나메라를 만들어 진출했다. 하이브리드 대중차의 숫자가 많지 않던 2010년에 플러그인 하이브리드 하이퍼카인 918 스파이더를 공개하고, 2013년에 양산 모델을 출시했다. 전기차 시대가 열리자 스포츠카 브랜드 중에서는 이례적으로 빠르게 2019년 타이칸을 투입했다.

생존 본능이든 이익 추구든, 목적이 무엇이든 간에 시장 상황에 신속하게 대처하는 모습은 포르쉐 브랜드를 대표하는 특성이다. 최근 포르쉐는 탈탄소화에 대비해 이퓨얼(e-fuel) 활용에 적극적으로 나섰다. 세계 최초로 생산 공장을 짓고 이퓨얼을 생산한다. 또다시 빠르게 시장에 적응하는 모습을 보여준다.

이퓨얼은 합성 연료인데 전기를 이용해 만드는 연료를 가리킨다. 물을 전기분해해서 얻은 수소에 대기에서 포집한 이산화탄소를 합성해 만든다. 종류는 메탄, 메탄올, 가솔린, 디젤 등 다양하다. 이퓨얼도 연소 과정에서 이산화탄소를 배출하지만 연소 효율이 높아서 화석연료와 비교하면 배출량이 20~40% 적다. 공기 중에 있는 이산화탄소를 포집해서 만들기 때문에 연소 과정에서 이산화탄소를 배출하더라도 실질적인 순 배출량은 0이다. 이런 특성을 고려해 이퓨얼은 탄소 중립 연료로 인정받는다.

이퓨얼 생산 방법은 매우 복잡해서 현재 연구가 진행 중이고 생산하는 곳도

극히 일부에 불과하다. 포르쉐는 세계 최초로 2021년 칠레에 이퓨얼 생산 공장을 착공해 2022년 말부터 생산에 들어갔다. 공장은 칠레 최남단에 자리 잡은 푼타 아레나스 인근에 있다. 이곳은 강한 바람이 불어서 연간 270일 동안 풍력 터빈을 최대로 돌릴 수 있다. 생산 설비 이름은 '하루 오니'인데 현지 방언으로 바람의 나라를 뜻한다. 풍력을 이용해 이퓨얼의 원료인 수소를 생산한다. 시범 단계에 연간 13만 L를 생산하고, 2025년 5,500만 L, 2년 후에는 5억 5,000만 L로 생산량을 늘릴 계획이다. 독일 승용차 연료 수요의 1.2%에 해당하는 양이다.

이퓨얼의 생산 목적은 탄소 중립이지만 내연기관의 생명 연장도 포함된다. 이퓨얼은 현재 내연기관에도 사용할 수 있다. 포르쉐가 이퓨얼의 필요성으로 내세우는 근거도 현재 전 세계 도로를 달리는 13억 대에 이르는 내연기관 자동차다. 이 차량들은 전기차 시대가 와도 완전히 사라지려면 수십 년이 걸린다. 이퓨얼은 기존 내연기관 차의 탄소 중립 대안으로 활용할 수 있다.

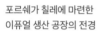

포르쉐가 칠레에 마련한
이퓨얼 생산 공장의 전경

2023년 3월 EU는 2035년부터 화석연료에 기반한 내연기관 자동차 판매를 금지하기로 했다. 2035년부터 27개 EU 회원국에서는 이산화탄소를 배출하지 않는 자동차만 신규 등록할 수 있다. 내연기관 판매 비중이 높은 독일과 이탈리아가 이 정책에 반대해 왔고, 결국 독일의 요구를 반영해 이퓨얼을 사용하는 내연기관차는 예외적으로 판매를 허용한다.

포르쉐는 2030년까지 판매량의 80%를 전동화 모델로 채울 계획이다. 911은 전동화에서 예외이고, 진행되더라도 마지막일 것이라고 한다. 올리버 블루메 포르쉐 CEO는 "2030년까지 전기차가 아닌 자동차 판매에서 나오는 매출의 20% 중 대부분은 911이 차지할 것"이라고 설명한다. 이퓨얼 생산은 탈탄소화라는 대의를 실현할 전략인 동시에 브랜드의 아이콘 모델인 911을 내연기관 모델로 유지하려는 방법인 셈이다. 친환경이라는 시대 흐름에 발 빠르게 적응하면서도 전통을 고수하는 포르쉐의 상반된 특성이 이퓨얼에 고스란히 드러난다.

엠블럼 변천

1922~1945년

1938~1948년

1948~1952년

1952~1963년

1963~1994년

1994~2014년

2014~2023년

2023년~현재

폭스바겐

**딱정벌레 국민차를 넘어
고급 대중차의 완성판**

설립자
—
페르디난트 포르쉐

설립 연도
—
1937년 5월 28일

대표 모델
—
비틀, 골프, 폴로, 캠퍼밴

엠블럼
—
회사명 철자에서 따온 V와 W 모양이 특징이다.
몇 차례 변화를 겪었지만, 수십 년간 이 형태를 유지했다.
지금 엠블럼은 2019년에 발표한 것이다. 로고의 선 두께를
가늘게 바꿨고, 좀 더 단순한 디자인을 시도했다.

독일 국민차에서 글로벌 브랜드로 격상하다

'딱정벌레(비틀)차'로도 유명한 폭스바겐 그룹은 2012년 한 해에 900만 대를 판매해 사상 최대 실적을 기록했다. 2008년 이후 매년 역대 최고치를 경신하면서 2012년 900만 대에 이어 2014년 1,000만 대 장벽까지 넘어섰다. 폭스바겐 그룹의 마틴 빈터콘 전 회장은 2018년 세계 1위를 목표로 하는 '전략 2018'을 냈다. 디젤게이트 사건을 책임지고 2015년 사임했지만, 그가 마련했던 세계 판매 1위 전략은 2년이나 앞당긴 2016년에 달성했다.

2015년 디젤게이트는 분명 위기였다. 당시 폭스바겐 그룹은 매우 다급했다. 빠르게 위기를 타개할 수단이 필요했고, 그들이 선택한 카드는 바로 친환경이었다. 당시 전기차 시대의 도래는 멀게만 느껴졌지만, 폭스바겐 그룹은 이전보다 빠르게 전기차 시대를 준비했다. 2018년 전기차 전용 플랫폼 MEB를 내놓은 것이다. 2021년 첫 전기차 전용 플랫폼 E-GMP를 내놓은 현대자동차그룹보다 3년이나 빨랐다. 폭스바겐은 MEB 플랫폼을 적용한 첫 전기차 ID.3를 시작으로 ID.4, ID.5, ID.6(중국 시장 전용), ID.7, ID.버즈를 판매 중이다. 폴로급에 해당하는 B 세그먼트 해치백 ID.2all은 2025년 출시 예정이다. 2025년에는 연간 300만 대의 전기차 생산을 목표로 한다. 타 회사에도 플랫폼을 팔아 '규모의 경제'를 실현하겠다는 심산이다. 미국 포드는 MEB 플랫폼을 사용해 전기차 생산에 나선다.

이제 폭스바겐의 남은 목표는 전기차 시대에서도 1위를 차지하는 것이다. 폭스바겐이 처음으로 내놓은 양산형 전기차 ID.3는 출시 2년 만에 유럽에서 12만 대 판매를 돌파했다. 폭스바겐만의 실용성을 전기차에도 고스란히 녹여냈다. 골프에 길든 유럽 소비자들은 사실상 골프의 전기차 버전인 ID.3를 자연스럽게 선택했다.

크기를 키운 ID.4도 시장 반응이 제법 괜찮다. ID.4는 국내에서 폭스바겐이 판매하는 첫 전기차다. 1960, 1970년대 미국과 유럽에서 소위 탈사회화를 주장한 히피(hippie)족의 전용차로 유명했던 올드카 '마이크로버스'는 ID.버즈로 재탄생했다. 마이크로버스가 연상되는 실루엣과 최신 폭스바겐 디자인 요소를 조화롭게 이뤄냈다. 그 덕분일까. 유럽에서 초기 물량이 완판됐다. 폭스바겐 그룹은 전기차 시대에도 1등을 유지하려는 생각에 배터리 독자 개발에도 나선다. 자체 생산으로 비용 절감과 가격 경쟁력을 확보하겠다는 심산이다.

폭스바겐은 1937년 아돌프 히틀러의 명령으로 독일 볼프스부르크에 설립된 '국민차 준비 회사'에서 출발했다. 다음 해 9월 폭스바겐으로 명칭을 변경했다. 동그란 원 안에 V자와 W자가 새겨져 있는 유명한 엠블럼은 이후에 만들어졌다. 독일어로 '국민차'(Volkswagen)의 약자를 형상화한 것이다. 1960년에는 주식시장에 상장됐다. 주식 지분이 독일 정부와 니더작센주 정부에 각각 20%씩 분할되고, 나머지는 국민에게 판매됐다. 진정한 국민차로 진일보한 것이다.

천재 기술자인 페르디난트 포르쉐 박사(포르쉐 창업자)는 히틀러의 명령에 따

폭스바겐 최초의 순수 전기 SUV, ID. 4.
전용 플랫폼 MEB를 이용했다.

라 국민차 비틀을 개발했다. 비틀은 포드 모델 T, 토요타 코롤라와 더불어 세계에서 가장 많이 팔린 자동차다. 시간당 최대 100대가 넘는 비틀을 생산했던 독일 볼프스부르크 공장은 아직도 히틀러 시대의 분위기가 물씬 풍긴다. 빛바랜 붉은 벽돌로 지은 공장 외벽은 우중충한 느낌을 주며, 거대한 대포를 연상시키는 높이 50m의 굴뚝도 그렇다. 볼프스부르크 공장은 규모가 엄청나게 크다. 공장 안에서는 전기 카트나 자전거를 타고 이동해야 할 정도다.

폭스바겐의 약진은 아우디의 전신인 아우토 우니온과 NSU를 차례로 합병하면서부터다. 고급차 시장에 진입하는 기틀을 마련한 셈이다. 폭스바겐은 비틀 이후 대형 히트작을 내놓지 못했지만, 1970년대에 새로운 전기를 마련하며 비약적인 도약을 한다. 해치백의 대명사, 아우토반을 누비는 골프(1974년)가 탄생한 것이다. 초대 골프의 디자인은 이탈리아 디자인의 명가 이탈디자인의 창업자 조르제토 주지아로가 맡았다.

잘나가던 비틀이었지만, 적재 공간 부재와 공랭식 엔진의 한계가 겹치면서 내리막길을 걸었다. 이에 비해 골프는 전륜구동, 수랭식 엔진, 안락함, 아우토반을 질주할 수 있는 성능까지 갖추면서 당시로는 혁신적인 개념을 도입해 독일 자동차 시장은 물론 세계 자동차 시장에 큰 파란을 일으켰다. 골프는 원형을 계속 유지하면서 출범 초기의 인기를 오늘날까지 유지하고 있다. 세계 자동차 역사에 유례를 찾기 어려울 정도다.

지금까지 총 여덟 차례 세대교체를 거치면서 총 3,500만 대가 넘는 판매량을 기록했으며, 유럽을 중심으로 소형 해치백 시장에서 압도적인 베스트셀링 모델로 자리매김했다. 2012년에는 경량화 첨단 기술을 접목해 기존 모델보다 80kg 다이어트를 한 7세대 모델을 선보였다. 1.6L 디젤 모델은 연비가 18.9km/L다. 2013년 6월 한국에 출시돼 매달 1,000대 이상 팔리며 돌풍이 일었다. 디젤게이트로 차량 인증이 취소되면서 국내에서 자취를 감췄던 골프는 2022년 8세대 모델로 부활했다. 국내 소비자들의 디젤 엔진 선호도가 떨어져 예전만큼의 명성은 아니지만, 마니아들의 선택을 꾸준히 받고 있다.

골프의 성공으로 투자 여력을 쌓은 폭스바겐은 1990년대에 스페인 세아트, 체코 슈코다(스코다)를 차례로 합병하면서 덩치를 키웠다. 1998년에는 부가티, 람보르기니, 벤틀리를 인수해 경차부터 최고급 세단, 클래식 스포츠카까지 아우르는 명실상부한 최고의 자동차 그룹이 됐다. 상용차 영역으로 사세를 넓혀 스웨덴 스카니아를 인수하기도 했다.

인수합병을 이용한 멀티 브랜드 전략은 2000년대에 세계 1위 자동차 기업을 목표로 삼은 폭스바겐의 행보에 주효했다. 현재 190여 종의 모델을 갖춰 소형차부터 대형차, 저가차부터 수십억 원에 달하는 최고급차, 트럭 등 전 차종을 아우른다. 세계 어떤 자동차 업체도 구성하지 못한 황금 포트폴리오를 구축한 것이다. 폭스바겐 그룹은 핵심 브랜드인 폭스바겐을 비롯해, 프리미엄인 아우디와 벤틀리, 최고급 스포츠카인 람보르기니, 대중차인 세아트와 스코다, 대형 트럭인 스카

골프는 폭스바겐을 상징한다. 사진 속 차량은 골프 GTI, 국내에서는 서민의 포르쉐라는 별칭으로 유명하다.

니아와 만과 나비스타 인터내셔널, 폭스바겐 상용차, 모터사이클 제조업체로 유명한 두카티와 2012년 인수한 포르쉐까지 모두 열네 개 브랜드를 거느리고 있다. 2010년에는 일본 경차 전문 업체인 스즈키의 지분 20%를 인수, 전략적 제휴를 맺었다. 물론 계약서 사인의 잉크가 마르기도 전에 갈등이 커져 갈라섰지만 말이다.

놀라운 점은 브랜드 사이에 뚜렷한 차별점이 있다는 사실이다. 이 덕분에 모델이 190여 종이나 되지만 이들 사이에 판매 간섭은 거의 일어나지 않는다. 한 플랫폼(섀시와 동력장치)으로 프리미엄부터 대중차까지 모두 만들지만, 뛰어난 디자인 파워와 상품 기술로 제각각 다른 특성을 보여준다. 여러 브랜드를 거느린 업체들은 모두 판매 간섭 현상 때문에 고생했다. 과거 포드 그룹 산하 볼보와 재규어가 대표적인 예다. 대중차인 포드가 몬데오의 플랫폼을 이용해 재규어 신차를 내놓으면서 프리미엄 브랜드의 가치가 손상된 어두운 역사가 있다.

세계 3대 고급차로 꼽히는 벤틀리.
폭스바겐 제품군에는 거의 모든 차종이 망라돼 있다.

전 세계 자동차 회사들의 벤치마크 대상

폭스바겐 그룹에는 2023년 현재, 승용차 브랜드 아홉 개와 상용차 브랜드 네 개, 모터사이클 브랜드 한 개가 있다. 제품군이 엄청나게 다양하다. 세계 판매 1위에 오른 2017년, 당시 자동차 전문가들은 "폭스바겐 그룹은 각각의 브랜드들이 고유의 특성을 유지한 채 시장에서 겹치지 않고 독립적으로 운영되는 점이 가장 큰 장점"이라고 말하며 "이런 점 덕분에 세계 1위에 오를 수 있었고, 전기차 세상에서도 전망이 밝은 자동차 그룹이다."라고 전망했다.

지금도 이 말은 크게 변하지 않았다. 비록 토요타에게 세계 판매 1위 자리를 내주긴 했어도 굳건한 2위이며, 폭넓은 제품군을 여전히 솜씨 좋게 운영하며 성장을 거듭했다.

물론 실패한 전략도 있었다. 대형차 페이톤은 폭스바겐의 실수였다. 벤츠, BMW, 아우디로 옮겨간 소비자를 붙잡으려고 첨단 기술을 총동원한 페이톤을 만들었지만, 중국과 한국을 제외하고는 판매가 신통치 않았다. 폭스바겐 브랜드가 가진 대중성이 발목을 잡았기 때문이다. 지금도 페이톤은 피데온이란 이름으로 중국에서만 팔리고 있다.

잠깐의 실수가 있었지만, 폭스바겐의 역량과 장점은 오랫동안 다른 자동차 회사들의 벤치마크 대상이었다. 일단 폭스바겐 자동차의 가장 큰 장점은 실용성이다. 그런 점에서 눈길을 끄는 화려한 디자인은 찾아볼 수 없다. 경쟁 브랜드 중에서 가격대 역시 합리적인 것이 폭스바겐의 가장 큰 장점이다. 고급차 모델보다는 20~30% 저렴하다. 물론 상대적으로 품질은 떨어지는 편이다. 미국 자동차 조사 업체인 JD파워의 신차 품질 지수를 보면 늘 중하위권에 머문다.

폭스바겐은 가끔 엉뚱한 주장도 한다. '놀라운 완벽함' '끊임없는 혁신' '인생의 동반자' '인류와 환경에 대한 책임감'이라는 네 가지 핵심 가치가 그것이다. 사실 광고 문구를 보고 폭스바겐을 떠올릴 소비자가 얼마나 될지 의문이다. 하지만 '가격 대비 가치가 좋은 차'라는 이미지만큼은 소비자에게 확실히 각인시키고 있다. 자신이 집중해야 할 가치가 무엇인지 정확히 알고 있다는 말이다.

이 회사의 디자인 철학도 그런 점에서 "모양은 기능을 따른다."(Form Follows Function)라는 말로 유명한 바우하우스(Bauhaus)의 정신이 바탕을 이룬다. 바우하우스는 20세기 초 독일의 실용적인 디자인을 이끌었다. 이 때문에 실내 계기판 역시 화려하거나 복잡하지 않다. 큼지막한 스위치에 누가 봐도 어떤 기능을 하는지 알 수 있다. 불필요한 요소들을 철저히 배제하고 꼭 필요한 장치들만 달겠다는 고집이다.

고급차에 때로는 너절하게 달린 버튼과 한국에서는 평생 한 번도 쓰지 않을 듯한 기능들(예를 들어 적외선 동물 감지 시스템, 자연의 소리 등)에 익숙한 운전자들이 폭스바겐 자동차를 만났을 때는 '단순함'에 놀란다. 그러나 운전해 보면 단순함이 주는 편안함과 즐거움의 포로가 된다.

가장 작은 경차급 소형차 업!부터 대형 SUV 아틀라스까지, 이 철학의 근본은 그대로 이어진다. 2015년까지 폭스바겐코리아에 몸담았던 방실 스텔란티스코리

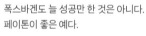

폭스바겐도 늘 성공만 한 것은 아니다.
페이톤이 좋은 예다.

Phaeton D2

티구안은 뛰어난 상품성과 합리적
가격이라는 폭스바겐의 가치가
잘 구현돼 인기를 끈 SUV 모델이다.

아 사장은 "한국에서 폭스바겐 고객들의 취향을 분석해 보면 자동차를 부와 신분의 상징으로 여기지 않는 층이 대부분"이라며 "튀지 않지만 오래도록 질리지 않는 디자인, 뛰어난 성능, 그리고 나만의 개성을 표현해 주는 차로 폭스바겐을 선택하고 있다."라고 설명한다. 브랜드 슬로건 또한 Das Auto(the car)다. 자동차가 무엇이냐는 질문에 '이런 게 자동차'라며 폭스바겐이 내놓은 답변인 셈이다. 자동차의 본질에 집중하려는 의지가 담겨 있다.

폭스바겐이 지금껏 세계적인 자동차 회사로 남은 데는 강력한 리더십도 빼놓을 수 없는 경쟁 요소다. 포르쉐 박사의 외손자인 페르디난트 피에히 이사회 전(前) 의장은 21세기 폭스바겐을 확립하는 데 크게 이바지했다. 그는 165cm의 단구에도 카리스마가 넘치는 인물이다. 1980년대 아우디에서 상품 기획을 맡았으며 2000년대 아우디가 고급차 브랜드에 오르는 데 큰 공을 세웠다. 외할아버지의 피를 그대로 이어받은 천재 엔지니어 피에히는 결혼 편력으로도 유명해 이혼을 세 번이나 하는 과정에서 열세 명의 아이를 두고 있다.

필자는 2010년 5월 프랑스 르망에서 열린 24시간 레이스에서 피에히를 만난 적이 있다. 그는 네 번째 부인과 중학생인 열세 번째 아들과 함께 특별 부스에서 경기를 관람하며 그룹 산하 아우디를 응원하고 있었다. 한국에서 온 기자라고 소개하자 멋진 사인을 남겨줬다.

피에히는 6년간 이어진 폭스바겐과 포르쉐의 인수전, 이른바 '사촌 간의 싸움'을 승리로 이끌었다. 포르쉐는 페르디난트 포르쉐 박사의 친손자인 볼프강 포르쉐가 회장으로 있었다. 결국 2012년 포르쉐는 폭스바겐 그룹 산하로 들어왔다.

폭스바겐과 포르쉐의 갈등은 2차 세계대전 이전으로 거슬러 올라간다. 포르쉐는 1931년 오스트리아 태생 페르디난트 포르쉐가 독일 슈투트가르트에 설립했다. 이후 아들인 페리 포르쉐가 경영권을 물려받아 탁월한 능력으로 세계적인 스포츠카 메이커로 발전시켰다. 이런 포르쉐의 성공에는 창업자의 딸 루이제의 역할도 중요했다. 그녀가 폭스바겐 공장장이던 안톤 피에히와 결혼하면서 폭스바겐과 포르쉐 가문의 팽팽한 줄다리기가 시작됐다. 누나인 루이제는 페리보다 리더십과 소유욕이 강해 종종 다툼의 불씨를 제공했다. 더구나 창업자가 두 사람에게 재산을 똑같이 나눠준 것도 경쟁심을 부추겼다. 이들의 대결은 3대째 내려오면서 불을 뿜었다. 도화선은 2005년 포르쉐가 시가총액이 16배나 큰 폭스바겐의 주식을 매집하면서부터다. 일각에서는 폭스바겐이 포르쉐에 인수돼 자회사가 될 것이라는 소문도 돌았다.

이는 '다윗과 골리앗'의 싸움이었다. 2011년 폭스바겐 지분 50%를 확보하려고 돈을 빌려 주식을 사 모은 결과, 90억 유로(약 14조 원)의 빚을 떠안으며 손을 들었다. 역으로 폭스바겐에 인수를 요청하는 극적인 드라마를 연출했다. 결국 싸움의 승리는 피에히 회장의 리더십이 큰 몫을 했다. 폭스바겐 주주를 단결시켜 경영권을 지켜냈을 뿐 아니라 빚더미에 앉은 포르쉐까지 인수한 것이다. 피에히는 2012년 포르쉐 인수를 마무리하고, 2017년에는 토요타를 넘어 마지막 남은 과제인 '세계 1위 자동차 그룹'이라는 목표도 달성했다. 전기차 시대로 이행할 준비에 들어간 폭스바겐은 당시 전기차 1위 업체인 테슬라를 뛰어넘어야 하는 과제를 남겼다는 평가를 받았다.

장악에서 몰락으로, 중국 시장의 명과 암

2000년 이후 몇 번의 위기를 돌파하며 폭스바겐은 계속 성장했다. 그 덕분에 전 세계 자동차 회사들의 벤치마크 대상이라는 말까지 들었다. 달이 차면 기운다고 했던가, 위기는 절정의 순간에 찾아왔다. 중국이 문제였다.

폭스바겐이 세계 자동차 판매 1위에 오른 데는 중국 시장이 절대적인 역할을 했다. 폭스바겐은 1984년 상하이자동차와 합작해 외국 자동차 업체로는 처음으로 중국 시장에 진출했다. 1978년 대외 개방을 선포한 중국은 외국 기업을 유치하려고 했지만, 당시 세계 거의 모든 자동차 제조사가 투자를 꺼렸다. 중국 인민은 경제적으로 빈곤해 자동차를 살 형편이 되지 않는 것이 그 판단의 근거였다.

폭스바겐은 반대로 시장 성장의 잠재력이 크다고 전망했다. 예측은 맞아떨어졌고, 중국은 세계 최대 자동차 생산국이자 소비국이 됐다.

일찌감치 중국에 진출한 폭스바겐은 시장 성장과 더불어 중국 최대 자동차 회사가 됐다. 1998년에는 시장 점유율이 최고에 달해 59%를 기록하기도 했다. 중국 국산차 또는 국민차라고 불릴 정도로 현지화에 성공하고 인기를 끌었다. 중국의 자동차 시장 규모는 지난 5년간 연간 2,500만~2,800만 대선을 유지했다. 전 세계 연간 자동차 판매량의 3분의 1 정도를 차지하는 단일 시장 최대 규모다. 폭스바겐이 2022년 중국에서 판매한 자동차는 320만 대 정도다. 당해 폭스바겐 그룹의 글로벌 인도량이 830만 대였으니, 중국 시장이 차지하는 비중이 어느 정도인지 짐작할 수 있다.

2022년 수치만 보면 나쁘지 않은 성적을 거둔 듯하나 이전과 비교하면 글로

────→

폭스바겐은 중국 전기차 업체인 샤오펑과
협력한다는 소식을 발표하며 분투 중이다.
사진은 샤오펑 G3i.

벌 시장과 중국 시장 모두 판매량이 감소세에 있다. 중국 자동차 시장은 폭스바겐을 비롯한 해외 완성차 업체들이 시장을 장악했지만, 비야디(BYD)를 포함한 토종 브랜드들이 성장하며 점유율을 높이고 있다. 2022년 말 비야디의 월 판매량은 폭스바겐을 앞질렀다. 중국에서 부동의 1위 자리를 지키던 폭스바겐을 따라잡는 이변을 일으킨 것이다. 하이브리드는 아예 생산하지도 않고 순수 전기차만 만드는 브랜드인 비야디가 내연기관의 강자인 폭스바겐을 앞질러서 더 화제를 모았다. 2023년 1분기에도 폭스바겐은 자동차 판매 1위 자리를 내주는 등 하락세가 이어졌다.

중국의 자동차 시장이 전기차 중심으로 빠르게 전환되면서 중국 토종 전기차 브랜드의 역량이 급속히 성장했다. 폭스바겐도 전기차를 만들지만, 최신 중국 전기차와 비교하면 경쟁력이 떨어진다는 평가를 받는다. 중국 자동차 시장이 전기차 위주로 빠르게 변하는 양상은 폭스바겐의 글로벌 판매 순위에도 영향을 미칠 것으로 전망된다. 2022년과 2023년 글로벌 판매량은 1위 토요타, 2위 폭스바겐, 3위 현대자동차그룹이었다. 폭스바겐과 토요타처럼 내연기관 비중이 큰 업체의 중국 판매량은 2026년엔 50% 정도 감소할 것으로 예측한다. 중국 시장 판매량이 미미해서 별다른 영향을 받지 않는 현대자동차그룹이 폭스바겐과 토요타를 제치고 글로벌 1위를 차지할 것이라는 분석까지 나오고 있다.

'몰락'이라는 말이 나올 정도로 폭스바겐은 중국 시장에서 위기를 맞이했다. 중국에서 차를 많이 팔던 시절은 끝났고, 앞으로도 과거 점유율을 회복하기는 힘들다는 전망이 나온다. 중국 시장에서 폭스바겐의 전기차 판매량이 늘고는 있지만, 내연기관의 성공에 비하면 미미한 수준이다.

폭스바겐은 강도 높은 자구책을 마련했다. 2023년 7월 폭스바겐은 중국 전기차 업체 샤오펑과 손잡고 공세에 나서기로 했다. 샤오펑의 지분 5%를 확보하고 중국 시장에 중형 전기차 2종을 공동 출시하는 내용이다. 이후에는 공동으로 플랫폼을 만들 계획이다.

폭스바겐은 모두가 가능성이 없다고 꺼리는 중국 시장에서 미래를 확신하고 과감한 투자를 단행해 시장을 선점했다. 중국 국산차로 인식될 만큼 인기를 끌고 판매 1위를 유지했지만, 전기차 시대를 맞이해 위상이 크게 흔들리고 있다. 내연기관에서 전기차로 넘어가는 지금은 자동차 제조사들의 운명이 걸린 중대한 시기이고, 이는 폭스바겐에도 예외가 아니다. 과연 이 난관을 전처럼 잘 극복할 수 있을까.

엠블럼 변천

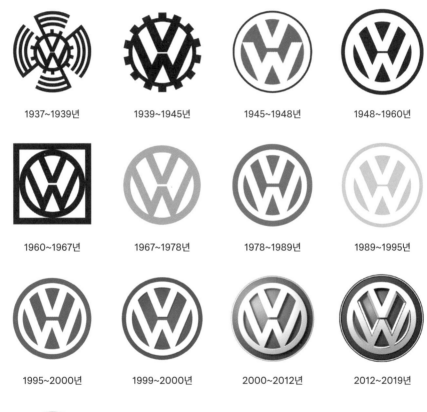

| 1937~1939년 | 1939~1945년 | 1945~1948년 | 1948~1960년 |

| 1960~1967년 | 1967~1978년 | 1978~1989년 | 1989~1995년 |

| 1995~2000년 | 1999~2000년 | 2000~2012년 | 2012~2019년 |

2019년~현재

푸조
시트로엥

나만의 디자인을 고집한 유러피언의 함정

설립자

아르망 푸조(푸조 자동차)·앙드레 시트로엥(시트로엥)

설립 연도

1897년(푸조 자동차)·1919년(시트로엥)·1976년(PSA)

대표 모델

204, 504, 205 GTi, 406, RCZ

엠블럼

프랑스 자동차 제조사인 푸조가 시트로엥을 합병하면서
푸조 주식회사라는 뜻의 Peugeot Société Anonyme의
약자가 PSA 그룹 로고가 됐다. 2021년 FCA 그룹과 합병하면서
푸조와 시트로엥은 스텔란티스 그룹에 소속된 브랜드로 남았다.

프랑스가 만든 세계에서 가장 유니크한 자동차

세계 자동차 시장은 100년 넘게 미국이 부동의 1위 자리를 차지하고 있었다. 2009년 중국(1,350만 대)에 1위를 내주기 전까지 1990년대에는 연간 신차 규모가 1,700만 대를 넘어서면서 2,000만 대를 향해 질주할 기세였다. 세계 자동차 제조사들은 신차를 개발하면, 자연스럽게 시장이 큰 미국 소비자의 취향을 신경 쓸 수밖에 없었다. 특히 수출 위주였던 한국과 일본 메이커들의 신차 개발 표준은 미국이었다. 큰 트렁크와 넓은 실내 공간까지 서로 엇비슷한 차를 만들었다. 그런 점에서 토요타 캠리, 현대 쏘나타 등은 물론이고 세단을 넘어 최근 유행하는 SUV까지 모두가 일본이나 한국보다 미국을 겨냥한 차다.

그런 가운데 미국을 배제하고 독자적인 스타일을 고집하는 회사가 있다. 유럽을 중심으로 삼고 남미 같은 신흥 시장에 주력해, 독일 폭스바겐을 뒤쫓는 푸조 시트로엥(Peugeot-Citroën)이다.(지금은 스텔란티스 소속이며 이 그룹은 유럽 점유율 2위다.) 이 회사는 1980년대에 미국에서 철수하면서 자신만의 디자인과 감칠맛 나는 신차를 선보였다.

사자 모양의 엠블럼으로 유명한 푸조에 대해 일반인이 잘 모르는 사실이 몇 가지 있다. 첫째는 벤츠에 이어 세계에서 두 번째로 오래된 자동차 제조사라는 점이다. 다음은 푸조에서 연간 100만 대 이상 팔고 있는 자동차보다 더 많이 파는 게 식탁용 후추 그라인더(분쇄기)라는 사실이다. 아울러 푸조는 2021년에 엠블럼을

1898년에 제작된 푸조 타입 25.
푸조는 19세기부터 자동차를 만든 곳이다.

푸조 시트로엥

변경하기 전까지 현존하는 세계 자동차 제조사 가운데 가장 오랫동안 한 엠블럼(약간의 변화는 있었다.)을 사용한 회사였다. 마지막으로 포드나 토요타와 마찬가지로 창업 일가가 100년 넘게 경영에 참여하면서 글로벌 메이커로 도약한 회사다.

푸조의 뿌리는 철강 회사다. 1810년, 장 프레드릭 푸조와 장 피에르 푸조 형제는 자신들이 소유한 풍차를 개조해 강판을 제작했다. 주로 톱날이나 시계에 들어가는 스프링을 제조했다. 200년 넘게 이어진 푸조 가족 경영의 시작이었다. 두 형제는 9년 뒤 '푸조'라는 이름으로 상표 특허를 출원했다. 이후 커피 분쇄기, 믹서기, 재봉틀, 세탁기 등 돈 되는 건 뭐든 만들었다. 무엇보다 푸조가 유명해진 것은 후추 분쇄기 덕분이다. 1870년대부터 생산한 후추 분쇄기는 지금도 전 세계 유명 레스토랑과 가정의 식탁에서 널리 쓰인다. 필자의 집 식탁에도 놓여 있을 정도다. 연간 500만 개 이상 팔릴 만큼 이 분야에서는 최고의 기술력과 디자인을 인정받고 있다.

푸조 자동차의 뿌리는 창업자 손자인 아르망 푸조다. 그는 1880년대 당시 재벌가 자손의 교육 코스인 영국 유학 시절에 자동차 붐을 예견했다. 아르망 푸조는 귀국 후 먼저 자전거를 개발했다. 이후 집안 어른을 설득해 자동차로 업종을 확장했다. 1889년, 길이 2.5m, 무게 250kg에 앞뒤 좌석을 마주 보게 만든 4인승 삼륜차를 파리 세계박람회에 전시했다. 푸조 1호차다. 벤츠의 세계 첫 가솔린 자동차보다 불과 3년 뒤진 셈이다. 2기통, 2.3마력 엔진을 얹고 최고 시속 16km로 달렸다.

아르망은 친구의 권유로 다임러(벤츠 전신)를 소개받고 1890년 다임러 엔진을 단 사륜차 '타입 2'를 제작했다. 그리고 6년간 내부 기술을 축적, 1896년에 자체 엔진을 개발했다. 자동차 사업에 본격적으로 뛰어든 것이다. 다음 해에는 동생 앙드레, 조카 로버트와 손을 잡고 스위스, 독일과 국경이 맞닿은 소쇼(Sochaux)에 푸조 자동차를 설립했다. 소쇼는 지금도 푸조 박물관을 비롯해, 초기 생산 공장이 있는 유서 깊은 곳이다. 필자가 2006년에 가본 소쇼 공장과 박물관은 무척 소박했다. 시골 분위기가 물씬 풍겼다. 푸조 박물관에서는 프랑스 특유의 여유 있고 정감 있는 차들을 여럿 볼 수 있었다. 이곳에서 자동차 대신 후추 분쇄기를 사오기도 했다.

푸조는 기술력으로도 한 시대를 풍미했다. 1912년, 세계 최초로 실린더 하나당 네 개의 밸브와 캠샤프트를 갖춘 현대식 엔진을 내놓았다. 1차 세계대전 때는 군용차, 구급차, 모터사이클 등을 제조하면서 기술력을 축적했다.

1929년 파리 전시회에서 소개된 작고 귀여운 차 201은 푸조가 세계적인 자동차 제조사로 성장할 수 있음을 보여준 기념비적 모델이다. 푸조는 이 차를 다듬어 1931년 세계 최초로 앞쪽에 독립식 서스펜션을 단 201을 선보였다. 이 차는 탄탄한 내구성과 뛰어난 연비, 합리적인 가격에 힘입어 큰 인기를 누렸다. 1,122cc에 L자형 헤드 실린더를 달아 최고 23마력에 시속 80km까지 낼 수 있었다. 요즘 생각하면 장난감으로 여길 정도의 출력이지만, 당시 중산층이 타는 자가용으로는 손색이 없었다.

자동차 회사로서 역량을 보여준 푸조 201

푸조는 201을 내놓으면서 새로운 브랜드 전략을 마련했다. 자동차와 모터사이클(이륜차)을 분리하면서 자동차 이름 가운데 숫자 '0'을 넣은 것이다. '0' 앞의 숫자는 차의 크기를(2는 소형차를 뜻함), 0 뒤의 숫자는 세대를 의미한다. 즉, 308은 준중형 3시리즈 8세대 모델이고, 607은 대형 6시리즈의 7세대 모델을 뜻한다. 독일 포르쉐도 모델명을 세 자리 숫자로 짓는 대표적인 회사다. 모델 이름의 가운데에 숫자 0을 사용하려다가 푸조 때문에 사용하지 못한 일화가 있다. 푸조는 2000년대에 접어들어 기존에 없던 새로운 자동차를 출시하면서 가운데 0을 두 개 겹쳐서 썼다. 소형 CUV 1007과 SUV 3008이 그것이다. 이후 푸조는 세단이나 해치백 모델에는 가운데에 0을 하나만 붙이고, SUV나 CUV에는 0을 두 개 넣는 식으로 이름을 통일했다. 3008 이후 5008과 2008을 푸조 라인업에 추가했다.

푸조는 201 이후 줄곧 대중차만 만들었다. 그렇다고 성능이 떨어지는 건 아니었다. 적어도 푸조는 소형 해치백과 지붕이 열리는 차(컨버터블)의 대가로 불렸

고성능을 뽐낸 푸조 205. GTi 모델은
레이스에서도 존재감을 보여줬다.

다. 1934년에는 세계 최초로 하드톱 컨버터블 401 이클립스를 내놨다.

1970년대에 푸조는 비약적으로 사세를 키웠다. 1976년, 경영난에 시달리던 프랑스 3위 업체 시트로엥의 지분 90%를 사들인 데 이어 1978년에는 크라이슬러 유럽 부문까지 인수해 세계 10위권에 진입했다. 그러다 시련이 닥쳤다. 1991년 미국에 진출한 지 채 20년도 안 돼 '눈에 띄는 디자인 이외에는 볼 게 없다.'라는 혹평과 함께 경쟁차보다 성능 및 품질에서 뒤지면서 철수했다.

시련은 약이 됐다. 푸조는 미국 시장을 포기하면서 독자적인 디자인을 강화해 나갔다. 뾰족 나온 오버행(범퍼와 앞바퀴 거리)은 프랑스인의 콧대라는 유머도 나왔다. 때로는 커다란 라디에이터 그릴 모양이 악어나 개구리의 입을 연상시킨다는 평가도 나왔지만, 프랑스풍 디자인에 주력했다.

푸조는 자동차 레이스에 출전할 고성능차 제작에도 일가견이 있었다. 1983년에 발표한 205가 실용성과 고성능을 같이 추구한 대표적인 모델이다. 특히 205의 고성능 버전인 GTi는 레이스에서 돌풍을 일으켰다.

푸조의 디자인은 독일차와 확연히 구분된다. 무척 감성적이다. 벤츠와 BMW가 균형 잡힌 몸매와 선과 면이 확실히 구분돼 긴장감을 주는 디자인을 선보인다면, 푸조는 곡선과 곡면을 충분히 활용했다. 세련을 넘어서 파격적이라 괴기스러울(?) 때가 있을 정도다. 성능도 독일차와는 다르다. 자로 잰 듯한 핸들링이나 가속력보다는 적당히 잘 달려주며 프랑스의 풍경을 보기에 어울린다. 매일 세차를 하고 광을 내지 않아도 되는 차다.

부드러움의 대명사 시트로엥

자동차에 처음 입문했을 때만 해도 BMW, 아우디 같은 서스펜션이 딱딱한 차를 좋아했다. 핸들링 때문이다. 하지만 점점 편한 차(승차감)에 호감이 갔다. 서스펜션이 적당히 물러 승차감이 좋을 뿐 아니라 무게가 가벼워 경쾌한 발놀림을 보여주는 차를 선호하게 된 것이다. 그런 점에서 BMW와 정반대로 서스펜션이 부드럽기로 소문난 차가 시트로엥이다.

1919년 프랑스 파리에서 시작한 시트로엥은 1934년에 세계 첫 양산형 전륜구동 '트락숑 아방'을 내놓으며 기술력을 뽐낸다. 1948년에는 2CV라는 전설적인 명차를 내놓았다. 보닛 위에 보조 타이어를 동여맨 독특한 디자인에다 가격이 지금의 경차 수준인 1,000만 원대로 저렴했다. 여기에 고장 없고 실용성도 좋아 프랑스뿐 아니라 유럽의 대중차로 사랑을 듬뿍 받으며 부드러운 승차감의 대명사로 유명해졌다. 2CV는 1990년 단종될 때까지 같은 디자인으로 장수했다.

2006년 그리스 출장 때 거리 곳곳에서 운행 중인 2CV를 볼 수 있었다. 좁은 골목길에 딱 어울리는 실용적인 디자인이었다. 부드러운 승차감만큼은 2CV가 최고였다. 개발 당시, 시골 아낙이 뒷좌석에 타고 비포장길을 달려 장터에 갈 때 광

2CV는 기념비적인 모델이다.
40년 넘게 같은 디자인으로 생산돼
시트로엥의 대표 모델로 활약했다.

주리에 가득 넣은 달걀이 흔들려도 깨지지 않는 자동차가 목표였다고 한다. 작은 돌을 촘촘히 박아 넣은 유럽 특유의 돌길을 달릴 때 진동을 대부분 흡수했다.

프랑스 차의 서스펜션이 무른 이유는 돌길이 많기 때문이다. 유럽의 오래된 길은 아스팔트보다 작은 돌을 촘촘히 박아 넣은 길, 전문용어로 벨기움 로드 (Belgium Road)라고 한다. 마차가 대중 교통수단이었을 시절, 말이 싸놓은 거대한(?) 대변을 손쉽게 닦아내려고 만든 도로다. 수백 년 역사를 간직한 길인데, 이런 돌길을 달리려다 보니 전통적으로 프랑스 차는 서스펜션 개발에 뛰어났다. 바퀴가 툭툭 튀지 않게 부드러우면서도 만족스러운 핸들링까지 보여줬다.

2012년 5월, 10년 만에 시트로엥은 한국에 재진출했다. 1994년 한국에 처음 들어왔지만 품질 문제가 심각해 2002년에 철수한 전력이 있다. 공식 수입원인 한불모터스가 내놓은 신차는 디자인이 빼어난 소형 해치백 DS3다. 출시 당시 국내 판매 가격을 2,000만 원대(2,890~2,990만 원)로 정해 개성 있는 차를 찾는 30, 40대를 주 구매층으로 삼았다.

DS3가 국내에 출시할 때까지만 해도 DS는 시트로엥의 서브 브랜드였지만 2015년에 프리미엄 브랜드로 독립했다. 2025년까지 모든 차량을 전기차로 전환할 계획이며, 2018년부터 포뮬러 E에 참가 중이다.

시트로엥은 한국에서 C4 칵투스, C4 피카소, C3 에어크로스, C5 에어크로스 등을 판매했고, DS 브랜드의 DS3 크로스백, DS4, DS7도 들여왔다. 국내 취향과는 거리가 멀어서 국내 소비자들의 선호도가 낮고, 디젤 파워트레인의 인기가 급격하게 식으면서 판매도 저조했다. 그러다 푸조 시트로엥(PSA)이 스텔란티스 (Stellantis)로 합병되면서 국내 판매 조직에도 변화가 생겼다. 푸조, DS 오토모빌과 함께 한불모터스가 갖고 있던 딜러권이 2022년 2월 종료되고, 스텔란티스코리아로 넘어갔다. 공식적인 철수 계획은 나오지 않았지만, 판매를 잠정 중단한 상태다. 다만 DS 오토모빌은 브랜드가 지향하는 바와 개성이 확실해 수요가 어느 정도 있어서 계속해서 판매한다. 2023년 기준 DS3 크로스백 E-텐스 전기차, DS4 디젤, DS7 크로스백 가솔린 모델이 국내 라인업을 채운다.

엠블럼 변천

1810~1858년

1927~1936년

1936~1948년

1948~1950년

1950~1955년

1955~1960년

1960~1968년

1970~1975년

1975~1980년

1980~1998년

2010~2021년

2021년~현재

1919~1922년

1922~1932년

1985~2009년

2009~2016년

2016~2019년

2019~2022년

2021~2022년

2022년~현재

새로운 그룹으로 맞는 전기차 세상

푸조와 시트로엥으로 구성된 PSA 그룹은 2010년대 초반까지 경영 사정이 좋지 않았다. 2014년 카를로스 곤 회장과 사이가 좋지 않아 르노 닛산 얼라이언스에서 나온 프랑스인 카를로스 타바레스를 CEO로 영입했다. PSA를 부활시키려고 카를로스 곤에게 배운 대로 엄청난 비용 절감 및 모델 단순화에 나섰다. 결국 흑자 전환에 성공하고 2017년 GM의 오펠과 복스홀을 인수하기도 했다.

2019년 10월, PSA 그룹과 미국의 FCA(피아트, 지프, 크라이슬러 등 보유) 그룹이 합병 계획을 발표했다. 1년 3개월 만에 합병 절차를 완료한 두 회사는 스텔란티스라는 이름으로 태어났다. 당시 기준으로 브랜드가 열네 개에 달하고, 연간 800만 대 생산이 가능했다. 그룹 규모가 상당하고 역사와 전통도 있지만, 기술이 부족한 스텔란티스가 도약할 방법은 역시 전기차다.

그룹 CEO가 된 타바레스는 원가 절감 능력을 앞세워 전기차 브랜드로 도약

FCA 그룹과 PCA 그룹의 합병으로 탄생한 스텔란티스.
2023년 판매량 기준 세계 4위 업체다.

할 준비를 하고 있다. 'Dare Forward 2030' 전략을 발표하고 2030년까지 순매출을 두 배로 늘리겠다는 목표를 세운 것이다. 유럽에서 판매하는 모든 신차를 전기차로 채우고, 미국에서는 절반 이상의 신차를 전기차로 구성할 계획이다.

구체적으로 2030년까지 전 세계 시장에 전기차 신차 75종을 내놓고 연간 전기차 500만 대를 판매한다는 내용이다. 인력 충원에도 발 빠르게 대응하고 있다. 2022년 6월에는 현대차의 수소전기차 개발을 진두지휘한 것으로 알려진 전(前) 현대모비스 안병기 상무를 영입해 친환경차 배터리 개발 관련 총괄에 앉혔다. 전기차에 빠질 수 없는 소프트웨어 개발 분야는 전문 업체와 손잡았다. 애플의 아이폰을 위탁생산하는 대만의 폭스콘과 함께 차량용 반도체 개발에 나선 것이다. FCA와 협력하던 자율주행 업체 웨이모와도 제휴 관계를 강화했다.

2023년 현재 푸조 라인업의 전기차 모델은 승용인 e-208, e-2008, 상용인 e-리프터, e-트래블러 4종이다. 2023년 공개된 신형 3008도 전기차로 나온다. 대

시트로엥의 소형 전기 SUV.
C4의 전기차 버전이다.

부분 모델에 하이브리드 또는 플러그인 하이브리드 모델을 갖춰 전동화 목표를 실천해 나가고 있다. 시트로엥 브랜드의 전기차는 승용 부문의 에이미, e-C4, e-C4X, 상용 부문의 e-베를링고, e-스페이스투어러이고, 하이브리드로는 C5 에어크로스와 C5X가 있다. DS 브랜드에는 DS3가 유일한 순수 전기차이고 DS4, DS7, DS7에는 플러그인 하이브리드를 갖췄다.

겉으로 보기에는 다수의 전동화 모델이 나온 듯하지만, 막상 속을 들여다보면 승용 전기차의 숫자는 적은 수에 불과하다. 전용 전기차는 특별 모델 성격이 강한 시트로엥 에이미가 유일하다. 나머지 전기차는 내연기관 모델을 전기차로 전환한 파생 모델이다. 스텔란티스 그룹이 전기차 브랜드로 도약할 계획을 내세웠지만, 빠르게 모델을 늘려가는 주요 자동차 제조사와 비교하면 상대적으로 느린 편이다.

타바레스 CEO는 각종 매체와 인터뷰에서 전기차 전환과 관련해 신중하면서 현실적인 견해를 드러내 왔다. EU의 화석연료 자동차 금지안을 재협상해서 하이브리드 자동차 판매 기간을 늘려야 한다는 의견을 내놓고, 전기차 전환 속도가 빨라서 배터리 원료가 부족해지면 또 다른 문제가 생길 수 있다는 주장을 펼쳤다. 공급망이나 생산 능력을 조정할 시간이 부족하다는 점도 강조했다.

현재 스텔란티스 산하 브랜드인 푸조, 시트로엥, DS의 전기차 출시 현황과 타바레스 CEO의 신중하고 현실적인 접근을 보면 그룹이 선언한 전동화 목표 사이에 간극이 있다. 2024년 1월에 푸조가 연내 전 라인업 전동화를 선언하면서 2025년까지 전기차 브랜드로 도약하겠다고 밝혔지만, 이 역시 늦은 감이 있다. 전기차 시대를 맞이해 푸조, 시트로엥, DS를 비롯한 스텔란티스 그룹의 행보가 어떨지 지켜보는 일만 남았다.

아메리카

현대 자동차 산업의
태동지

자동차는 분명 유럽에서 발명됐지만, 현대적 의미의 산업으로 꽃핀
곳은 유럽이 아닌 북미 대륙이다. 포드로 대표되는 대량생산과 GM의
혁신적인 기술 덕분에 북미는 오랫동안 세계 최대의 자동차 시장으로
군림하며 엄청난 영향력을 자동차 산업 전반에 끼칠 수 있었다.

한국, 일본, 중국의 자동차 업계가 발전하면서 기존 강자들을
위협하는 가운데, 북미 자동차 산업은 몇 차례 위기를 겪었고
영향력이 확실히 예전 같지 않다. 그러나 북미 자동차 회사들은
여전히 만만치 않은 규모와 기술력으로 시장에서 존재감을 드러내고
있다. 이들은 자국의 독특한 자동차 문화와 역사에 기반한 명차들을
생산해 왔으며, 지금은 자율주행과 전기차 같은 친환경 분야에서
최신 기술을 개척하고 있다. 끊임없는 혁신과 발전으로 더 나은
미래를 모색한다.

테슬라

전기차 시대의 아이콘,
천재가 만든 모빌리티

설립자
—
마틴 에버허드, 마크 타페닝

설립 연도
—
2003년

대표 모델
—
모델 S, 모델 Y, 모델 X, 모델 3

엠블럼
—
영문 T를 연상하게 하는 엠블럼 디자인은 놀랍게도
Tesla의 앞 글자를 따온 것이 아니다.
테슬라 엠블럼은 전기 자동차 모터의 단면 모양에서 유래한다.
전기 자동차 제조사의 정체성을 직관적으로 드러내는
방식을 선택한 셈이다.

전기차 시장의 닫힌 문을 열어젖힌 모델 S

테슬라는 전기차의 아이콘이라고 불린다. 21세기에 태어나 전기차 시장 확대와 맞물려 사세가 커졌고, 결국 메이저 제조사로 우뚝 섰다. 더 놀라운 사실은 신생 자동차 회사, 그것도 전기차만 만드는 회사가 자동차 회사 중 시가총액 1위에 올랐다는 점이다. 2024년 5월 기준 테슬라의 시가총액은 약 5,600억 달러다. 우리 돈 700조 원이 넘는다. 자동차 시장의 전통 강자인 토요타는 시가총액이 약 467조 원으로 2위에 머무른다. 시가총액만 봐도 전기차 시대가 오면서 자동차 시장에 얼마나 큰 지각 변동이 일어났는지 가늠할 수 있다.

테슬라는 전기차 시대의 행운아일까? 맞는 말일 수도 있지만, 그 행운을 직접 만들어냈다고 보는 게 맞다. 지금 한창 성장하는 전기차 시장이 열리는 계기를 마련한 회사가 테슬라다. 전기차는 테슬라 이전부터 나왔지만, 내연기관 자동차와 별 차이 없는 제대로 된 전기차의 시초는 테슬라 모델 S라 할 수 있다.

테슬라 이후에도 한동안 세계적인 자동차 제조사가 개발한 전기차의 전형적인 모습은 소형차에 머물렀다. 대중차 브랜드는 물론이고 BMW, 벤츠 같은 고급 브랜드까지 한결같이 소형 전기차를 만들었다. 전기차의 최대 약점은 주행거리다. 전원을 공급하는 배터리가 무겁고 비싸서 무작정 많이 넣을 수 없다. 한정된 배터리로 최대한 멀리 가려면 차체는 작고 가벼워야 한다. 차의 성능도 배터리 소모를 최소화하려고 일상적인 주행 수준에 맞게 억제한다. 원가도 높아서 가격을 낮출 목적으로 가능한 한 편의 장비도 줄인다. 판매도 불확실하니 위험 부담이 적은 소형차 위주로 개발한다. 차는 작은데 가격이 비싸고, 성능도 불확실하다. 게다가 충전이 불편하니 대중적인 판매 확대에 어려움을 겪을 수밖에 없다. 자동차 시장 전반에 걸쳐 이런 상황을 극복하기 힘들다는 인식이 팽배했고, 전기차가 대중화되려면 먼 미래에나 가능하다는 전망이 주류를 이뤘다.

테슬라는 어떤 전략을 택했을까? 2008년에 선보인 테슬라의 첫 전기차 로드스터는 실용성과는 거리가 먼 스포츠카다. 실용적인 차는 2009년에 공개하고

2012년부터 판매한 모델 S다. 전기차는 작고 주행거리가 짧다는 선입견을 테슬라는 과감히 깨뜨렸다. 모델 S의 길이는 4,978mm로 준대형급이다. 크기만 큰 게 아니다 가격도 비싸다. BMW 5시리즈나 벤츠 E-클래스에 해당하는 고급차로 가격은 7~10만 달러 수준이다. 신생 자동차 회사가 전기차라는 특수한 차를 프리미엄급으로 내놓은 전략은 누가 봐도 무모한 시도였다. 갓 태어난 아이가 걸음마 과정 없이 바로 뛰어다니는 꼴이었다. 하지만 모델 S라는 무모한 시도는 성공으로 이어졌다.

크기와 고급성은 다른 전기차와 차별되는 모델 S만의 핵심 요소이지만, 실질적으로는 부수적인 부분이다. 기본은 성능이다. 모델 S는 성능이 뛰어나다. 출시 당시 모델 S 중에서 가장 높은 출력과 배터리 용량을 보유한 차는 P85다. 출력은 416마력이고, 정지 상태에서 시속 100km까지 가속하는 데 4.4초밖에 걸리지 않는다. 스포츠카 포르쉐나 BMW의 고성능 모델 M5 세단과 실제 성능에서 큰 차

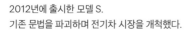

2012년에 출시한 모델 S.
기존 문법을 파괴하며 전기차 시장을 개척했다.

큰 화면이 모델 S의 센터페시아를
독차지한다. 이 디자인은 전기차 쪽에서
이제 표준이다.

이가 없다. 전기차의 강력한 토크를 앞세워 동급 가솔린 자동차보다 주행 성능에
서 더 역동적이라는 점을 내세웠다.

　주행거리도 길다. 차체는 크지만, 대용량 배터리를 잔뜩 채워 주행거리가 짧
다는 단점을 단번에 극복했다. 한 번 충전하면 무려 500km를 달릴 수 있다. 주행
거리가 100~150km 전후인 일반 소형 전기차보다 3배는 더 달릴 수 있는 '괴물
전기차'다. 크고 강하게 만들어도 소형 전기차보다 주행거리가 훨씬 긴 차가 나올
수 있다는 사실을 모델 S가 입증했다. 모델 S는 계속해서 성능 발전을 이뤘다.
2023년 현재 테슬라 모델 S의 최대 주행거리는 640km가 넘고, 정지 상태에서 시
속 60마일(97km) 가속은 1.9초 만에 끝낸다.

　모델 S는 2012년 출시 직후부터 큰 인기를 끌었다. 2013년에는 2만 2,477대
가 팔렸다. 충전 인프라를 이유로 전기차가 팔리지 않던 때에, 고가 전기차가 2만
대가 넘게 팔린 것은 기적과도 같은 일이다. 경제성이 높은 소형 전기차도 전기차
의 제약 조건과 선입견에 밀려 판매가 그리 많지 않다. 모델 S는 고급 준대형 세단
으로 큰 성과를 일궈냈다. 이를 기반으로 성장을 거듭해 테슬라는 2022년 전 세
계에 131만 대의 전기차를 팔았다.

　시장 평가도 후했다. 테슬라 모델 S는 미국 소비자들의 구매 가이드로 유명
한 컨슈머리포트 평가에서 100점 만점에 99점을 받았다. 이전 전기차가 짧은 주

행거리와 비좁은 실내 공간으로 70점을 넘기지 못한 것과 비교하면 모델 S의 상품성과 완성도가 얼마나 높은지 알 수 있다. 전기차 대중화가 소형 대중차가 아닌 고급 준대형 세단에서 시작되는 믿지 못할 일을 테슬라가 실현했다.

발상의 전환으로 한계를 뒤엎은 규칙 파괴자

전기차의 주행거리 확대는 거대 자동차 회사들이 오랫동안 골머리를 앓아온 문제다. 테슬라는 마법이라도 부린 듯 주행거리를 큰 폭으로 확대했다. 전기차의 약점을 테슬라는 어떻게 해결했을까? 방법은 의외로 간단하다. 모델 S의 바닥에는 543kg이나 되는 리튬이온 배터리 팩이 깔려 있다. 배터리는 아주 평범한데, 1970년대 발명된 18650 배터리(지름 18mm, 길이 650mm에서 따온 이름)를 쓴다. 원통 모양으로 노트북이나 소형 가전제품에 주로 쓰는 일반적인 리튬이온 배터리다. 가격이 싸고 안전성도 이미 검증됐다. 테슬라는 이 작은 배터리를 6,000개 이상 연결해 전원으로 쓰는 아이디어를 적용했다.

다른 자동차 회사들이 특별한 기술을 적용한 배터리를 개발하려고 노력하는 동안, 테슬라는 발상을 전환해 평범한 기술로 고성능 배터리를 만들어냈다. 천재 수학자들이 달라붙어도 수십 년 동안 풀지 못한 문제를, 수학 비전공자가 아주 간단한 공식을 적용해 하루 만에 풀어버린 꼴이다.

테슬라의 혁신은 단순히 배터리에 있지만은 않다. 모델 S가 기존 전기차의 한계를 뒤집을 수 있었던 이유는 테슬라의 태생이 자동차 회사가 아니었다는 데 있다. CEO 일론 머스크의 기반은 IT 업계의 중심지인 실리콘밸리다. 테슬라도 실리콘밸리에서 탄생한 자동차 회사다. 현재 자동차 생태계의 이해관계에 얽매이지 않는다. 기존 자동차 회사들은 전기차 개발에 소극적일 수밖에 없다.

전기차는 부품 수가 내연기관 자동차의 3분의 1 정도에 불과하다. 전기차 판매가 활성화되면 자동차 회사는 물론이고 부품 회사가 입는 타격이 엄청나게 크

테슬라가 만든 전기차 중 가장 인기 높은 모델 Y. 세계에서 가장 많이 팔리는 전기차이기도 하다.

다. 요즘 자동차 회사들은 부품 회사까지 같이 거느린다. 수직계열화돼 있어서 부품 수가 줄어들면 회사의 존립 자체가 불투명해진다. 전기차 시대가 최대한 늦게 오고, 내연기관 자동차가 가능한 한 오래가야 자동차 회사에 이득이다. 하이브리드와 플러그인 하이브리드에 열을 올리는 이유도, 이런 차들은 기존 자동차 구성에서 크게 벗어나지 않아서다.

테슬라가 성공한 이후, 기존 자동차 회사들이 전기차 개발에 적극적으로 뛰어들었다. 시장 전체가 '○○년까지 전동화 완료' '○○년까지 순수 전기차 ○종 출시' '○○년부터 내연기관 생산 중단' 등 전기차 전략을 앞다퉈 내놓으며 체질 개선에 열을 올린다. 경영 이론 중에 '메기 효과'가 있다. 미꾸라지 사이에 메기 한 마리를 넣어 놓으면, 미꾸라지가 살아남기 위해 피해 다니느라 활동량이 늘어 더 건강해진다는 내용이다. 강력한 경쟁자가 있으면 자극받아서 경쟁력이 높아지는 상황을 일컫는다. 테슬라는 자동차 시장에 풀어놓은 메기 역할을 했다. 모델 S는 이전에 제기되던 전기차 확대의 걸림돌을 일순간에 '자동차 회사들이 기득권을 지키려고 내세운 핑계'로 만들었다. 전기차 기술 개발의 혁신뿐만 아니라 자동차 시장의 암묵적인 룰까지도 깨뜨리는 규칙 파괴자 역할을 해냈다.

혁신의 기반이 된 기가팩토리

내연기관과 비교해 전기차가 만들기 쉽다고 하지만 이는 상대적인 개념이다. 신생 업체가 자동차를 만들어내는 일은 쉬운 작업이 아니다. 테슬라는 어떻게 단기간에 상품성과 완성도가 높은 자동차를 만들어냈을까? 테슬라의 자동차 시장 진입에는 기존 자동차 공장 인수도 한몫했다. 테슬라의 현재 미국 공장은 토요타가 사용하던 곳이다. 누미(NUMMI, New United Motor Manufacturing Incorporation) 공장인데 기구한 사연이 깃들어 있다.

1962년에 생긴 GM의 프리몬트 공장은 폐쇄됐다가 토요타로 넘어가 누미 공장이 됐고, 2008년 금융위기가 닥치면서 또다시 문을 닫을 위기에 놓였다. 결국 2010년 4월 토요타는 누미 공장에서 손을 떼기로 했다. 두 번이나 폐쇄되는 기구한 운명을 겪은 누미 공장은 테슬라에 의해 새 생명을 얻었다. 토요타가 폐쇄 결정을 한 지 한 달 만에 누미 공장은 테슬라에 넘어갔다. 2010년 5월 21일 팔로 알토 테슬라 본사에 일론 머스크와 도요타 아키오 사장, 당시 캘리포니아 주지사였던 아널드 슈워제네거가 모습을 드러냈다. 머스크와 아키오 두 CEO는 전기차 개발에 관한 업무 제휴를 선언했다. 이들의 연결 고리는 누미 공장이었다.

테슬라는 생산 설비를 싸게 사는 혜택을 받았지만, GM과 크라이슬러도 도산하는 때에 누미 공장을 인수하는 일은 무모한 시도라는 의견이 대다수였다. 하지만 테슬라는 위기를 오히려 기회로 봤다. 땅값이 비싸기로 소문난 캘리포니아 프리몬트시 지역에 있는 공장을, 그것도 미식축구장 80개 규모 넓이의 공장을 4,200만 달러라는 저렴한 가격에 사들였다. '누미'라는 역사적인 이름은 사라지고 지역 이름을 따서 테슬라 프리몬트 공장이 됐다.

머스크는 기존 시설을 최대한 활용하면서 첨단 공장으로 개조해 나갔다. 정밀도를 높이려고 독일 쿠가 로봇을 대거 사들였고 공정도 개선했다. 가장 먼저 컨베이어 벨트를 없애고 '스마트 컷'이라는 움직이는 작업대를 도입했다. 한 번 설치

테슬라의 프리몬트 공장,
일명 누미의 모습

하면 설비를 이동하거나 변경하기 힘든 컨베이어 벨트와 달리, 스마트 컷은 초기 투자비가 적게 들고 생산 공정을 쉽게 바꿀 수 있다. 따라서 변화가 수월하다. 신모델 생산에 쓸 로봇을 추가하거나 설비를 조절하는 과정도 2주 정도면 끝난다.

테슬라는 공장과 설비를 활용해 비용과 시간을 단축했다. 내연기관 자동차보다 부품 수가 훨씬 적고 공정이 간단한 전기차이기에 더욱 유리했다. 테슬라 프리몬트 공장은 미국 제조업에 활력을 불어넣었다. 제조업이 쇠퇴한 미국 시장에 미국산 자동차를 만드는 공장이 하나 더 생긴 사실은 매우 고무적인 일이었다. '테슬라가 미국의 미래'라는 말이 나올 정도였다.

테슬라의 판매가 늘어나면서 공장도 새로 생겼다. 기존 시설을 인수한 프리몬트와 달리 새롭게 건설한 독자적인 공장이다. 2019년에는 해외 첫 공장인 기가 상하이를 세웠고, 이후 기가 베를린과 기가 텍사스가 문을 열었다. 기가 멕시코는 2023년 12월 기준, 토지 사용 허가를 받은 상태다.

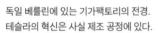

독일 베를린에 있는 기가팩토리의 전경.
테슬라의 혁신은 사실 제조 공정에 있다.

테슬라는 전기차 시장에 혁신을 일으켰듯이 생산 과정에도 새로운 방식을 도입했다. 공장 혁신의 궁극적인 목적은 생산원가 절감이다. 전기차 생산 단가를 낮춰 가격 경쟁력을 높이고, 수익성을 확보하면서 대중화에 한 발 더 다가가겠다는 전략이다. 대부분 자동차 회사가 공급망 구성 최적화나 생산 기지 이전 등으로 비용 절감 효과를 노리지만, 테슬라는 생산 과정에 새로운 방식을 도입해 원가를 절감한다. 배터리셀과 팩 생산, 차체, 도장, 조립을 한 곳에서 일괄 진행해 생산 속도를 높이고 비용을 줄인다. 외부 공급망에서 조달받아 진행하는 일반 자동차 회사와는 접근 방식이 다르다. 차체도 기가 프레스 기술을 이용해 앞뒤 두 개를 각각 하나의 큰 덩어리로 만들어낸다. 수백 개의 금속 패널을 이어 붙이는 이전 방식과 다르게 구조를 간소화했다. 로봇 대수는 물론 공장 면적도 줄이고 비용도 절감하는 등 이점이 많다. 공정이 단순해져서 결함이 줄어들고 조립 품질이 향상되는 등 완성도를 높이는 효과도 얻는다.

세계 전기차 시장의 표준을 노리는
일론 머스크의 야망

테슬라 CEO 일론 머스크는 남다른 발상과 거침없는 도전으로 혁신의 아이콘으로 통한다. 불가능해 보이는 일도 무모하게 도전해 현실화한다. 시도하는 일을 보면 괴짜의 기행처럼 보이지만, 결과를 보면 혁신의 끝판왕이라고 할 만하다. 그가 설립한 스페이스 X는 우주 개발의 틀을 통째로 바꿔놓았다. 화성에 기지를 건설할 계획도 차근차근 밀고 나간다. 인공위성을 수만 개 띄어 지구상에 인터넷 사각지대를 없애는 사업도 실천하고 있다. 이 밖에도 태양광 사업을 하는 솔라시티, 진공 튜브를 다니는 고속열차 하이퍼루프, 인간 뇌와 컴퓨터를 연결하는 뉴럴링크 등 다양한 사업을 벌인다. 테슬라는 기존 자동차 시장의 질서를 뒤흔들며 전기차 시장으로 전환하는 계기를 마련했다.

스페이스 X가 개발해 운용 중인 대형 발사체, 팰컨 헤비. 발사체 재사용이란 묘수로 우주 산업의 흐름을 바꿨다.

일론 머스크의 야심 찬 사업은 서로 연관성이 있다. 스페이스X는 화성에 갈 우주선을 위한 포석이고, 테슬라는 내연기관 자동차를 운행하기 힘든 화성 환경에서 달릴 수 있는 전기차를 만들 목적으로 설립했다고 한다. 화성에서 탈 자동차를 만들 목적으로만 테슬라를 운영하지는 않겠지만, 전기차로 지구를 정복하려는 일론 머스크의 야심은 곳곳에서 드러난다.

먼저 전기차 보급 확대다. 테슬라는 2022년 전 세계에 131만 대를 팔았다. 생산 공장을 계속해서 늘리고, 수요 둔화에 대응해 가격을 낮추는 등 판매 확대에 공을 들였다. 궁극적으로는 원가를 절감해 차 가격을 낮춰 보급을 확대하는 전략을 밀고 나간다. 2023년 3월에 열린 테슬라 인베스터 데이에서 일론 머스크는 생산 비용을 절반 수준으로 낮추겠다며 '반값 테슬라'를 예고하기도 했다. 반값 정도는 아니지만 공격적으로 가격을 낮추며 2023년에는 판매량 180만 대를 넘어섰다.

충전소 인프라도 테슬라 방식을 세계 표준으로 만들려고 한다. 테슬라는 슈퍼차저라는 자사 전용 충전소를 운영한다. 슈퍼차저는 테슬라의 독자 규격인 NACS 방식을 사용한다. 지금까지는 테슬라 소유주만 사용할 수 있었는데, 2023년부터 외부에 개방하기로 하면서 완성차 업체들이 속속 도입하기로 했다. 포드와 GM을 시작으로 볼보, 폴스타, 벤츠, 닛산, 혼다, 재규어, 현대자동차그룹, BMW, 토요타 등 세계 주요 자동차 제조사들이 슈퍼차저 동맹에 합류했다. 폭스바겐과 스텔란티스도 도입을 검토하고 있다.

미국, 캐나다, 멕시코에는 슈퍼차저 1만 2,000여 기가 있다.(2023년 기준) 미국 내 슈퍼차저 비중은 60%에 이른다. 주요 제조사들이 슈퍼차저 동맹에 합류하면 테슬라의 NACS 방식이 미국에서 표준 충전기 지위를 누릴 가능성이 크다. 테슬라는 고객 데이터를 확보하고, 충전 인프라에서 안정적인 수익도 얻을 수 있다. 슈퍼차저 동맹에 합류한 업체들은 충전 네트워크가 늘어나 고객들의 주행거리 불안을 해소하는 효과를 얻는다. 슈퍼차저가 글로벌 충전 표준 규격으로 자리 잡기 힘들다는 관측도 나오지만, 테슬라가 걸어온 길을 보면 속단하기는 이르다.

테슬라는 전기차 소프트웨어, 전기차 하드웨어, 충전소 인프라까지 수직 통합하는 데 주력한다. 슈퍼차저가 미국을 넘어 글로벌 표준이 된다면 전기차 제조사들은 점차 테슬라의 충전 방식을 따라야 하고, 생산 과정부터 영향을 받는다. 전기차 생태계가 테슬라 위주로 재편되는 상황이 벌어지는 것이다. 자율주행 기술까지 테슬라가 표준으로 자리 잡으면, 미래 자동차 시장은 테슬라 판이 될지도 모른다.

상황이 이런 데도 주요 자동차 제조사들은 슈퍼차저 인프라를 활용하면 경쟁력이 있다고 판단해 슈퍼차저 동맹에 합류하고 있다. 일론 머스크가 이런 상황을 예측한 것이라면 선견지명과 치밀한 전략이 놀라울 따름이다. 화성에 가기에 앞서 전기차로 지구를 정복하려는 일론 머스크의 야심 찬 계획이 점차 가시화되고 있다.

슈퍼차저 V4. 많은 자동차 회사가 슈처차저 방식을 도입하자, 표준 규격으로 자리 잡을지도 모른다는 말이 나온다.

제너럴 모터스

GM의 이익은 미국의 이익

설립자

윌리엄 C. 듀랜트

설립 연도

1908년

대표 모델

쉐보레 타호, 캐딜락 에스컬레이드, GMC 시에라

엠블럼

제너럴 모터스의 약자 GM을 기본 디자인으로 삼았다.
100년이 넘는 역사를 자랑하는 회사인 만큼 엠블럼 역시 여러 차례
디자인이 변경됐으며, 현재 엠블럼은 2021년부터 사용 중이다.

해가 지지 않는 GM 왕국

미국을 대표하는 자동차 기업, 제너럴 모터스. 이 회사의 창업 과정은 복잡하다. 1908년, 미시간주 출신의 윌리엄 듀랜트가 설립한 뷰익이 올즈모빌을 인수하면서 비롯했다. 이때부터 회사 이름을 제너럴 모터스(GM)라고 불렀다. 앞으로 여러 회사와 차종을 인수해 다양한 브랜드를 거느리는 회사가 되겠다는 뜻이었다. 이듬해 캐딜락, 폰티액과 GMC 트럭을 합병한다. 당시 미국은 자동차 회사 300여 곳이 난립한 상태였다.

오늘날 GM 판매의 절반 이상을 차지하는 쉐보레는 미국 중산층의 간판 차종이다. 경차부터 중대형 세단, 스포츠카와 픽업트럭까지 30여 가지 모델이 있다. 쉐보레는 1911년 듀랜트가 유명 레이서였던 루이스 쉐보레와 공동 설립했다. 듀랜트가 GM 대신 쉐보레로 사명을 정한 것은 이 발음이 미국인들에게 호감을 준

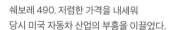

쉐보레 490. 저렴한 가격을 내세워
당시 미국 자동차 산업의 부흥을 이끌었다.

쉐보레와 복스홀에서 출시한 세베트.
새한자동차가 내놓은 제미니의 원조다.

다고 믿어서였다. 미국에서는 줄여서 '쉐비'(Chevy)라는 애칭으로 많이 불린다.
나비넥타이[bow tie] 모양의 로고는 프랑스 파리의 한 호텔 방 벽지에서 영감을
얻어 창안한 것이다.

쉐보레의 첫 대중차는 1914년에 나온 '490' 모델이다. 당시 베스트셀러였던
포드 모델 T의 대항마로 2.8L 엔진을 달고도 모델 T보다 저렴한 490달러에 출시
했다. '가격=모델 이름'으로 쓰면서 대박을 냈다. 1927년 100만 대 판매 기록을
세우며 모델 T를 따라잡았다.

쉐보레의 명차는 1953년 자동차 최초로 섬유유리를 차체에 사용한 스포츠카
'콜벳'이다. 지금도 미국 부자들이 즐겨 타는 차다. 1966년에는 '카마로'가 나와 미
국 젊은이들의 드림카가 됐다. 미국 최고의 자동차 경주인 나스카 레이스에서 여
러 차례 우승을 차지한 대중 스포츠카다. 쉐보레는 한국과 인연도 깊다. 새한자동
차(대우자동차의 전신)가 1977~81년 생산한 '제미니'의 원조가 쉐보레 세베트다.

이처럼 여러 브랜드가 성공하면서 GM은 성공 가도를 달렸다. 1등을 질주하
던 시절, 특히 1960년대 전성기를 맞은 GM의 영업이익률은 20%를 넘기도 했다.
당시 최고경영자도 쟁쟁했다. 1980년대까지 하버드 경영학 석사의 20~30%가
GM에 들어왔고, 경영진에는 미국 아이비리그 출신이 대다수였다. 제조업체들 가
운데 급여 및 복지에서 GM은 최상위였다. GM의 파산과 운명을 같이한 릭 왜고

너 사장도 하버드 MBA 수석 졸업자다.

역대 사장 가운데는 창업자 듀랜트보다 앨프리드 슬론이 더 유명하다. 1895년 MIT 전기공학과 최연소 졸업자(20세)인 슬론은 아버지에게 돈을 빌려 파산 직전의 자동차 베어링 회사를 사들였다. 그리고 1916년 이 회사가 GM에 인수되면서 인연이 시작됐다. 무리한 사세 확장으로 GM을 두 차례 부도 위기에 몰아넣은 듀랜트가 1923년 사임하자, 후임으로 슬론이 발탁됐다. GM의 대주주였던 듀폰의 피에르 듀폰 회장의 전폭적인 지원이 있었다. 슬론이

앨프리드 슬론. 분업화, 표준화 등 현대 경영의 기본 원칙을 도입해 GM을 세계 최대 자동차 회사로 성장시켰다.

사장을 맡을 당시, GM의 미국 시장 점유율은 포드의 절반에도 미치지 못했다.

슬론은 1956년 명예 회장직에서 물러날 때까지 34년간 경영학의 역사를 썼다. 그는 듣도 보도 못한 새 경영 기법을 선보였다. 금융가에 유행하던 ROI(투자수익률)를 자동차 할부 금융에 도입해 대박을 냈다. 소비자를 소득 분위 계층별로 나눈 현대식 마케팅도 도입했다. 당시 자동차 1위이던 포드는 같은 디자인과 옵션에 색상도 검은색뿐인 모델 T를 5~6개월 치 월급을 모아 살 수 있을 만큼 싸게 판매한 게 경쟁 우위였다.

슬론은 이 점을 파고들었다. 색상뿐 아니라 다양한 옵션의 신차를 내놓으면서 새로운 시장을 만들어냈다. 또 연령별, 소득별로 서로 다른 소비자 수요를 고려해 자동차 모델 라인업을 구성한 현대식 마케팅 전략을 구사했다. 이에 따라 대중차인 쉐보레, 뷰익, 폰티액부터 고급차인 올즈모빌, 캐딜락까지 자동차 백화점을 구축한 것이다. 소득 하위층부터 상류층까지 모든 계층을 GM 고객으로 끌어모은 뒤 본격적인 '1인 1차 시대'를 열었다.

이런 전략이 성공을 거두면서 1931년 GM은 처음으로 포드를 제치고 세계

1위에 등극했다. 이후 미국에서 1933~1985년 동안 40% 이상의 시장 점유율을 유지했다. GM의 전례 없는 성장세는 1990년대까지 이어졌다. 150곳의 조립 공장에서 한 해 35만 명의 종업원을 두기도 했는데, 이 기록은 제조업체 분야에서 지금까지 깨지지 않았다.

1970년대까지 미국 정계와 경영학계에서는 "GM의 이익은 미국의 이익"이라는 말이 유행했다. 1953년 당시 GM 사장이던 찰리 윌슨이 드와이트 아이젠하워 미국 대통령과 자동차 산업에 대해 대담을 나누면서 나온 말이다. 말 그대로 GM의 위상이 느껴진다. GM은 1931년에 포드를 제치고 세계 1위에 오른 뒤 2007년까지 판매 대수에서 부동의 1위 자리를 지켜왔다. 모든 산업을 통틀어 77년간 세계 1위를 지켰다는 점은 깨지기 힘든 대기록이다. 1950년대 이후 미국 경제 전문지《포춘》이 뽑은 '세계 500대 기업'에서 37차례나 1위를 했다.

GM의 영광은 제품에 그대로 스며들어 있다. 필자는 자동차에 대한 인간의 상상력을 보여주는 역대 최고 디자인으로 1950~1960년대 미국 부자의 상징이 된 캐딜락 '엘도라도'(황금의 땅이라는 뜻)를 꼽는다. 디트로이트 GM 박물관에서 처음 봤는데 눈을 뗄 수가 없었다. 금장으로 단장한 길이 5m 이상의 차체, 가죽 내장과 곡면으로 휘어진 앞유리에는 부유와 사치라는 인간의 욕망이 아른거렸다. 백미는 GM의 전설적 디자이너 할리 헐이 만든 테일핀(꼬리날개)이다. 트렁크 위에 로켓 모양의 날개가 달렸다. '소비가 미덕'이던 당시 미국 자본주의의 풍요로움을 그대로 보여준다. 아폴로 우주선을 쏴 달나라를 정복하려던 미국인의 열망이 테일핀에 담겨 있다.

그중에서도 1959년형 엘도라도는 화려함의 극치다. 2톤이 넘는 무게에 최대 345마력, 시속 195km를 뽐내는 성능과 함께 한층 커진 날개로 꼬리날개의 완결판이라는 평가를 받으면서 당대 인기 연예인과 거부들의 사랑을 독차지했다. 엘비스 프레슬리가 핑크 엘도라도를 어머니에게 선물했다는 일화도 있다. 사실 꼬리날개는 자동차의 본령에서 벗어난 장치다. 그래서일까. 1960년대 들어 자동차 공기역학이 중시되면서 급속히 자취를 감췄다.

203

영광이여 다시 오라

화려한 역사를 자랑하던 자동차 제국 GM은 2009년 금융위기의 직격탄을 맞았다. 안 그래도 품질 문제와 강성 노조로 비용이 급증해 적자가 누적됐을 때다. 결국 파산보호 신청과 함께 무너졌다. 이듬해 정부가 대주주가 되면서 새로운 GM이 탄생했다. 회복도 빨랐다. 2012년 902만 대 판매를 기록하면서 2008년 토요타에 내준 세계 1위 타이틀을 3년 만에 되찾아왔다.

2007~2009년 3년간 누적 150억 달러(약 16조 원) 적자를 내다 4년 만인 2010년 47억 달러(약 5조 원) 흑자로 전환했다. 파산보호 신청 다음 해에 뉴(new) GM으로 재탄생하고, 주식시장에 재상장하면서 다시금 강자의 모습으로 복귀했다.

완성차는 대표적인 조립 산업이다. 1km가 넘는 조립라인에 촘촘히 대기하는 작업자의 손끝이 중요하다. 정보기술 산업의 흥망은 기술혁신에 달렸고 그만큼 변화 속도가 빠르지만, 자동차 산업은 5~8년 주기로 신차를 내놓으면서 조금씩 제품을 개선하기 때문에 변화 속도가 느리다. 소니 워크맨, 애플 아이폰처럼 세상을 확 뒤집는 제품은 나오기 어렵다. 자동차 역사를 통틀어 획기적인 혁신이라야 포드의 컨베이어 벨트, 토요타 생산방식 정도를 꼽는다. 그래서 망하는 데도 시간이 오래 걸린다. 신차 한두 대가 실패했다고 당장 부도 위기에 몰리지는 않는다.

GM대우에서 나온 토스카.
GM은 세계 각국의 자동차 회사를
인수한 것으로 유명하다.

GM 파산의 전주곡은 1990년대 초로 거슬러 올라간다. 좀 더 길게는 1970년대로 보기도 한다. 소형차에서 이익이 잘 나지 않는다는 이유로 일본 업체에 쉽사리 안방을 내준 것이 화근이었다. 게다가 제조업의 기본인 상품성이 점점 추락했고, 강성 노조는 고비용과 품질 악화를 부추겼다.

눈에 잘 띄지 않는 또 다른 패인은 머니게임에 치중한 점이다. 릭 왜고너 전 회장으로 대표되는 하버드 MBA 출신 재무통들이 최고 경영진을 장악하면서 차를 팔아 이익을 내기보다 할부 금융에서 손쉽게 돈을 벌었다. 그러면서 자체 기술을 개발해 내재화하기보다 외부 기술을 사 오는 인수합병 및 아웃소싱을 선호했다. 수십조 원이 들어간 인수 비용은 미래 투자 재원을 고갈시켰다. 113년 역사에서 독일 오펠, 영국 복스홀, 스웨덴 사브, 일본 스즈키와 이스즈, 한국 대우자동차에 이르기까지 스무 군데가 넘는 세계 각국의 자동차 회사를 인수했다. GM은 공격적 인수로 덩치를 키우고 자동차 금융 같은 부대사업으로 큰돈을 벌면서 안이해졌다. 소비자가 원하는 차를 만들어야 할 상품 기획이 재무통에 눌린 것이다. 2000년 이후 미국 소비자 사이에서 기막힌 이야기들이 회자됐다. 렌터카로 GM 차를 타본 고객들이 "렌터카이기에 망정이지 이런 차 샀다간 큰 낭패를 볼 뻔했다."라며 비아냥거렸다.

2005년, 국제 유가가 급등하면서 GM은 뒤늦게 정신을 차렸다. 반세기 동안

한때 미국 자동차를 대표하던 올즈모빌. 사진은 마지막 모델인 알레로의 쿠페 버전.

상품 기획만 해온 70대 노장 밥 루츠에게 신차 개발을 맡겼다. 당시 한국의 GM 대우(현 한국GM)는 일본 스즈키를 대신할 글로벌 소형차 전략 기지가 됐다. 허름하고 시대에 뒤떨어진 느낌의 캐딜락도 미래 차로 거듭났다. 회복 가능성을 보여준 차들이 여럿 나왔다. 캐딜락 CTS와 쉐보레 크루즈가 대표적 사례다. 디자인뿐 아니라 감성 품질에서 GM은 옛 실력을 보여줬다.

하지만 2008년 몰아닥친 미국발 금융위기는 결정타였다. 지구상 최강의 제조업체였던 GM은 예상치 못한 기후변화에 멸종한 공룡처럼 쓰러졌다. 2009년 미국 정부는 온갖 비난을 무릅쓰고 수십조 원의 공적 자금을 투입해 구원투수로 나섰다. 아울러 강력한 구조 조정에 들어갔다. 중상류층에게 사랑을 받던 올즈모빌을 포함해 새턴과 폰티액을 정리하고, 대형 SUV의 대명사 허머를 매각했다. 스웨덴 명차 사브와 스즈키(지분율 20%)도 털어냈다. 부실을 후다닥 털어내고 살릴 것은 확실하게 살리는 미국식 전략 경영이 빛을 발했다.

새로 태어난 GM은 대중차 쉐보레와 뷰익, 고급차 캐딜락, 픽업 및 SUV를 만드는 GMC 등 네 분야로 정리됐다. 미국 시장에서 대형 SUV 판매가 살아나고, 미국보다 더 커버린 중국 시장에서 판매 호조를 보인 덕분에 부활 조짐을 보였다. 그 후 GM은 누구보다 재빠른 행보로 전기차 시대를 준비하고 있다. 아직 확실한 강자가 없는 전기차 분야에서 옛 영광을 재현하기 위해서다.

새 술은 새 부대에, 전동화 혁신 선두주자

2010년 이후 GM은 다시 한번 업계 1위로 올라서려고 노력 중이다. 그들이 찾은 구름판은 바로 전기차다. 급속한 전기차 시대로의 돌입은 GM에게 기회이자 위기다. 그래서인지 GM은 어떤 글로벌 자동차 기업보다 재빨리 전기차로 방향을 전환했다. 문제는 상품성이 소비자 욕구를 따라올 수 있느냐는 점이다. 아직 결과는 알 수 없지만, 필자는 GM에게 그럴 능력이 충분히 있다고 본다. 100년이 넘는

GM 역사에서 확인했듯 그들은 메이저리그의 뉴욕 양키즈처럼 1등을 오래 해봤던 경험과 소비자 욕구를 자극해 새로운 시장을 만들어내는 재능이 DNA로 남아 있다. 영욕으로 얼룩진 자신의 역사를 뒤돌아보며 '제조업은 무엇을 잘해야 생존할 수 있는지'를 잘 배웠을 것이다.

2021년 GM은 새로운 이사회 구성원을 영입했다. 미래 자동차 시장에 대응하고, 사업 전반에 걸쳐 개혁을 이뤄내기 위해서다. 그중 가장 눈에 띄는 인물은 휴렛팩커드(HP)와 이베이 최고경영자를 지낸 맥 휘트먼이다. 자동차 산업과는 전혀 연관성이 없는 인물이다. 이에 대해 이사회 의장 메리 바라 GM 최고경영자는 "다양한 이사회 구성원을 영입해서 지속 가능한 제품을 생산해 경쟁력을 높이기 위해서"라고 언급했다.

GM은 2020년 상반기에 미래 전기차 계획을 발표했다. 2025년까지 전기차 모델 30종을 출시하고, 자율주행 기술 상용화에 270억 달러를 투자한다고 밝혔다. 더불어 2020년대 중반까지 연간 100만 대의 전기차를 판매하겠다는 목표를 제시했다. 2025년이 되면 GM 승용차 전체 판매량의 40%가 전기차라는 얘기다. 더불어 규모의 경제 효과로 배터리 가격을 계속 인하할 계획이다. 현재 쉐보레 순수 전기차 볼트 EV에 장착하는 배터리 가격을 절반 이하로 떨어뜨리는 것이 목표다. 이러면 소비자가 2천만 원대에 전기차를 구매할 수도 있다.

GM은 이런 전동화 계획을 달성하는 데 필요한 구체적인 방안을 실천해 나가고 있다. 2021년 하반기에 GM 최초의 전기차 전용 생산 공장을 가동했는데, 이곳에서는 GM을 대표하는 픽업트럭 실버라도의 전기차 버전을 생산한다.

실버라도 전기차는 GM이 개발한 전기차 전용 플랫폼 '얼티엄'으로 제작한다. GM 부활을 이끌 얼티엄 플랫폼은 대중차뿐만 아니라 캐딜락 리릭, GMC 허머 EV 등 차종을 가리지 않고 전방위로 활용된다.

이처럼 범용성이 특징인 얼티엄 플랫폼은 1회 완전 충전 시 최대 450마일(약 724km) 주행이 가능하다고 한다. 정지 상태에서 시속 96km(60마일)까지 3초 만에 도달하는 퍼포먼스를 갖출 것으로 예상한다.

2021년 1월에는 차세대 디지털 환경에 걸맞게 글로벌 전기차 회사로 재탄생함을 알리는 신규 엠블럼을 발표했다. 무려 56년 만에 새롭게 바뀐 엠블럼은 기존 파란색 사각형 엠블럼보다 현대적이고 역동적인 느낌을 더했다. 선명한 파란색 톤의 그러데이션은 탄소 배출 제로라는 비전이 실현된 미래의 청명한 하늘과 얼티엄 플랫폼의 친환경 에너지를 상기시킨다. 알파벳 m 주변의 공간은 전기 플러그 모양을 상징한다. 새롭게 재정립된 GM 브랜드의 정체성은 기존 자동차뿐 아니라 얼티엄 플랫폼과 같은 테크놀로지 브랜드로 확장된다.

쉐보레는 국내 시장에 순수 전기차 볼트 EV를 판매하고 있다. 1회 완전 충전 시 주행거리가 414km다. 최고 출력은 204마력이며, 정지 상태에서 시속 100km까지 가속하는 데 7초가 채 걸리지 않는다. 2021년에는 EV를 기반으로 한 SUV 버전인 볼트 EUV까지 선보였다. GM은 전기차 시대를 맞아 과거 영광을 재현하려고 처절한 몸부림을 치는 중이다. 문제는 테슬라 같은 모빌리티 혁신의 부재다. GM도 자율주행 분야에 막대한 투자를 하고 있지만, 아직도 기존 자동차 회사의 틀에서 벗어나지 못했다는 평가다. 결국 기존 GM이 자랑하던 기계공학 기반의 자동차 DNA가 전기차 시대라는 뉴모빌리티 분야로 진입하는 일을 가로막는 가장 큰 장벽이라는 것이다.

캐딜락 셀레스틱
과거 영광과 미래 전기차 시대의 만남

2009년 파산 위기를 겪은 후 3년여 만에 GM은 회복했지만, 강도 높은 구조 조정과 자구책을 거치면서 브랜드 구성에 큰 변화가 뒤따랐다. 허머, 새턴, 폰티액이 사라졌고, 2014년 메리 바라가 CEO 자리에 오른 이후에는 오펠과 복스홀도 PSA 그룹(현재 스텔란티스)에 팔렸다. 현재 남아 있는 GM의 산하 브랜드는 쉐보레, 뷰익, GMC, 캐딜락 4개뿐이다. 메리 바라는 해외 공장 철수에도 적극적으로

볼트 EV의 SUV 버전. 전륜구동 전기차
전용 플랫폼인 BEV2를 사용했다.

실버라도 EV. 전기차 전용 플랫폼
얼티엄을 채용하며 전동화 계획을
본격화했다.

나서서 25개국에 흩어져 있던 완성차와 부품 공장을 10개국으로 줄였다. 수익성이 높고 판매량이 늘어나는 픽업트럭과 SUV에 집중하려고 세단과 해치백 라인업도 대거 단종했다. 20세기 '모든 지갑과 목적에 맞는 차'(A car for every purse and purpose)를 추구하며 수많은 브랜드와 차종을 거느리던 과거와는 다른 모습이다.

메리 바라는 불필요한 요소를 줄이는 데 도가 튼 경영자다. 인사 부문 부사장으로 일할 당시에는 10쪽에 이르는 GM의 복장 규정을 "적절하게 입으시오."(dress appropriately)라는 두 단어로 줄였다고 한다. 중간 관리자의 권한을 늘려 인사 보고서의 90%를 줄이거나, 제품 부문 부사장일 때 "형편없는 차는 이제 그만."(no more crappy car)이라는 지시를 내린 일화도 전해진다. 메리 바라의 경영 스타일에는 이런 원칙이 녹아들어 있다. 산하 브랜드가 줄어든 만큼 각 브랜드가 제 역할을 해야 하는 상황이다.

캐딜락 브랜드의 강화는 GM의 미래 비전과도 밀접한 관련이 있다. 전기차 시대를 준비하는 GM에 캐딜락이 큰 비중을 차지한다. 배터리 전기차는 내연기관 자동차보다 비싸서 가격에 연연하지 않는 고급차 소비자를 공략하는 데 적합하다. 2017년 오펠과 복스홀을 매각한 이후 거의 철수하다시피 한 유럽 시장에 재진출하는 카드로 내세운 브랜드도 캐딜락이다. GM은 중형 SUV인 캐딜락 리릭을 앞세워 유럽 시장 반응을 살핀 뒤, 결과에 따라 산하 브랜드 전기차를 투입할 계획이다. 유럽 철수 이후 GM은 캐딜락과 쉐보레 콜벳의 제한된 수입만 유지했다. 현지 판매 채널이 남아 있어서 판매망 구축 같은 사전 작업의 부담을 줄이는 데도 유리하다.

캐딜락은 리릭 외에도 대형 세단 셀레스틱과 대형 SUV 에스컬레이드 iQ 등 새로 나올 전기차를 공개했다. 주목해야 할 모델은 셀레스틱이다. GM에 없던 하이엔드 모델로 선보일 셀레스틱은 롤스로이스와 벤틀리가 차지하고 있는 시장을 노린다. 셀레스틱의 시작 가격은 30만 달러 선으로 롤스로이스 전기차인 스펙터의 40만 달러에 근접한다.

캐딜락은 프리미엄 시장에서 독일과 일본 브랜드에 밀리는 상황이다. 프리미엄 시장이 계속해서 커지는 만큼 캐딜락의 브랜드 강화가 필요하고, 새로운 수익 모델을 찾으려고 초고가 차량으로 눈을 돌렸다. 셀레스틱은 브랜드 방향성을 제시하고 GM 전체를 이끌어가는 상징적인 존재다. 캐딜락은 1930년대 V16 엔진을 얹은 최고급 모델을 내놓고, 1950년대 값비싼 엘도라도 브로엄을 선보이는 등 최고급 브랜드로서 영화로운 시절을 보낸 적이 있다. 셀레스틱은 과거 캐딜락이 누린 영화를 이어받으며 전기차 시대에 캐딜락의 위상을 한 차원 높게 다져야 할 막중한 책임을 진다.

엠블럼 변천

1908~1938년

1938~1964년

1964~1966년

GM

1966~2021년

2001~2010년

2010~2021년

2016~2021년

2021년~현재

벤틀리, 롤스로이스와 경쟁할 셀레스틱.
5도어 대형 전기 자동차다.

지프

Jeep

혁신으로 일궈온
오프로드의 지배자

설립자
—
존 노스 윌리스(윌리스 오버랜드 설립)

설립 연도
—
1945년

대표 모델
—
랭글러, 레니게이드, 그랜드 체로키

엠블럼
—
다른 자동차 제조사의 엠블럼과 달리 특정한 문장이나
문양 없이 Jeep 글자를 간결한 디자인으로 표현했다.
이 덕분에 사람들이 브랜드 로고를 인식하기 쉽다.
브랜드가 담은 실용성과 모험 정신을 드러낸다.

사륜구동의 명가 지프와의 만남

1987년 크라이슬러는 '지프'라는 돋보이는 브랜드를 인수하면서 대형 메이커로 자리를 굳혔다. 2014년 크라이슬러가 FCA를 거쳐 스텔란티스 소속이 되는 과정에서 사세가 축소되고 명성이 약해졌지만, 지프는 오히려 시장에서 입지가 강해지고 브랜드 인지도도 높아졌다. 2010년대 중반부터 불어닥친 SUV 열풍은 지프의 성장에 불을 지폈다. 지프는 특유의 디자인과 사륜구동 주행 성능이 특징으로 한국에서도 인기가 높다.

크라이슬러가 2017년 한국 시장에서 철수하면서, 전시장이 모두 지프로 바뀌었다. 모기업의 대표 브랜드 크라이슬러는 몰락하다시피 하고, 산하 브랜드 지프가 주력으로 떠오르는 아이러니한 상황이 벌어졌다. SUV 열풍에 힘입어 지프 판매량도 늘었다. 2019년에는 1992년 한국 진출 이후 처음으로 1만 대 클럽에 진

——→

2차 세계대전 당시 등장한 윌리스 MB,
지프의 조상이다.

입했다. 2020년에는 코로나 팬데믹으로 잠시 주춤한 뒤, 2021년에 다시 1만 대 클럽에 들어가며 인기를 이어갔다.

지프의 시작은 2차 세계대전부터다. 독일은 월등한 기동력을 앞세운 사륜구동 차량으로 미국과 연합군을 압박했다. 이에 미국 국방부는 곧바로 사륜구동 군수차 개발에 착수했다. 목표는 '최고 시속 80km, 차체 무게 590kg, 적재량 0.25톤, 승차 정원 3명'이었다. 1941년 이 조건에 맞는 군용차로 윌리스 오버랜드의 '윌리스 MB'가 낙찰됐다. 가벼운 차체와 뛰어난 기동력으로 산악전과 기습전에서 탁월한 성능을 냈다.

전후, 군용 지프는 민간용으로 개조됐다. 1945년 말 전쟁이 끝나자마자 윌리스는 맵시 있게 외관을 다듬었다. 민간용 'CJ Civilian Jeep' 시리즈로 변신한 것이다. 물론 험로 주파 능력과 개성 만점인 디자인은 그대로 계승됐다. 민간용은 처음에 농부나 건설 현장 노동자가 주 고객이었다. 하지만 점점 산악 캠핑카 같은 레저용으로 용도가 다양해졌다. 이에 맞춰 디자인도 꾸준하게 바뀌었다.

지프 마니아층은 두꺼웠지만, 그 인기가 대중까지 확산하기는 어려웠다. 사실상 불편한 차였고, 별도의 운전 기술이 있어야 했으며, 승차감은 형편없었다. 이런 단점을 완벽하게 개선하고 대박을 터뜨린 차가 1984년 출시된 '체로키'다. 성능과 디자인은 지프 고유의 맛을 살리면서 편의 장치를 듬뿍 달았다. 럭셔리 지프의 원조로 미국 상류층의 레저용 차로 인기를 끌면서 SUV 붐을 일으켰다.

처음부터 군사용이었던 터라 지프는 2000년대까지도 이런 전통을 고수했다. 그래서인지 편의 장치가 거의 달리지 않았다. 요즘 신차는 전자 제품인지 자동차인지 모를 정도로 전자 장비가 잔뜩 달려 있다. 예전에는 손발을 써야 했던 것을 전자식으로 바꾼 것이다.

지프의 슬로건 중 하나는 '자연생활로 돌아가자.'이다. 군용 지프의 원형을 그대로 간직한 랭글러의 시트와 사이드미러는 아직도 수동이 대부분이다. 창문도 불과 몇 년 전까지 손으로 돌리는 방식이었다. 차량 지붕도 손으로 나사를 풀어 열어야 한다. 버튼만 누르면 20초 만에 열리는 전동식 컨버터블과는 거리가 멀다.

──────→
2002년까지 생산된 2세대 체로키.
승용형 SUV의 모습을 정립했다는
평가를 받는다.

정통을 고수하는 정직한 라인업

지프 라인업은 생각보다 단순하다. 소형급 레니게이드와 컴패스, 중형급 체로키, 준대형급 그랜드 체로키, 정통 오프로더 랭글러, 픽업 글래디에이터로 구성돼 있다. SUV 전문 브랜드여서 확장에 제한이 따르기는 하지만, 타 브랜드의 틈새시장 확장 시도와 비교하면 정통 라인업에 치중하는 편이다.

대표 SUV 브랜드이며 경쟁사인 랜드로버만 봐도 차종을 확대하려고 다양한 시도를 한다. 역동성을 강화한 레인지로버 스포츠, 레인지로버 3도어 4인승 모델인 SV 쿠페(출시 전에 취소), SUV의 지붕이 열리도록 한 이보크 컨버터블 등 파격적인 변화를 추구한다.

지프도 차종 다양화를 하지만 현재 모델을 살짝 변형하는 소극적인 방식에 그친다. 주로 차체 길이를 늘여 짐 놓을 공간을 넓히거나 탑승 인원을 확대하는

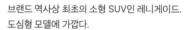

브랜드 역사상 최초의 소형 SUV인 레니게이드.
도심형 모델에 가깝다.

방식을 이용한다. 2006년에 선보인 랭글러 3세대 모델의 4도어가 길이를 늘인 대표적인 모델이다. 3열을 갖춘 7인승 모델은 2005년부터 2010년까지 커맨더라는 이름으로 잠깐 나왔다가 단종됐다. 2010년대 중반 SUV 열풍이 불면서 3열/7인승 SUV 시장도 커졌지만, 지프는 2021년에 들어서야 브랜드 역사상 두 번째로 그랜드 체로키 5세대에 3열을 추가했다.

길이를 늘이는 변형 모델 외에 주목할 만한 차는 소형 SUV 레니게이드다. 2014년에 브랜드 역사에서 최초로 선보인 소형 SUV다. 동급 경쟁차와 비교하면 오프로드 주파력이 우수하지만, 지프의 다른 모델과 비교하면 도심형 SUV 성격이 강하다. 정통 오프로더에서 조금 벗어난 시도를 했다고 볼 수 있다. 또 다른 변형 모델은 2019년에 선보인 글래디에이터다. 1962년부터 1988년까지 생산된 1세대 모델의 뒤를 이어 30년 공백을 깨고 라인업에 다시 등장했다. 신형 글래디에이터는 랭글러를 변형한 픽업트럭 모델이다. 박스형 SUV만 나오는 곳에서 픽

30년 만에 등장한 지프의 픽업 모델,
글래디에이터

업은 색다른 존재처럼 보일지 모른다. 하지만 이미 1세대 모델이 예전에 나왔고, 픽업은 지프의 본거지인 미국에서는 보편적인 차종이라 특별히 새로운 차종이 아니다. 지프의 모델 확장은 정통 분야를 벗어나지 않는다.

최근에 펼치는 고급 모델 전략도 마찬가지다. 2021년에 선보인 왜고니어는 풀사이즈 SUV로 지프의 기함 자리를 차지한다. 단순히 크기만 키우는 데 그치지 않고 고급스럽게 꾸며 지프 브랜드의 고급화 전략을 이끌어나간다. 풀사이즈 고급 SUV 시장 확대에 대응하려는 목적도 있다. 왜고니어라는 이름은 브랜드 내에서 1963년부터 1990년까지 라인업을 지키던 모델에서 따왔다. 고급 모델에 전통을 부여해 가치를 높인다.

왜고니어라는 이름이 모델명에서 확장해 지프 내의 고급 브랜드 역할을 해낼 수도 있다는 전망도 나온다. 실제로 왜고니어에는 '지프' 로고가 붙지 않는다. 랜드로버가 레인지로버를 고급 모델로 구분하듯, 지프도 왜고니어를 브랜드 내에서 고급 모델화할 가능성이 있다. 벤츠의 마이바흐, 아우디의 호르히(중국 시장 전용)와 비슷한 사례다.

엠블럼 변천 ─────────────────────────

| 1941~1945년 | 1945~1963년 | 1963~1970년 | 1970년~현재 |

| 1970~1987년 | 1987~1993년 | 1993년~현재 |

결국 지프는 모델을 확장하면서 파격적인 변화보다는 기존 틀을 유지하는 안정을 추구한다. SUV 전문 브랜드로서 모델 확장에 한계가 있고, 다양한 형태의 차종을 만드는 종합 브랜드가 아니어서 군이 모험할 필요도 없다. 정통 모델에 대한 인지도가 높아서 기존 모델에 치중하는 전략이 유리할 수도 있다. 한결같은 모습을 유지하는 브랜드도 한계에 다다르면 기존 틀을 뒤집어엎는 변화에 나선다. 지프는 아직 그 단계에 이르지 않았다.

피할 수 없는 전동화 대세, 지프의 방향은?

전동화가 한창 진행 중이지만 예외로 여기는 분야가 있다. 스포츠카와 오프로더다. 자동차의 본질인 힘과 속도를 추구하는 스포츠카와 야생의 거친 주행 능력이 특징인 오프로더에는 내연기관이 더 잘 어울린다는 인식이 남아 있다. 전기차 신생 업체들은 이 분야에도 거침없이 뛰어들지만, 기존 제조사들은 전동화 추진이 더딘 편이다. 오프로더 자동차 분야의 대표 브랜드인 랜드로버는 2023년 말 기준 아직 순수 전기차를 내놓지 않았다. 지프는 2023년 봄부터 전기차 지프 어벤저를 유럽 시장에 판매했다.

어벤저는 길이가 4m를 조금 넘는 소형급 SUV다. 지프 엠블럼을 달고 있지만 프랑스 자동차 회사 푸조의 피가 흐른다. 밑바탕이 된 플랫폼은 PSA의 eCMP다. 지프의 모기업인 스텔란티스 산하 브랜드에서 같은 플랫폼을 쓰는 동급 차로는 푸조 e-2008, 시트로엥 DS3 크로스백 e-텐스, 오펠/복스홀 모카-e, 피아트 600e 등이 있다. 2023년 첫 전기차를 내놓은 지프의 행보는 시장 흐름에 비춰 보면 늦은 편이고, 브랜드 자체의 전동화 전략보다는 모기업의 방향에 맞춰 따라가는 경향을 보인다. 전기차 분야에 뛰어든 이후의 진행 속도는 빠른 편이다.

지프는 2022년 9월 '지프 4xe 데이'에서 전동화 전략을 발표했다. 모기업인 스텔란티스 전동화 전략인 '데어 포워드 2030'(Dare Forward 2030)을 실천하는 첫 단계로 2025년 말까지 북미와 유럽에 순수 전기 SUV 4종을 선보이는 내용을 포함한다. 2030년까지 미국 내 지프 판매량의 절반, 유럽 판매 전체를 순수 전기차로 전환할 계획이다.

새로운 4종은 2023년 봄에 판매를 시작한 어벤저, 개발 중인 레콘과 왜고니어 S 외 1종이다. 유럽 아시아 시장 공략용으로 나온 어벤저와 달리 레콘은 유럽을 비롯해 북미에서도 출시할 예정이다. 랭글러의 전기차 모델인 레콘은 정통 오프로더를 지향하고, 왜고니어 S는 내연기관 왜고니어 모델과 마찬가지로 프리미엄 시장을 노린다. 600마력, 주행거리 640km, 제로백 3.5초 등 차급에 맞는 고성능과 고효율을 보여주는 전기차를 목표로 한다. 레콘과 왜고니어 S는 2024년 판매 예정이다.

지프의 전동화는 플러그인 하이브리드 모델 4xe(4 바이 e라고 읽음)에서 비롯한다. 급격하게 전기차로 이동하기보다는, 오프로더의 내연기관과 더 잘 맞아 보

지프의 첫 전기차, 어벤저. PSA의 eCMP를
플랫폼으로 썼다.

이는 이미지를 유지하면서 하이브리드를 이용해 친환경 특성을 부여한다. 4xe를 달고 나온 첫 모델은 지프 내에서 오프로더 특성이 가장 강한 랭글러로 2021년 선보였다. 랭글러 4xe는 32km에 이르는 전기 주행거리를 내세우며 자연에서 조용하게 친환경적으로 활동할 수 있다는 점을 강조한다. 오프로더에도 전동화가 잘 어울린다는 사실을 상징적으로 드러낸다. 미국 시장에서 랭글러 4xe는 랭글러 판매의 40% 정도를 차지한다. 판매 비중은 계속해서 늘어나고 있다. 친환경 오프로더라는 긍정적인 인식을 심으며, 지프의 전기 오프로더를 향한 기대감을 키우는 역할을 해내고 있다. 4xe는 2022년에 그랜드 체로키로 확장됐다.

지프의 전동화는 21년에 선보인 플러그인 하이브리드
모델 랭글러 4xe에서 시작한다.

포드

컨베이어 벨트 방식으로
자동차 산업을 혁신하다

설립자
—
헨리 포드

설립 연도
—
1903년 6월

대표 모델
—
모델 T, F 시리즈, 머스탱, 선더버드, 피에스타, 몬데오, 토러스,
에스코트

엠블럼
—
회사명을 필기체로 쓴 로고가 1909년에 등장했으며
엠블럼의 타원형은 1912년에 처음 사용됐다. 엠블럼 바탕에 쓰인
파란색은 1927년에 등장했다. 몇 차례 변화를 겪었으며 지금
엠블럼은 2024년부터 쓰였다.

미국 자동차 산업의 역사는 포드에서

　포드는 미국 자동차 산업을 부흥했다. 자동차 기술자였던 헨리 포드는 1896년, 자전거 바퀴에 2기통 휘발유 엔진을 장착하고 사륜마차의 차대를 얹었다. 처음 만든 자동차였다. 그는 자동차 대중화 시대를 예감하고 1903년 6월 디트로이트에서 직원 11명과 함께 회사를 설립했다. 오늘날 연 매출 100조 원이 넘는 포드 그룹의 시작이다.

　1908년 기념비적인 대중차 '모델 T'가 나왔다. 4기통 2.9L 엔진을 달고 20마력에 최고 시속은 68km를 냈다. 놀라운 점은 가격이다. 당시 경쟁 차는 2,000달러가 넘었는데 T는 825달러였다. 평균 근로자 6개월 치 월급 수준이었다. 컨베이어 벨트를 이용한 대량생산 방식 덕분이었다. 헨리 포드는 대량생산으로 가격을 대폭 낮췄고, 이 덕분에 자동차 시장은 커졌다. 경영학자들은 이를 '포디즘'

대량생산의 상징, 모델 T.
1914년에는 24초당 1대가 생산될 정도였다.

(Fordism)이라고 명명해 가르치고 있다. 1924년이 되자 미국에서만 1,000만 대의 모델 T가 도로를 메웠다. 당시 미국에서 등록된 차의 절반이었다.

포드는 1922년 링컨 브랜드를 인수하면서 고급차 시장에 진출했다. 포드의 명차라는 링컨 콘티넨털의 토대다. 헨리 포드의 장남인 에드셀 포드가 자신이 타고 다닐 차로 제작한 대형 세단이었다. 이후 콘티넨털은 미국 대통령의 전용차로 명성을 날렸다. 1970년대까지 미국에서 '보수적인 부자들의 차'로 통했다.

자유분방한 미국 청년 문화의 아이콘 머스탱(mustang)은 1964년에 출시됐다. 당시 미국에서는 한 가구에 차 한 대를 넘어 성인 1인당 차 한 대씩을 소유하는 세컨드카 개념이 확산했다. 포드 상품 담당 임원이던 리 아이어코카(훗날 크라이슬러 회장이 됨)는 생애 첫 차를 구매하는 대학생을 겨냥해 젊은 층의 라이프 스타일과 구매력에 맞춰 소형 스포츠카를 제작했다. 사실 스포츠카와 비슷하게 생긴 스포츠 루킹카다.

머스탱은 야생마 중 작은 조랑말[pony]에 비유되면서 '포니카'라는 애칭으로 불렸다. 디자인도 젊은이들의 기호품인 코카콜라 병처럼 곡선을 많이 썼다. 젊은 이가 있는 곳에는 머스탱이 늘 따라다녔다. 머스탱이 대박 나자 GM과 크라이슬러에서도 비슷한 소형 스포츠카를 내놨다. 크고 비싸서 레이스에서나 볼 수 있던 스포츠카가 가정의 애마가 된 것이다. 이후 머스탱은 진화를 거듭해 500마력 이

1964년 첫 등장 이후,
지금까지도 미국을 상징하는
차량으로 꼽히는 머스탱

상 출력을 내는 미국 머슬카(고출력 차)의 상징이 됐다.

1990년대에 미국에서는 GM과 포드의 조직 문화가 일본이나 독일 업체보다 경쟁력이 떨어진다는 우스갯소리가 유행했다. 사무실에 뱀이 들어왔을 때 어떻게 대응할까 하는 이야기다. 오너가 없고 명문대 MBA 출신이 득세하는 GM은 먼저 회의를 연다. 이후 컨설팅 회사에 의뢰해 안전하게 뱀을 잡는 방법이 나올 때까지 기다린다. 그리고 뱀을 잡는 과정에서 상처를 입을 경우를 대비해 보험에 든다. 의사결정 과정에서 책임을 지지 않으려는 풍토를 비꼰 것이다.

헨리 포드가 1903년 포드 모터 컴퍼니를 창립한 이래, 포드 일가가 회사 경영에 관여하고 있다.

포드는 창업 일가가 경영에 참여하는 오너 회사다. 명령에 따라 일사불란하게 움직이는 전형적인 톱다운 조직 문화다. 대신 조직 스스로 움직이지 않는 경직된 면이 있다. 포드는 우선 실무자들이 뱀을 어떻게 잡을지 회의를 열고 그 결과를 간부에게 보고한다. 간부들은 또 회의하고, 그 결과를 경영진에 보고한 뒤 명령을 기다린다. 이윽고 지시가 떨어지면 신속히 움직인다.

2000년대에 이르러 이런 조직을 바꾸고자 빌 포드 회장이 칼을 빼 들었다. 먼저 보잉 출신인 앨런 멀럴리를 영입했다. 멀럴리는 우선 '회의로 입사해서 회의로 퇴사한다.'라는 포드 문화를 바꾸려고 시간만 끌고 능률을 떨어뜨리는 '회의를 위한 회의'를 근절했다. 부서별로 1~2년씩 근무하고 옮기는 순환보직 제도를 없애 전문성을 키웠다. 그리고 소수 임원이 독점한 재무와 판매 정보를 공유하도록 했다. 그 결과 포드의 전 직원이 회사가 처한 위기 상황을 절감했다. 사내 반발이 있었음에도 그룹 내 고급 브랜드인 재규어, 랜드로버, 애스턴 마틴, 마쓰다를 차례로 매각했다.

다음은 친환경차로의 전환이다. 승용차 부문에서는 기름 먹는 하마로 불린 4.0L 이상 대형 배기량 엔진을 모두 없앴다. 대신 출력을 높이는 터보 엔진 개발에 주력했다. 그 결과 2012년 출시한 대형 SUV 익스플로러에 4.2L 엔진 대신 240마력이 나오는 2.0L 터보 엔진을 달았다. 연비가 좋아진 익스플로러에 미국 소비자들은 만족했고, 대박이 났다. 더는 포드에서 대형 엔진을 찾아볼 수 없게 됐다. 이에 포드는 2015년까지 모든 승용차에 3.0L 이하 터보 엔진을 달기로 했다. 여기에 하이브리드, 전기차로도 재빨리 방향을 전환했다. 보수적 기업 문화로 유명했던 포드가 조직 문화부터 경영 체질을 확 바꾼 것이다.

포드의 지배 구조는 한국 대기업의 오너 경영과 비슷하다. 다른 점은 대주주인 포드 일가가 계속 회장직을 맡지 않는다는 점이다. 포드 일가는 경영이 순조로울 때 회장을 맡았다가 어려워지면 외부에서 영입하거나 전문 경영인을 승진시켜 위기를 돌파했다.

2006년 9월, 포드가 고유가로 인한 판매 부진을 돌파하려고 선택한 전문가는 보잉 부사장 출신의 앨런 멀럴리다. 그는 위기 원인을 미국 시장과 중국 같은 신흥 시장의 부진으로 봤다. 2년 만에 잡다한 차종과 브랜드를 매각하거나 정리했다. "보잉에 있을 때 737 비행기를 미국용과 해외용으로 나눠 만들지 않았다."라며 대륙별로 흩어진 포드의 자회사를 통합해 개발 및 판매 전략을 공동으로 짰다.

그런 와중에 2008년 금융위기라는 더 큰 악재를 만났다. GM, 포드, 크라이슬러 등 미국 '빅3' 모두가 파산 위기에 몰렸다. 멀럴리는 정부 지원을 받으면 강력한 구조 조정이 불가능하다고 직감했다. 우선 대주주인 포드 일가의 협조를 구해 자산을 은행 담보로 내놓겠다는 재가를 받았다. 결국 은행 문턱을 뻔질나게 드나들며 '원 포드' 비전으로 설득해 230억 달러를 빌렸다. 그 덕분에 GM보다 훨씬 빨리 위기에서 벗어났다.

포드는 2009년 3분기 9억 9,700만 달러의 영업이익을 내면서 빅3 가운데 처음으로 부활 신호탄을 쐈다. 4년 만의 흑자였다. 구성원에게 일체감을 주고, 실용적인 차를 만드는 포드의 강점을 살린 결과였다.

위기를 넘어 재기를 꿈꾸는 자동차 명가

창업자 헨리 포드의 증손자인 빌 포드 이사회 회장은 2012년 5월 22일 미국 미시간주 디어본시에 위치한 포드 본사에서 경축 행사를 열었다. 그는 이날 "타원형의 푸른색 포드 로고는 우리의 유산"이라며 "내 인생 최고의 날로 기억될 것"이라는 말로 감격한 마음을 전했다. 무슨 일이었을까? 자동차 왕국 포드가 이날 그동안 담보로 잡혔던 포드 엠블럼을 되찾은 것이다.

포드는 경영 악화로 2006년 은행에서 230억 달러를 긴급 대출받아 파산 위기를 넘겼다. 엠블럼과 미국 사업장, 알토란같이 흑자를 내던 F-150 픽업트럭 및 머스탱 스포츠카 사업을 담보로 잡혔다.

금융 채권단은 돈을 빌려주면서 3대 신용평가 회사 가운데 두 곳에서 투자 등급을 회복해야 담보를 풀어주겠다는 조건을 내걸었다. 그런데 마침내 피치와 무디스가 2012년 5월 잇따라 포드에 투자 적격 등급을 부여한 것이다. 당시 미국 1위인 GM과 크라이슬러는 투자 부적격 등급에서 벗어나지 못했다.

멀럴리가 물러난 후에는 마크 필즈가 신임 CEO로 임명됐다. 그는 포드에서만 25년 일한 '포드맨'이었다. 필즈는 멀럴리의 카리스마 경영을 이어가지 못했다. 빠르게 바뀌는 자동차 업계에 대응하지 못하고, 재임 기간 주가는 40%나 떨어질 정도로 회사가 다시 위기에 빠졌다. 필즈의 후임 짐 해킷도 회사를 위기에서 꺼내지 못했다. 오히려 위기가 악화했다. 해킷이 회사를 경영하는 사이 포드의 주가는 주당 4달러 수준까지 폭락했다. 2020년 2분기에만 19억 달러(당시 한화 약 2조 3,000억 원) 적자를 낼 정도로 상황이 좋지 않았다. 그도 3년 만에 CEO 자리를 내려놨다.

현재 포드를 이끄는 짐 팔리는 토요타 출신 경영자다. 그는 전기차의 중요성을 강조하면서 새로운 포드를 만들어나가고 있다. 기존 자동차 업체로서 성공했던 방식을 버리고 IT 업체들의 성공을 참고했다. 2030년까지 전 세계 판매량 중 40%를 전기차로 채워나갈 목표까지 세웠다.

일단 짐 팔리의 행보는 적절해 보인다. 전기차 시대로의 전환, 고부가가치 차량의 판매 등이 자동차 업계의 화두가 됐기 때문이다. 2020년 들어 차량용 반도체 대란이라는 악재까지 겹치면서 이 현상은 더욱 두드러졌다. 한 대를 팔아도 별로 남지 않는 세단은 과감히 포기하는 추세다. SUV가 강세인 점도 빼놓을 수 없다. 포드 역시 세단 라인업을 정리하고 SUV와 픽업트럭, 전기차에만 집중하는 모양새다.

짐 팔리는 전기차와 IT 기술의 밀접함을 빠르게 파악했고, 고리타분한 느낌의 포드를 빠르게 전동화하는 '포드 플러스'라는 전략을 내세웠다. 소프트웨어의 중요성을 강조하고, 국내 기업 SK온과 배터리 제작 합작 법인을 신설하며 미국에 배터리 공장만 3곳을 건설한다.

대중적인 전기차 머스탱 Mach-E와 픽업트럭 F-150 라이트닝을 데뷔시켜 성공도 거뒀다. 미국 소비자들이 가장 선호하는 세그먼트는 픽업트럭이다. 실제

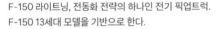

F-150 라이트닝, 전동화 전략의 하나인 전기 픽업트럭.
F-150 13세대 모델을 기반으로 한다.

로 포드가 미국에서 가장 많이 파는 차 역시 F-150이다. 전기차 초보자였던 포드는 본인들이 가장 잘 만들 수 있는 차량의 전기차를 개발했다. F-150 라이트닝은 전기차 전용 플랫폼이 적용되진 않았지만, 기존의 압도적인 크기 덕분에 대용량 배터리를 넣는 게 어렵지 않았다. 개발 비용도 줄일 수 있었다.

출시 당시 기본 트림 가격을 3만 9,974달러(당시 한화 약 4,500만 원)에 설정할 정도로 공격적인 가격 책정에 나섰다. 20만 대가 사전 예약될 만큼 폭발적인 인기였다. 포드는 2024년까지 생산 설비를 빠르게 늘려 F-150 라이트닝 연간 생산량을 16만 대까지 늘릴 예정이다.

물론 아직 남은 숙제도 산적하다. 계속 지적되는 문제인데, 아직 제대로 된 전기차 전용 플랫폼이 없다. 머스탱 Mach-E 기반이 된 GE1 플랫폼은 사실상 내연기관 플랫폼을 개량해 만든 것이다. 타 브랜드와 비교하면 전기차 라인업도 턱없이 부족하다. 빠르게 전기차 시대로 전환되는 혼란기인 지금, 포드가 자동차 업계를 호령하던 영광을 되찾을 수 있을지 사람들은 의심 어린 눈길을 주고 있다.

자율주행으로 재현하려던 모델 T의 영화

자동차 시장의 미래는 전기차와 자율주행에 있다. 2020년대 초반까지만 해도 두 가지 목표가 자동차 시장을 이끄는 양대 산맥이었지만, 2023년 현재 자율주행은 더디게 진행되고 있다. 전기차 시장 확대가 급속하게 이뤄지는 것과 대조적이다.

자율주행 등급은 비자동화인 레벨 0에서 완전 자율주행인 레벨 5로 나뉜다. 레벨 0~2는 인간이 개입해야 하고, 레벨 3부터 주행 제어와 변수 감지를 시스템이 담당한다. 레벨 3에서는 고속도로와 같은 특정 조건 구간에서 시스템이 주행을 담당하고, 위험 상황이 발생할 때만 운전자가 개입한다. 현재 자율주행은 레벨 2 수준에 머문다. 레벨 3를 적용해서 나온 차가 극히 일부 있지만, 그것마저도 제한된 조건이 따라붙는다. 연구 개발은 레벨 5 수준까지 올라갔다고 하지만, 실증과 법규 등 현실적인 문제에 부딪혀 진행 속도가 더디기만 하다. 일부에서는 회의적인 시각도 나오고 있다.

포드는 2005년부터 자율주행차 관련 기술을 개발하고 테스트해 왔다. 2016년에는 마크 필즈 대표가 스티어링 휠과 페달이 없는 완전 자율주행차를 2021년부터 대량생산하겠다는 계획을 발표했다. 레벨 2, 3단계를 건너뛰고 곧바로 4로 넘어가겠다는 포부를 내비쳤다. 실제로 2010년대 후반 리서치 조사에서 포드는 자율주행 분야 최상위 그룹으로 평가받았다. 자율주행차 개발에 필요한 실험 규모를 키우고, 연구 인력을 늘리고, 투자를 확대하고, 관련 업체와 협업하는 등 적극적으로 나섰다.

2022년 10월 포드는 갑작스레 완전 자율주행 독자 개발을 포기했다. 포드와 폭스바겐이 함께 2017년부터 투자해 왔던 자율주행 조인트벤처인 아르고 AI가 문을 닫았다. 5년 동안 투입한 비용만 36억 달러에 이른다. 아르고 AI는 기술력이 우수하다는 평가를 받았고 사업 진행도 순조로웠다. 아르고 AI의 폐업 이유는 사업성이다. 자율주행이 제대로 자리 잡고 수익을 내려면 오랜 기간이 걸린다는 것이 이유다. 약속한 2021년에 완전 자율주행차를 개발하지 못했고, 밑 빠진 독에 물 붓기가 언제 그칠지 모른다는 포드 측의 판단에 따른 결과다. 포드의 완전 자율주행 포기는 먼 미래에 돈을 쏟아붓기보다는 당장 고객에게 유익한 기술에 투자하는 것이 낫다는 전략 수정을 의미한다. 자율주행을 향한 기대치를 낮추고 현실을 직시해야 한다는 점을 시사한다.

포드는 자율주행의 고급화보다는 대중화에 초점을 맞춰 보급을 늘리는 데 목표를 뒀다. 모델 T로 자동차 대중화를 이룬 헨리 포드의 철학을 21세기 자율주행 분야에 접목한 것이다. 자율주행으로 제2의 자동차 산업혁명을 일으켜 회사의 초창기 영화를 재현하려고 했지만, 시대 상황이 달라도 너무 달랐다.

엠블럼 변천

1903~1907년

1907~1909년

1909~1911년

1911~1912년

1912~1917년

1917~1927년

1927~1957년

1957~1961년

1961~1965년

1965년~현재

1976~2003년

2000~2003년

2003~2023년

2024년

포드

아시아

자동차 시장의
새로운 원동력

세계 최대 규모의 자동차 시장은 이제 아시아다. 단순히 규모만
큰 것도 아니다. 자동차 산업의 불모지나 다름없던 한국에서 시작한
현대자동차그룹은 다른 나라의 자동차를 모방해 만들어 팔던 시절을
지나 이제 판매량 기준으로 세 손가락 안에 들어갈 만큼 성장했다.

일본은 토요타, 닛산, 혼다 같은 유명 브랜드를 보유한 곳으로 세계
최고의 자동차 회사는 다름 아닌 토요타다.(판매량 기준) 중국은
후발주자지만, 지금 가장 빠르게 성장하는 곳이다. 어느덧 미국을
제치고 세계 최대의 자동차 시장이 됐으며, 정부 도움을 등에 업고
여러 제조 회사가 각축을 벌이고 있다. 인도네시아, 베트남, 필리핀,
태국 등을 포함한 아세안 국가들은 영향력 있는 제조사가 아직
없지만, 신흥 시장으로 떠오르며 판매 규모가 고속 성장 중이다.

한·중·일 세 나라의 자동차 제조사들은 미래 친환경 기술 분야에서도
경쟁 중이다. 전기차, 수소차, 자율주행 등에서 주도권을 쟁취하려는
이들의 노력 덕분에 아시아 자동차 산업은 빠르게 성장하고 있다.
세계 자동차 업계에서 이들은 더욱 중요한 위치를 차지할 것이다.

현대
자동차

ⓗ HYUNDAI

'하면 된다'로 일군 대한민국의 신화

설립자
—
정주영

설립 연도
—
1967년 12월 29일

대표 모델
—
포니, 쏘나타, 그랜저, 아반떼, 투싼

엠블럼
—
1990년부터 회사명의 H를 형상화한 큰 틀을 유지하고 있다.
현대자동차그룹 로고와는 다르다. 기울어진 H는 자동차 회사의
속도감 있는 모습과 적극적인 자세, 미래를 향한 개방성을 상징하며
둥근 테두리는 세계로 뻗어가겠다는 의지를 표명한다.

세계로 도약하는 대한민국 명차의 자존심

2011년 하반기 필자는 내로라하는 컨설팅 회사인 일본의 맥킨지 컨설턴트로부터 국제전화를 받았다. 요즘 잘나가는 현대자동차(이하 현대차)의 경쟁력을 분석하는 프로젝트의 하나로 한국 전문가들을 인터뷰한다는 내용이었다. 토요타가 2010년 리콜 사태와 지난해 일본 대지진으로 주춤하는 사이, 현대차가 약진하며 생긴 엄청난 자동차 업계의 변화를 실감할 수 있었다.

2007~08년 일본에서 토요타 생산방식을 공부할 때와는 영 딴판이다. 당시만 해도 일본 재계에서 한국에 관한 관심사는 소니를 꺾은 세계 1위 IT 기업 삼성전자뿐이었다. 현대차만 해도 일본 토요타와 견줄 상대는커녕 닛산, 혼다도 따라가기 벅찬 상대로 여겼다. 그런데 2009년 미국발 금융위기 여파로 미국 빅3(GM, 포드, 크라이슬러)가 잇따라 넘어지고 선진국 시장 규모가 30% 이상 쪼그라들었다. 요즘 자동차 업계를 표현한다면 '강한 자가 살아남는 것이 아니라 살아남는 자가

포드와 기술제휴로 생산한 코티나,
현대자동차가 최초로 만든 차량이다.

강한 자'라는 말이 딱 맞을 듯하다. 현대차는 여러 어려움에도 불구하고 글로벌 빅5로 살아남았고, 2022년과 2023년에는 판매량 기준 빅3로 올라서며 업계의 강자가 됐다.

자동차 담당 기자로서 10년 넘게 일하는 동안 서울 양재동 현대자동차그룹 본사는 집과 같은 곳이었다. 일주일에 서너 번은 꼭 들렀다. 지금이나 예전이나 항상 갈 때마다 활기가 느껴진다. 직원들은 언제나 심각한 표정으로 바쁘게 종종걸음이다. 일본 토요타 공장에서 작업자들이 숨 가쁘게 일손을 놀리는 것과 비슷한 분위기다. 하지만 침묵 속에 주어진 일만 하는 토요타 사무실과 대조적이다.

대신 지금까지 수십 번 찾은 현대차 공장은 여유가 넘쳐난다. 수년째 같은 차를 생산하면서도 작업자 수는 '전과 동(同)'이다. 때로는 신문을 보기도 하고 여름에는 아이스바를 먹고 라인에서 잡담을 나누는 것도 다반사다. 토요타는 한 달에 한 번씩 판매량과 공정 숙련도에 따라 작업자 수를 줄여 새로운 신차 라인에 투입하는 이른바 전환 배치를 한다. 현대차 조립라인에 여유가 있는 것은 인력 투입에 노조가 권한을 갖고 있어 사실상 전환 배치가 불가능해서다. 현대차의 어떤 공장장(사장 또는 부회장급)도 여태껏 전환 배치를 해결하지 못하고 그만두곤 했다.

현대차의 시작은 1960년대 박정희 전 대통령의 경제개발 5개년 계획과 맞물려 있다. 일본의 경제 부흥을 벤치마킹해 만든 경제개발 5개년 계획은 경공업에서 석유화학, 자동차, 조선으로 이어지는 중화학공업 육성이 목표였다. 이런 계획을 뒷받침하려고 경부고속도로를 비롯한 기간산업 투자가 활성화됐다. 도로망 확충과 물동량 증가는 자동차 산업을 태동하게 한 요소였다.

1967년, 정주영 현대건설 회장은 현대자동차를 설립했다. 이미 1950년대 미군 트럭을 고치던 정비 공장을 운영해 자동차 산업에 대한 감은 누구보다 탁월했다. 현대차는 처음에 정 회장의 동생이자 '포니 정'으로 유명한 정세영 씨가 맡았다.

포드와 기술을 제휴하고 이듬해 중형 세단 코티나를 조립 생산했다. 1970년대 초, 한국 자동차 시장의 가능성을 본 포드와 미쓰비시는 현대차에 지분 참여를 제의했다. 하지만 정 회장은 일언지하에 거절했다. 합작하면 기술 자립이 어려울

현대자동차 최초의 독자 모델, 포니.
출시 당시 국내에서 엄청난 인기를
얻었다.

뿐 아니라 수출 길이 막힌다고 봤기 때문이다. 기막힌 안목이었다. 그러자 포드는 현대차와의 기술제휴를 단절했다. 회사를 설립할 때부터 정 회장은 기술 자립으로 독자 브랜드를 수출하겠다는 집념이 강했다. 내수만으로 글로벌 메이커로 성장하기 어렵다고 본 것이다. 일본에서 토요타, 닛산에 밀린 미쓰비시는 합작 제안이 거절당하자 현대차에 건건이 로열티를 받고 기술을 이전했다. 1990년대 초까지 약 18년간 현대차의 영업이익이 1,000억 원 수준일 때 매년 로열티만 500억 원이 나갔을 정도다.

비슷한 시기에 말레이시아 정부도 미쓰비시와 합작한 프로톤 자동차를 설립해 주력 사업으로 육성했다. 첫걸음은 자원이 풍부한 말레이시아가 앞섰다. 하지만 결과는 현대차의 압승이었다. 프로톤은 여전히 독자 기술이 없어 미쓰비시 차체를 이용해 신차를 개발할 뿐 수출시장에 나서지 못하는 군소업체에 그쳤다. 기술 자립이 성패를 가른 셈이다.

현대차의 기술 독립 의지는 1976년 독자 모델 '포니'로 결실을 본다. 독립이 아닌 독자 모델은 무얼까. 엔진과 차체에 미쓰비시 것을 썼지만, 디자인은 이탈리아 조르제토 주지아로가, 차체 설계는 현대차가 맡았다. 미쓰비시의 간섭 없이 수출 길이 열린 셈이다. 포니는 그해 7월 에콰도르에 수출되면서 국산 첫 수출차로 기록됐다.

필자는 현대차의 발전을 기술 구축 5단계로 분석한다. 1970년은 포드·미쓰비시로부터 기술을 습득한 단계, 1980년대는 모방 단계, 1990년대는 기술 독립 단계, 2000년대 초중반은 기술혁신 단계, 2010년대는 기술의 해외 이전 단계다.

이처럼 기술 습득부터 독립, 이전을 동시대(약 30~40년)에 구축한 경우는 세계적으로도 유례가 없다. 현대차에 재직하거나 퇴직한 60세 전후를 보자. 1970년대 중반 입사해 미쓰비시로부터 기술을 배워 모방 차를 만들었다. 이어 기술 자립에 성공해 수출에 나서고, 기술혁신을 이뤄 해외 이전까지 했다. 이 모든 노하우가 한 사람에 녹아든 것이다. 이런 압축 성장이 전 세계에서 신화를 만들어내는 현대차만의 '빨리빨리 스피드 경영'의 저력이 됐다.

기술 자립의 방점은 1995년 아시아 최대 규모의 남양기술연구소 준공이다. 현대차는 탄탄한 기술 기반 위에 2000년대 기술혁신에 나서 엔진을 수출하고, 해외 생산 기지 확보에 박차를 가한다. 현대기아차는 2001년 이후 해외 생산 기지 확충에 나섰다. 2014년 상반기에 러시아와 브라질 공장을 포함해 해외에 연산 400만 대 규모의 생산 기지를 확보했다. 100년이 넘는 자동차 역사상 가장 단기간에 400만 대 규모의 해외 생산 기지를 구축한 자동차 업체가 됐다. 국내와 합치면 760만 대로 토요타, GM, 폭스바겐에 이어 세계 3~4위권으로 발돋움했다.

현대차가 글로벌로 도약할 수 있었던 밑거름은 1998년 기아 인수에 있다. 기아는 현대차의 차체와 엔진을 모두 공유하면서 디자인으로만 차별화한다. 현대차의 빈틈을 받치는 서브 브랜드로 한 해 판매량만 약 308만 대(2023년 기준)를 더해줘 규모의 경제 효과를 일궈냈다.

티뷰론, 베타 엔진을 얹은 스포츠 쿠페.
베타 엔진은 현대자동차가 설계부터 제작까지
독자적으로 진행한 엔진이다.

정몽구 회장 시절의 비약적인 발전

현대차의 영광은 창업자 정주영 명예회장의 장남인 정몽구 현대기아차 회장 때 꽃을 피웠다. 정 회장은 손이 정말 크고 두텁다. 악수를 여러 번 해봤지만, 그때 마다 위압감을 느낄 정도였다. 그가 현대차를 맡고 승승장구한 데는 경영 능력 이 외에 미래를 내다보는 선견지명이 적중한 경우가 많았다. 운도 많이 따른 셈이다. 필자는 정 회장과 출국 직전 공항에서 인터뷰하는 등 10여 차례 넘게 대화를 나눈 경험이 있다.

정 회장은 1980, 90년대 현대정공과 현대차서비스를 경영하며 자동차 공부 를 했다. 특히 서비스를 담당하면서 현대차의 품질 문제를 누구보다 정확히 파악 했다. 출고한 지 석 달도 안 된 신차가 사소한 결함으로 공장에 들어오는 모습과 잔뜩 화가 난 소비자의 거친 불만도 지켜봤다.

현대차 SUV 계보의 맏형, 갤로퍼.
미쓰비시 파제로 1세대를 라이선스 생산한 차량이다.

현대정공은 1990년대 초 미쓰비시와의 기술제휴로 갤로퍼(미쓰비시 파제로)와 쌴타모를 생산했다. 당시 미쓰비시는 로열티 이외에 기술 지도 명목으로 매년 수십억 원을 가져갔다. 겨우 적자를 면하던 시절, 피땀 같은 현금을 뜯기며 기술이 없는 설움을 톡톡히 경험했다. 품질·기술이 있어야 이익을 낼 수 있다는 것을 체득한 셈이다.

현대차의 재도약은 1999년 정몽구 회장의 등장으로 시작했다. 정 회장은 현대차를 맡자마자 그동안 문제점으로 지적됐던 품질 개선에 혁신을 일궈냈다. 수시로 울산·아산 공장을 방문해 도어·보닛을 거세게 닫아봤다. 이런 과정에서 나사가 튀어나오거나 조립 틈새가 보이면 공장장들은 그 자리에서 목이 달아났다. 현대차의 공장장(부사장급 이상) 가운데 1년도 안 돼 잘린 경우가 수두룩했다. 아울러 한 달에 두 번씩 열리는 품질 회의에서 구매·재경·판매 등을 전사 책임으로 만들었다. 사소한 원인이라도 추적해 수시로 본부장 옷을 벗겼다. 조직에 절로 긴장감이 돌았다.

퇴직한 전직 사장은 "임원이 되면 언제 잘릴지 몰라 오전 6시에 출근해 업무를 챙기다 보면 하루가 후딱 지나갔다. 22층(회장실)에서 호출이 오면 잘릴 것을 각오하고 엘리베이터를 탔다. 이런 긴장감이 품질 문제를 해결했다."라고 말했다. 그 결과 품질은 급속도로 개선됐고, 즉각 미국 시장에서 효과가 나타났다. 정 회장은 이어 미국 시장 타개책으로 준비했던 '10년-10만 마일' 무상 보증(워런티)을 발표했다. 바닥권이었던 미국 자동차 조사 업체 JD파워의 신차 품질 성적이 2001년에 쑥 올라갔다. 2009년에는 일반 브랜드 순위에서 토요타를 제치고 정상급으로 도약했다.

2000년 초만 해도 현대기아차에 대한 이미지는 싼 가격에 타는 '저가형 차' 정도였다. 일본 요코하마국립대 조두섭 교수(경영)는 "1970년대 미쓰비시 자동차로부터 기술을 배웠던 현대차가 불과 40년 만에 세계 최대 규모의 해외 생산 기지를 구축한 것은 자동차뿐 아니라 다른 산업사에서도 찾아보기 어려운 대단한 업적"이라고 평가했다. 실제로 현대차와 기아차의 주력 차종들은 세계 곳곳을 누비는 명차 반열에 이름을 올리고 있다. 세계가 인정하는 품질과 철저한 사후 관리로 국내외 평가가 좋다. 이로 인해 세계 자동차 업계의 지도가 바뀌고 있다. 기존 거대 자동차 기업들의 위기는 자동차 시장의 경쟁 구도에 변혁을 불러왔다.

현대차가 글로벌 경제 위기 속에서 빼어난 실적을 낸 이유는 빠른 의사결정과 선제적 대응 덕분이다. 현대차는 2009년 초에 미국 자동차 시장이 급감하자 신차를 구매한 이후 퇴직하는 경우, 차량을 되사주는 실직자 보상(어슈어런스) 프로그램을 내놨다. 아울러 미국 빅3가 경영 위기로 광고를 줄이는 사이, 시청률이 가장 높은 슈퍼볼 경기에 TV 광고를 내보내며 인지도를 높였다. 그 결과 '마(魔)의 벽'으로 여겨지던 미국 내 연간 50만 대 판매를 달성했다.

아울러 정 회장의 공격적인 판단도 주효했다. "판매 침체로 재고가 쌓이면 부품업체까지 줄도산할 수 있다."라며 전 세계 시장에서 인센티브를 늘려 무조건 재고 차량을 소진하라는 특명을 내렸다. 일본 업체들이 판매 급감에 엔고(円高)까지

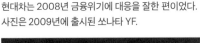

현대차는 2008년 금융위기에 대응을 잘한 편이었다.
사진은 2009년에 출시된 쏘나타 YF.

겹쳐 우왕좌왕하는 사이 현대차는 공격적인 마케팅 및 판매 전략을 연이어 내놓으면서 재고를 털고 신차를 공격적으로 내놓는 선순환 구조를 만들었다. 여기에 한국 정부가 노후차 구입 세제 혜택을 주면서 현대차를 도운 것도 큰 힘이 됐다.

당시 현대차 회사 내부에서는 '양재동에 태양이 두 개'라는 말이 가장 두려웠다고 한다. 사장단 가운데 언론에 좋은 칭찬이 나온 후 얼마 있다가 해고된 경우가 여럿이다. 한눈팔지 말고 업무만 잘하라는 주문이었다.

정 회장은 임원들에게 '해가 지지 않는 나라' 19세기 대영제국 이야기를 자주 한다. 그의 꿈이 바로 '해가 지지 않는 왕국(생산 기지)' 건설이다. 2000년 이후 그의 머릿속에는 늘 해외 진출로 가득하다. 2014년에는 러시아·브라질 공장과 현대·기아 중국 3공장을 포함해 8개국에 연산 450만 대의 생산 기지를 확보했다.

정 회장은 늘 오전 6시 반에 출근했다. 토요일도 빠짐없이 나왔다. 현대제철 고로를 짓고 있던 2010년에는 토요일 헬기를 타고 당진 현장을 20여 차례나 다녀오곤 했다. 현안이 있으면 새벽 5시에도 부회장이나 사장에게 직접 전화를 걸었다. 업무 보고 도중 프로젝터 전등이 꺼지거나 공장에서 자동차 보닛을 잘 열지 못한 임원은 즉각 해임하는 등 연중 불시 인사를 단행했다. 그러다 보니 현대차 간부들은 늦어도 7시 전에 출근해야 했다. 전무급 이상은 통상 6시 20분까지는 출근해 회장이 찾으면 즉각 보고해야 할 정도였다. 2011년 하반기 토요일 출근을 자제하라는 지시가 있었지만 6개월 만에 사라졌다. 이런 긴장감이 현대차식 스피드 경영과 '하면 된다'라는 공격적인 기업 문화를 만든 배경이다.

전기차 시대, 패스트 팔로워에서 퍼스트 무버로

전기차 시대는 자동차 파워트레인 변화라는 방향 전환 외에 경쟁의 초기화라는 중대한 전환점이 됐다. 전기차는 내연기관과 비교해 부품 수가 30% 정도 적고 제작 난도가 높지 않다. 핵심 부품인 전기모터나 배터리는 평준화돼 있어서 차별화 요소로 삼기에는 부족하다. 내연기관 자동차 회사를 새로 세우려면 진입 장벽이 높았으나, 전기차 회사를 세우기는 상대적으로 쉽다. 테슬라 같은 메이저 자동차 회사의 등장은 내연기관 시대에 상상할 수도 없는 일이다. 테슬라 외에도 수많은 전기차 회사가 생겨났다.

기존 내연기관 자동차 사이에도 경쟁 질서가 파괴됐다. 전통적인 서열이 무너지고, 후발주자가 선두주자를 앞지를 기회가 생겼다. 장거리 달리기 경주에서 순위가 어느 정도 형성된 채로 달리고 있는데, 경기를 중단하고 출발선에서 다시 달리는 상황과 비슷하다. 좀 더 쉬운 규칙을 적용해 실력이 우수한 선수나 그렇지 못한 선수나 간격을 확 벌리기가 어려워졌다. 실력이 우수한 선수야 하던 가닥이 있어서 잘하겠지만, 실력이 떨어지는 선수도 앞서나갈 가능성이 커졌다.

이런 전기차 시대에 가장 큰 혜택을 본 업체로 현대자동차그룹이 꼽힌다. 현대자동차그룹은 그동안 양적으로나 질적으로나 괄목할 만한 성장을 이뤘지만, 여

아이오닉 5, 준중형 전기 SUV로
2022년 북미 올해의 차로 선정됐다.

전히 후발주자 꼬리표를 떼지는 못했다. 가성비 높은 차를 만드는 대중차 회사이고, 기술 면에서는 전통 강자와 비교해 떨어진다는 평을 받는다. 선두 업체를 빠르게 따라 하는 패스트 팔로워의 한계를 벗어나지 못했다.

전기차 시대를 맞이해 패스트 팔로워인 현대자동차그룹에 기회가 찾아왔다. 원점에서 경쟁을 시작하니 선두로 치고 나갈 절호의 기회가 생겼다. 때마침 현대자동차그룹은 한창 체질 개선을 진행하던 중이다.

현대자동차그룹의 체질 개선은 정의선 회장이 기아 대표이사를 맡던 시절로 거슬러 올라간다. 스타 디자이너인 피터 슈라이어를 2006년에 영입한 이래 해외 주요 업체에서 인재들을 데려왔다. BMW에서 고성능 자동차를 담당하던 알버트 비어만, 람보르기니 디자이너 루크 동커볼케를 비롯해 다양한 분야에서 이름 있는 인재를 영입했다. 영입한 인재들이 능력을 발휘하면서 제품 수준도 올라가고 브랜드 역량 또한 커졌다.

EV6, 기아의 쿠페형 전기 SUV로 2023년 북미
올해의 차 SUV 부문에 선정됐다. 사진은 2024년형.

체질 개선 효과가 전기차와 맞물리면서 현대자동차그룹은 전기차 시장에서 선두로 치고 나갔다. 전기차 전용 E-GMP 플랫폼을 개발해 생산 효율성을 높이는 등 전기차 시대에 맞는 전략을 이어가고 있다. 현대 아이오닉 5는 전 세계에서 호평받고, 기아 EV6도 긍정적인 평가가 이어졌다. 현대차는 2026년 94만 대, 2030년까지 200만 대, 기아차는 2026년 100만 5,000대, 2030년 160만 대 전기차 생산을 제시한다.

현대자동차그룹은 2021년 전 세계에 21만 대 넘는 전기차를 팔아 테슬라, SAIC, 폭스바겐 그룹, BYD에 이어 글로벌 5위에 올랐다. 내로라하는 주요 자동차 업체를 제치고 5위권에 이름을 올렸다. 2020년만 해도 5위권 밖이었으나 아이오닉 5와 EV6가 인기를 끌면서 순위에 올랐다. 현대자동차그룹은 2022년에도 꾸준한 성장세를 기록하며 퍼스트 무버의 역량을 보여줬지만, 순위는 7위로 밀려났다. 2021년과 비교해 지리와 르노닛산이 끼어들면서 순위가 내려앉은 것이다.

퍼스트 무버로서 면모를 보여줬지만 입지를 다지기도 전에 전열을 가다듬은

엠블럼 변천 ────────────────────────────

1969~1970년

1970~1978년

1974~1992년

1980~1992년

1990~2003년

2003~현재

기존 전기차 회사들의 반격이 거세지면서 현대자동차그룹도 주춤하고 있다. 모처럼 퍼스트 무버로 치고 나갈 기회를 잡았지만, 전망이 밝지만은 않다. 장밋빛 전망이 넘쳐나던 전기차 시장이 2023년 들어 침체에 빠져들었다. 제조사들도 전망을 하향 조정하고 각종 프로젝트를 연기하거나 취소하고 있다. 현대자동차그룹은 전기차 판매 속도 둔화에도 중장기 전략과 판매 목표를 수정하지 않고 밀고 나가겠다는 입장이지만, 전략 수정이 불가피해 보인다. 현대자동차그룹이 패스트 팔로워에서 퍼스트 무버가 될 기회를 잘 살릴 수 있을지는 좀 더 두고 봐야 하지만, 기회를 활용할 역량을 그동안 키운 것은 분명 사실이다.

예상을 뒤엎은 단기간의 성공, 제네시스

2010년대 이후 자동차 시장에서 꾸준하게 이어지는 트렌드는 고급화다. 대중차 구매층이 더 높은 만족도를 얻고 싶어서 고급차 시장으로 이동하는 현상이 두드러진다. 남과 다른 차를 타겠다는 욕구가 커지면서 상대적으로 희소한 분야인 고급차 시장으로 눈을 돌린다. 시장 확대를 위해 고급차 시장 공략이 필수가 되면서, 대중차 회사가 브랜드 고급화에 나서거나 아예 고급 브랜드를 출범하기도 한다.

1980년대 말부터 일본 자동차 회사를 중심으로 고급 브랜드 출범이 붐을 이뤘다. 토요타 렉서스, 혼다 아큐라, 닛산 인피니티 등 대중차 회사에서 만든 고급차 브랜드가 새로 생겼다. 결과가 다 좋지만은 않다. 이 중에서 그나마 성공했다는 평을 받는 브랜드는 렉서스다. 아큐라와 인피니티는 인지도가 낮고, 고급차 브랜드다운 활동을 펼치지 못하고 있다. 렉서스 역시 자리는 잡았지만, 정통 고급차 브랜드인 독일 3사와 대등한 수준에는 이르지 못했다는 평가를 받는다. 고급차는 품질, 기능, 가격 외에도 브랜드 인지도를 비롯해 전통과 권위 등 충족해야 할 요건이 많다. 후발주자로 뛰어든 대중차 회사의 고급 브랜드가 쉽사리 성공해서 시장에 안착하기가 쉽지 않다.

현대차는 일본 회사보다 한참 늦은 2015년에 독립 브랜드인 제네시스를 출범했다. 사전 작업은 2004년 제네시스의 초기 기획을 하면서 시작됐다. 2008년 첫 번째 후륜구동 세단 제네시스가 탄생했다.(이때는 현대차의 여러 모델 중 하나였다.) 현대차는 제네시스를 BMW와 벤츠의 반열에 올려놓겠다는 중장기 비전 아래에서 개발했다.

제네시스는 2009년 국산차로는 처음으로 '북미 올해의 차'에 선정됐다. 2013년 12월, 현대차는 2세대 제네시스를 출시했다. 소위 잘나가는 수입차 3인방 'BMW 5시리즈, 벤츠 E-클래스, 아우디 A6'를 잡기 위해서였다. 신형 제네시스는 첨단 장비로 무장하고 세계 최고 수준의 고장력 강판을 내세웠다. 성능이나 디자인, 어떤 것을 경쟁 수입차와 견줘봐도 뒤질 게 없었다. 아쉬운 점은 '현대차다운' 것이 빠졌다는 점이다. BMW, 벤츠와 비슷하게 흉내를 냈다는 점이다. 현대만

제네시스 G90, 초기 우려와 달리 자신만의 디자인
언어를 확립 중이다.

의 것을 고집하는 유전자가 보이지 않았다. '현대다운' DNA가 없이 프리미엄 시장의 강자가 될 수는 없다.

제네시스 브랜드 초창기에는 라인업도 미비하고 특색도 옅었다. 차종은 독립 브랜드 출범 전 나온 제네시스 세단이 유일했다. 2015년 말 출시된 에쿠스 후속 EQ900이 제네시스 브랜드로 들어가면서 차종은 둘로 늘었다. 2017년 준중형 세단 G70이 나오면서, 준중형-중형-대형으로 이어지는 세단 라인업이 완성됐다. 당시 육각형 그릴을 필두로 해 패밀리룩을 형성했지만 제네시스다운 특색이라고 하기에는 부족했다.

역시 고급차 브랜드는 아무나 하는 게 아니라는 평이 나왔지만, 얼마 지나지 않아 반전이 일어났다. 2018년 11월 EQ900 페이스리프트 모델(G90으로 이름 변경)을 제네시스의 새로운 디자인 언어를 적용해 선보였다. 헤드램프와 테일램프를 가느다란 두 줄로 구현한 쿼드램프, 커다란 크레스트 그릴 등을 이용해 제네시스만의 독창적인 특징을 잘 표현했다. 이후 2020년에만 준대형 SUV GV80, G80 3세대, G70 페이스리프트, 중형 SUV GV70이 연달아 나오면서 단기간에 디자인 정체성을 확립하고 인지도를 높였다.

2023년 8월 제네시스 판매량은 출범 8년 만에 100만 대를 넘겼다. 국내에서는 유일한 고급차 브랜드로 외국 고급차를 대체할 대안으로 인정받는다. 해외에서는 좋은 평가를 받으며 인지도를 높여가고 있다. 정통 고급차 브랜드와 비교하면 아직 미비하지만, 단기간에 고급차 브랜드의 위상을 확립한 점은 자동차 업계에서 이례적인 일로 평가받는다.

기아

자전거 부품 제조 공장에서
굴지의 자동차 회사로

설립자

김철호

설립 연도

1944년 12월 11일

대표 모델

쏘렌토, 카니발, 스포티지, K5, K9

엠블럼

1944년 이래 2024년 현재까지 여섯 차례 디자인을 바꿨다.
지금 엠블럼은 회사명 KIA를 바탕으로 형상화한 것이다.
기존 엠블럼에서 원 모양을 제거하고, 로고를 시대에 맞게 다듬었다.
이런 변화에는 균형·리듬·상승이라는 의미가 있으며
변화와 혁신을 선도하겠다는 기아의 결의가 담겨 있다.

'기어'(gear)에서 유래한 기아
이름에 드러나는 기술 지향 주의

여러 자동차 회사의 시초는 탈것 제조사였다. BMW는 항공기 엔진 제조사였고, 지금은 사라진 사브가 비행기를 만들던 회사였다. 혼다는 모터사이클에서 시작했고, 푸조도 초창기에 자전거를 만들었다. 탈것이라는 공통점에 기반해 사업 분야를 자동차로 전환한 예는 종종 볼 수 있다.

기아 역시 자전거에서 시작한 회사다. 1944년 창업주 김철호가 세운 자전거 부품 제조 공장인 경성정공이 기아의 출발점이다. 국산차 제조사의 역사가 짧다는 선입견이 퍼져 있는데, 자동차 회사 설립 이전까지 거슬러 올라가면 기아의 역사는 2024년 기준 80년이나 된다. '기아'라는 이름은 경성정공이 1952년 기아산업으로 이름을 바꾸면서 등장했다. 기아산업은 최초의 국산 자전거 3000리호를 출시했다. 이후 자동차와 자전거 사업을 분리하면서 자전거 부문은 삼천리자전거가 됐다. 자전거를 생산하던 기아산업은 1962년 자동차 산업에 뛰어들었다.

'기아'(起亞)라는 이름에 담긴 뜻은 흥미롭다. 일어날 기(起) 자에 아시아를 뜻하는 버금 아(亞) 자를 붙여 '아시아에서 일어서다.'라는 뜻을 담았다. 아시아에서 세계로 뻗어가는 회사라고 해석할 수 있으니 당시로서는 꽤 큰 포부를 세운 셈

브리사는 세단과 픽업트럭으로 출시돼 인기가 많았으나 1981년 당시 군부에 의해 강제 단종됐다.

이다. 기아라는 이름은 자동차 산업의 토대인 '기어'(gear)의 발음을 한자로 표현한 것이다. 자동차 생산 전에 지은 이름인데도, 역동성과 기술을 중시하는 심오한 뜻이 있다. 기술자 출신 창업주가 세운 회사에 잘 들어맞는 이름이기도 하다.

기아산업이 처음 만든 차는 1962년에 나온 K-360이다. 일본 동양공업(現 마쓰다)과 제휴해서 만든 대한민국 최초의 삼륜차다. 길이는 2,980mm로 3m가 채 되지 않았고, 11마력을 내는 공랭식 2기통 엔진을 얹었다. 전체 무게는 485kg이고 적재량은 300kg으로 연비가 좋고 실용성이 뛰어나 소량 화물 운송용으로 주목받았다. K-360은 자동차가 대중화되지 않았던 시절에 등장해 화물차 시대를 여는 기반을 다졌다.

기아의 첫 승용차는 1974년 선보인 브리사다. 마쓰다 파밀리아에 기반해 탄생한 브리사는 출시 이듬해인 1975년 1만 757대나 팔리는 큰 인기를 끌었다. 당시 승용차 판매량의 절반이 넘는 판매 대수였으니 인기가 어느 정도인지 짐작할

봉고 타운. 봉고는 우리나라에서 소형 승합차를
'봉고차'라고 부르게 된 계기가 됐다.

수 있다. 브리사는 도입 후 2년 정도 지난 후 국산화율 90%를 달성하기도 했다.

기아 역사에서 빼놓을 수 없는 차는 승합차 봉고다. 1980년 트럭으로 선보였고, 1년 후 사람을 태울 목적으로 만든 원박스카 타입의 12인승 승합차 봉고 코치와 3인승 밴이 나왔다. 봉고는 1만~2만 대씩 팔리며 선풍적인 인기를 끌었다.

당시는 삼대 이상이 함께 사는 대가족이 많았고, 경제 발전으로 나들이 문화가 퍼지던 시점이었다. 게다가 자영업자나 중소기업은 적절한 비용으로 운용할 업무용 차가 필요했다. 봉고는 당시 시장의 요구를 잘 파악해 성공한 사례로 꼽힌다. 봉고의 대히트 뒤에는 암흑과도 같은 당시 역사가 깔려 있다. 신군부의 자동차 공업 합리화 조치로 기아는 트럭만 만들고 승용차를 생산하지 못했다. 최악의 상황에서 나온 모델이 봉고였고, 기아는 위기를 기회로 삼아 다시 일어섰다.

기아는 도전 정신이 강한 회사로 인식된다. 자동차 회사로서 새로운 모델을 개척하는 데 적극적이어서 다른 회사가 개발하지 않는 차를 꾸준히 내놓는다. 영국 자동차 회사 로터스의 생산라인과 설계를 들여와 만든 엘란(1996)은 국내 유일의 컨버터블 스포츠카였다. 슈마(1997)는 4등식 헤드램프와 테라스 해치백 형태를 적용한 파격적인 모습으로 등장했다. 1세대 스포티지(1993)는 전 세계를 통틀어 도심형 SUV의 시초로 인정받는다. 쏘울(2008)은 경쟁 모델을 제치고 미국 박스카 시장을 장악했다. 스팅어(2017)는 국산 4도어 쿠페형 세단 시장을 개척했다. 미니밴 카니발(1998)과 경형 박스카 레이(2011), 5도어 쿠페형 해치백 K3 GT(2018)는 여전히 국산 경쟁차가 없는 유일한 모델로 시장을 지키고 있다. EV9(2023)은 대중차 중에서 찾아보기 힘든 대형급 7인승 SUV여서 전 세계에서 호평이 잇따른다.

기술의 기아에서 디자인의 기아로

기아의 역사를 보면, 다른 자동차 회사가 시도하지 않는 차를 만들거나 틈새를 개척하는 등 도전 정신이 돋보인다. 특히 기술적인 면에서 앞서나갔다. 1980년대 후반 자동차 공업 합리화 조치가 풀리면서 기아는 본격적으로 다양한 차를 만들었는데, 그때부터 '기술의 기아'라는 정체성을 확립해 나간다. 중형 세단 콩코드(1987)는 가속 성능이 우수해서 고속도로의 제왕이라고 불렸고, 세피아(1992)는 차체까지 독자 개발해 진정한 최초의 국산 고유 모델로 인정받았다. 스포츠카 회사 로터스에서 엘란 모델 판권을 사와 국내에서 생산한 것도 기술 지향적인 회사 분위기와 무관하지 않다.

정체성 강한 기아는 1998년 현대차에 인수되면서 특색을 잃어버렸다. 현대차 모델의 배지만 갈아 끼워 파는 차로 취급받았고, 파워트레인을 공유하다 보니 성능에서 차별화되는 부분도 없었다. '형님(현대차)보다 나은 동생(기아)은 없다.'라는 현대기아차 내부 분위기가 제품에 그대로 드러나서, 시장에서 기아는 현대차보다 못한 아류라는 인식이 널리 퍼졌다.

———→

엘란. 영국 로터스의 로드스터 차량을
들여와 1996년에 생산했다.

2000년대 중반까지만 해도 시장에서 '가격이 싸고 AS가 그나마 수월해서 어쩔 수 없이 산다.'라는 시각으로 국산차를 바라봤다. 기아를 바라보는 시각도 마찬가지였다. 기아가 이런 무난하고 싼 대중차라는 이미지를 벗어버리는 계기가 찾아오는데, 2000년대 중반 시작한 디자인 경영이다. 2000년대 중반 이후 피터 슈라이어 같은 해외 인재를 영입해 과감하게 디자인을 바꾸는 작업을 시도했고, 큰 성과를 거뒀다. 당시 정의선 기아 사장이 슈라이어 영입에 직접 나섰을 정도로 디자인 경영에 공을 들였다.

피터 슈라이어는 이전 디자인을 싹 갈아엎어 호랑이 코 그릴을 적용하고, 직선의 단순화를 실현해 기아차만의 디자인 정체성을 확립했다. 디자인 수준을 대폭 올린 것이다. 국산차 브랜드 중에서는 기아가 일관되게 확고한 디자인을 보여주고, 가장 세련되며 앞선 디자인이라는 평가를 받는다.

대중차는 정체성보다는 판매를 늘리는 데 초점을 맞추므로, 세대교체를 할

K5 1세대.
기아 패밀리룩의 기준이 된 자동차다.

때마다 트렌드에 맞춰 디자인도 완전히 바꾸는 경향이 강하다. 모델마다 디자인도 제각각이다. 이와 달리 고급차 브랜드는 정체성을 중요시해서 라인업 전체를 관통하는 통일된 디자인을 추구한다. 기아는 대중차 회사인데도 패밀리룩을 추구해 브랜드 전체의 디자인을 통일했다. 세대를 거듭할수록 디자인이 숙성되고 완성도가 높아지면서 기아 브랜드의 고유한 이미지가 형성됐다. '디자인 기아'라는 말이 자연스러울 정도로 디자인을 중시하는 회사라는 인식이 생겨났다.

디자인이 좋으니 제품은 물론 브랜드 이미지도 개선됐다. 한집안 형님인 현대차보다 늘 뒤처진다는 소리를 듣던 기아는 이제 디자인 분야에서 형님보다 낫다는 평가를 받는다. 판매에서도 현대차와 격차를 줄여가고 있다. 단순히 디자인이라는 껍데기만 보기 좋아서 얻은 결과는 아니다. 상품성과 완성도가 높아졌고 기술도 발달하는 등 다양한 부문에서 개선을 이룬 덕분이다. 당연하게도 변화의 시작점은 디자인 경영이다. 기아는 2000년대 무색무취에 그저 그런 대중차에서 탈피하는 결정적 계기를 디자인에서 찾았고, 체질을 개선하는 성과를 얻었다.

전기차 시대, 형보다 나은 아우를 꿈꾸며

현대자동차그룹은 전기차 시대를 맞이해 패스트 팔로워에서 퍼스트 무버로 체질을 개선하며 자동차 시장에서 입지 전환을 노리고 있다. E-GMP라는 전기차 전용 플랫폼을 만들고 다양한 신차를 내놓으며 주도권을 잡으려 공을 들이는 중이다. 치열한 전기차 경쟁 구도에서 선두 그룹을 유지한다는 평가가 나올 정도로 선방하고 있다.

현대차와 기아는 전기차 부문에서 비슷하면서도 다른 전략을 추구한다. 현대차와 기아의 전기차가 겹치는 부분은 준중형 CUV(현대 아이오닉 5, 기아 EV6), 소형 SUV(코나, 니로), 소형 트럭(현대 포터 II, 기아 봉고3)이다. 이들 외에 전기차는 현대차 중형 세단 아이오닉 6, 기아 경차 레이 EV와 대형 SUV EV9이다. 주력 세그먼트에는 두 회사가 함께 들어가고 나머지는 서로 분담해서 공략하는 듯하지만, 잘 살펴보면 기아가 총대를 메고 선발대로 나선 형국이다.

중형 세단은 익숙하고 보편적인 세그먼트여서 전기차 분야에서도 소비자 저항이 덜하다. 하지만 경차는 가격이나 주행거리에서 전기차의 장점을 살리기가 쉽지 않고, 대형 SUV는 시장이 상대적으로 작고 대중성이 떨어져서 전기차로 구현하기에는 이른 분야다. 이런 이유로 현대차가 안전한 세그먼트에 먼저 발을 들이면, 기아는 실험적인 분야에서 테스트를 진행한다. 실제 모델 출시 현황을 보면, 이 같은 전략을 확인할 수 있다. 기아가 고성능 모델 EV6를 내놓은 후에 현대자동차는 아이오닉 5N을 선보였고, 기아 레이 EV에 이어 현대 캐스퍼 전기차가 나올 예정이다. 기아 EV9 급으로는 현대 아이오닉 7이 출시를 앞두고 있다.

그룹 내부의 전략이든 아니든 기아가 전기차 분야에서도 도전적으로 나서는 모습은 부인할 수 없다. 전기차 분야에서 기아의 도전은 사실 과거부터 이어져 왔다. 우리나라 최초의 전기차는 기아에서 나왔다. 1986년 아시안게임과 1988년 서울올림픽 마라톤의 선도차와 중계차로 쓰기 위해 베스타를 개조해 전기차로 만든 적이 있다. 1991년에는 프라이드 전기차의 형식 승인을 받았고, 1993년에 대전 엑스포에서 양산형을 공개했다. 이때 퍼포먼스에 중점을 둔 세피아 전기차와 행사장 VIP 수송용으로 베스타 전기차도 함께 선보였다.

2011년에는 일반 소비자도 살 수 있는 첫 양산 전기차인 레이 EV를 출시했다. (2010년 현대차가 전기차 블루온을 내놓았지만, 관공서에만 쓰이고 일반인에게 판매하지는 않았다.) 2013년에는 2세대 쏘울에 기반한 새로운 전기차가 등장했다. 2016년에는 하이브리드 전용 모델인 니로를 이용한 니로 EV가 나왔다. 이렇게 전기차 노하우를 쌓는 과정을 거친 후 전기차 전용 플랫폼 E-GMP를 활용한 EV6를 출시했다.

국내 전기차 시장에서 기아의 활약은 두드러진다. 2023년 국내에서 가장 많이 팔린 전기차는 EV6로 1만 7,131대를 기록했다. EV9, 니로 EV, 레이 EV 등 모두 4종의 기아 전기차가 국산 전기차 판매 톱 10에 이름을 올렸다. 기아는 2027년까지 전기차 라인업 15종을 갖출 예정이다. 이미 EV3를 출시했고, EV4, EV5 출시 계획도 밝혔다. 3만~8만 달러대에 이르는 다양한 가격대에 전기차 라인업을 효과적으로 배치할 예정이다. 2026년에는 전 세계 시장에서 전기차 100만 대, 2030년에는 160만 대를 팔겠다는 야심 찬 비전도 세웠다.

요즘 국내외 불문하고 잘 나가는 자동차 회사로 기아를 꼽는다. 2023년 국내외 시장에서 기록한 기아의 판매 대수는 308만 5,771대로 1년 전인 2022년 대비 6.4%나 늘어났다. 기아가 1962년 자동차 판매를 시작한 이후 최다 기록이다. 영업이익도 10조 원을 돌파하며 최대 실적을 올렸고, 영업이익률은 사상 처음으로 두 자릿수를 기록했다. 기아의 2024년 목표를 보면 판매 320만 대, 매출액은 101조 1,000억 원(사상 최초로 100조 원 돌파가 예상된다.), 영업이익은 3.4% 증가한 12조 원, 영업이익률은 0.3% 오른 11.9%다.

기아는 목표 달성을 위해 고수익 차종 중심의 판매 믹스 개선, 플래그십 전기

2023년 한국에서 가장 많이 팔린
전기차는 EV6다.

차 EV9의 글로벌 판매 본격화, EV3~EV5 등 전용 전기차 라인업 확대에 기반한 수익성 제고 등을 내세웠다. 전기차의 역할 비중이 상당하다. 2024년 들어 기아의 시가총액이 현대차를 역전하면서 '형보다 나은 아우'를 비롯해 '현기'가 아닌 '기현'으로 바꿔 불러야 한다는 우스갯소리가 나온 적이 있다. 일부 분야와 시장에서는 기아가 현대차를 앞지르는 모습을 종종 볼 수 있다. 전기차 시대를 맞이해 현대자동차그룹은 내연기관 시대에 자리 잡힌 경쟁 구도를 재편하려고 한다. 그리고 기아는 현대자동차그룹 안에서 전기차를 앞세워 형님을 앞서는 이변을 꿈꾼다.

엠블럼 변천

1944~1964년   1964~1986년   1986~1994년   1994~2004년

2004~2012년   2012~2021년   2021년~현재

닛산

기술을 고집한 일본차의 정석

설립자

아이카와 요시스케

설립 연도

1933년 12월 26일

대표 모델

리프, 스카이라인, 프리메라, 캐시카이

엠블럼

2020년 현재의 모습이 됐다. 기존 엠블럼에서
윤곽을 본뜬 것이다. 입체감을 없애고
간결한 느낌을 추구했다. 로고를 둘러싼 원은 아침 해를
검은색의 회사명은 성실함을 의미한다.

토요타보다 앞선 일본 기술의 자존심

　미국에서 자동차 기술을 공부한 엔지니어 하시모토 마스지로가 설립한 카이신샤 자동차 공업이 닛산의 전신이다. 하시모토는 창업 당시 자본금을 지원해준 세 사람(덴 켄지로, 아오야마 로쿠로, 타케우치 메이타로)의 영문 이름 첫 글자 D, A, T를 따서 첫 자동차 이름을 DAT(닷도)으로 지었다. 1931년 이모노 이바타가 인수하면서 닷도의 아들이라는 뜻을 가진 Datson에서 태양(sun)을 사용한 닷선(Datsun)으로 회사 이름을 바꾼다. 당시 일본이 군국주의를 앞세워 재벌 키우기에 나선 덕에 닷선은 일본을 대표하는 자동차 업체로 쑥쑥 성장했다. 사세가 커지면서 1933년에는 도쿄 근처 요코하마에 본사를 짓고 이듬해 닛산자동차로 회사명을 바꿨다. 이어 1935년, 일본의 첫 양산차로 기록된 '닷선15'를 출시한다. 토요타가 1937년, 혼다가 1952년 자동차 사업을 시작한 것과 비교하면 한참 빠르다.

　일본에서는 2000년 이전까지만 해도 '판매의 토요타, 기술의 닛산, 엔진의 혼다'라는 말이 유명했다. 그만큼 닛산은 신차를 만들 때 신기술을 과감하게 도입했다. 토요타는 어떤 경쟁 업체가 신기술을 개발해도 6개월 만에 신차에 적용할 수 있는 기술 흡수 능력과 품질을 앞세운 생산성에서 우위를 보였다.

　닛산과 토요타의 차이점은 '달리는 즐거움'이다. 토요타가 검증된 기술을 사용해 고장 없이 편안하게 탈 수 있는 신차 개발에 주력했다면, 닛산은 신기술을 과감하게 도입해 다이내믹한 주행 성능으로 차별화했다. 독일에서 벤츠에 대항했던 BMW와 비슷하다고 할까.

　대표적인 게 닛산 스포츠카다. 1969년, 일본 스포츠카의 대명사 'Z 시리즈'의 원조격인 240Z가 나온다. '페어레이디 Z'로도 불린 이 차는 직렬 6기통 SOHC 2.4L 엔진을 달았다. 당시 유럽산뿐이던 스포츠카 시장에서 성능 면으로 유럽 차와 견줄 만했다. Z는 네 차례에 걸쳐 신모델이 나왔지만, 경영이 어려워지면서 1996년 단종됐다가 2002년 다시 350Z로 부활해 2인승 스포츠카로서 명맥을 잇고 있다.

1969년에 출시한 닷선 240Z,
당시 미국 젊은이에게 인기가 많았다고 한다.

또 다른 명차는 일본 스포츠카의 전설로 불리는 GT-R이다. 초기에는 '포르쉐를 추월하는 일본차'라는 별명도 얻었다. 일본 투어링카 선수권 50승 기록을 세운 명차다. 1957년 스카이라인이라는 이름으로 첫선을 보인 이 차는 원래 프린스 자동차가 만들었지만, 1966년 닛산이 프린스를 인수하면서 닛산의 대표차가 됐다. 1969년에 나온 2세대 모델의 고성능 버전인 스카이라인 GT는 일본 최초로 직렬 6기통 DOHC 24밸브 2L 엔진을 달았다. 최고 출력 160마력, 최고 시속 200km를 내 당시 일본 그랑프리에서 시상대를 독점하던 포르쉐 904와 팽팽한 접전을 펼쳐 화제가 됐다.

6세대 GT-R은 2007년 도쿄 모터쇼에서 첫선을 보였다. 외관은 고질라를 연상시킨다. 나카무라 시로 디자인 총괄은 "포르쉐가 유선형의 아름다운 자태라면 GT-R은 강인함이 돋보이는 괴수를 연상케 한다."라고 설명했다. 3.8L 트윈 터보 V6 엔진은 500마력에 60kgf.m의 토크를 뿜어낸다.

닛산은 1950년대에 본사를 한국의 명동에 비유되는 도쿄 긴자로 옮기면서 도쿄의 대표 기업이 됐다. 시골에서 출발한 토요타(나고야), 혼다(하마마츠)와 사풍도 사뭇 달랐다. 유명 대학 출신들이 유독 많았다.

1990년대 중반 토요타, 혼다, 닛산의 고위급 임원 가운데 도쿄대학 출신 비율을 보면 토요타는 10~20%, 혼다는 10% 미만인 데 비해 닛산은 무려 60%가 넘었다. 문제는 도쿄대 임원들의 파벌 싸움이었다. 연구 개발과 생산은 도쿄대 공대가 잡았다. 재무, 영업, 마케팅은 도쿄대 법대 출신이 맡았다. 그러다 보니 의사소통에 어려움이 생겼다. 1990년대에 닛산이 몰락한 중대한 이유다. 기술 분야 임원들은 "좋은 차를 만들어줬는데 판매, 마케팅 실력이 없어 문제"라고 둘러댔다. 판매 분야 임원들은 "토요타에 비해 품질과 인테리어가 좋지 않아 판매가 떨어진다."라면서 연구소와 생산에 책임을 돌렸다.

더구나 도쿄대 선후배가 고위층에 대거 몰려 있다 보니 이른바 '봐주기' 문화가 생겨났다. 통상 사장 승진이 안 된 부사장급은 계열사 사장으로 나가는 게 관례였다. 그런데 선배가 맡은 계열사를 후배 사장이 건드릴 수 없어서 계열사 부실

1962년 출시한 블루버드.
미국 시장에서 처음으로 인정받는
계기가 된 차다.

이나 품질 문제를 덮고 지나가는 경우가 많이 발생했다. 계열사들이 닛산의 영양
분을 빨아먹고 이익을 내는 중병에 걸린 셈이다.

　1998년 부도 위기에 몰렸을 때 임원 회의에서는 "소비자가 닛산의 신기술을
모르는 게 문제이니 소비자를 교육해야 판매가 증가할 것"이라는 기가 찬 결론이
나올 정도였다. 닛산의 동맥경화를 보여주는 단적인 예다. 그러다 보니 소비자에
게 혼동을 주는 경우도 많았다. 토요타는 신모델이 나와도 실내에 편의 장치를 조
작하는 버튼의 위치가 일정한 반면 닛산은 들쑥날쑥했다. 닛산 자동차를 타던 소
비자들은 혼란스러웠을 뿐만 아니라 그만큼 개발비도 많이 들었다.

　결국 닛산은 1999년 6월 르노에 인수됐다. 그리고 카를로스 곤이 부임했다.
곤이 가장 먼저 손을 댄 것은 능력 위주의 인사다. 또 닛산이 없으면 이익을 내지
못하는 계열사들을 정리해 몸통을 가볍게 했다. 외국인인 곤의 눈에 도쿄대 선후
배들을 안배하는 인사는 있을 수 없었다. 닛산이 불과 2년 만에 흑자를 내면서 순
식간에 부활한 가장 큰 비결은 의사소통을 가로막고 있던 도쿄대 인맥을 제거한
것이었다.

닛산은 2000년 6,000억 엔 적자에서 2001년 단숨에 3,720억 엔 흑자로 돌아섰다. 그리고 1조 4,000억 엔에 달하던 악성 부채를 모두 갚았다. 닛산의 부활로 곤 회장은 단숨에 세계적인 경영자가 됐다. 하지만 이런 극적인 부활은 닛산이었기에 가능했다는 평도 나온다. 자동차 회사의 기본인 기술 개발과 생산관리에서 토요타와 맞먹던 닛산 아니었던가.

닛산의 해외시장 공략은 1958년 미국에 '닷선' 브랜드가 진출하면서부터다. 미국에 내놓은 첫 차는 48마력 1,200cc 엔진을 단 닷선 세단이었다. 당시 토요타 크라운과 함께 '미국의 낮은 언덕도 힘이 달려 넘기 힘든 차'라는 평판을 받았다.

미국에서 닛산의 영광은 1962년에 나온 중형 세단 블루버드에서 시작했다. 145마력을 내는 4,000cc 엔진과 3단 변속기를 조합해 미국차에 뒤지지 않는 성능을 냈다. 뛰어난 성능으로 미국에서는 순찰차로도 쓰일 정도였다. 블루버드 시리즈 중 가장 유명한 닷선 510은 닛산이 미국 시장에 맞게 출시한 모델이다. 유럽 세단들에 영감을 얻어 SOHC 엔진을 탑재하고, 전륜은 맥퍼슨 스트럿, 후륜은 독립 서스펜션을 달았다.

2022년에는 페어레이디 6세대 모델 370Z가 나온 지 10여 년 만에 7세대 모델이 등장했다. 한층 더 강력해진 성능으로 돌아온 페어레이디는 3.0L V6 트윈터보 엔진을 탑재해, 최고 출력 405마력과 최대 토크 48.4kgf.m를 발휘한다. 빠른 변속 타이밍과 높은 응답성을 지닌 신형 9단(또는 6단) 자동변속기를 달았고, 제로백은 약 4초에 불과하다. 궁극의 드라이빙 쾌감과 강력한 성능, 비교적 합리적인 가격이라는 페어레이디 시리즈의 전통을 이어받았다.

닛산을 말하면서 카를로스 곤 회장을 빼놓을 수는 없다. 곤 회장은 1999년 경영 위기에 직면한 닛산의 최고운영책임자로 발령받아 2000년 6월 사장으로 승격된 이래 과감한 비용 절감 조치로 회사를 흑자로 돌려놓는 등 닛산의 성공적인 재건을 이뤄낸 경영인이다. 필자는 곤 회장을 10차례 정도 만났는데 그는 주로 질문에 걸맞은 대답을 하기보다 자신이 하고 싶은 말을 늘어놓곤 했다. 작은 키에 독특한 외모로 늘 사람들의 시선을 끄는데, 특유의 따발총처럼 쏘아대는 빠른 말투와 독특한 몸짓이 언론인들에게 호감을 주기도 한다.

공격적이고 도전적인 그의 삶은 출생과 성장 과정에서 기인한다. 그는 1954년 레바논인 아버지와 프랑스인 어머니 사이에서 브라질 이민 3세로 태어난 뒤 레바논에서 자랐으며, 프랑스의 명문 국립이공과대학(에콜폴리테크니크)을 졸업했다. 영어, 프랑스어, 이탈리아어 등 5개 국어에 능통하며, 프랑스와 브라질 국적을 갖고 있다. '미쉐린 타이어'에 입사한 그는 1985년(31세) 남미 사업 총괄자가 됐고, 35세에는 북미 미쉐린 CEO가 되는 등 최연소 승진의 주인공이 됐다. 남미 사업을 담당할 당시 1,000%가 넘는 인플레로 회사가 고비를 맞았을 때에도 신속하고 정확한 판단력과 추진력으로 위기를 극복했다.

1996년, 42세의 곤은 르노에 부사장(연구 개발 및 제조 담당)으로 스카우트됐다가 닛산이 르노에 인수되면서 1999년 6월 닛산의 COO(최고운영책임자)에 취임

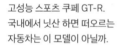

고성능 스포츠 쿠페 GT-R.
국내에서 닛산 하면 떠오르는
자동차는 이 모델이 아닐까.

했다. 그러나 그가 취임할 당시 일본 내에는 "일본을 이해하지 못하는 외국인 경영자가 일본 문화가 숨 쉬는 닛산을 제대로 경영할 리 없다."라고 반대하는 여론이 많았다. 당시 닛산은 2조 1,000억 엔의 부채와 연간 1,000억 엔의 이자 부담에 시달리는 등 경영 위기를 겪고 있었다.

그는 취임한 해 10월에 부채를 2002년 말까지 7,000억 엔으로 줄이겠다는 내용을 골자로 한 '닛산 리바이벌 플랜'을 제시했다. 그리고 이 약속을 못 지키면 닛산을 떠나겠다고 선언했다.

닛산 재건은 혹독한 구조 조정으로 시작됐다. 우선 계열사를 포함해 4,200억 엔어치의 자산(85%)을 매각했다. 전체 사원의 14%에 해당하는 2만 1,000명의 인원을 감축했고, 판매 회사 20곳의 사장을 교체했다. 아울러 비생산적인 공장을 폐쇄하고, 닛산에 의존하는 계열사도 통합하거나 팔아버렸다. 20%의 구매 비용 삭감, 중간관리층의 혁신적인 교체, 연공 서열을 파괴한 인사 등 대폭적인 개혁을 실시했다. 독특한 비용 절감 기법과 냉혹한 구조 조정으로 '코스트 킬러'(cost-killer) 혹은 '코스트 커터'(cost-cutter)라는 악명을 얻기도 했다.

곤 회장이 주도한 구조 조정이 효과를 보고, 닛산의 기술을 바탕으로 한 공격적인 신차 투입이 이어지면서 닛산은 2000년 6,000억 엔 적자에서 2001년에는 3,720억 엔 흑자로 돌아섰다. 아울러 1조 4,000억 엔에 달하던 악성 부채도 모두 갚았다. 이런 공적으로 2000년 말 주간지《타임》과 방송 CNN이 공동 선정한 '세계에서 가장 영향력 있는 CEO'에 뽑혔다. 닛산은 2003년도 결산에서도 전년도 대비 9% 증가한 4,643억 엔의 사상 최대 순이익을 냈다.

한편 곤은 2004년 외국인 경영자로는 처음으로 일본 정부가 공공의 이익에 기여한 사람에게 주는 훈장인 '남수포장'(藍綬褒章)을 받기도 했다. 2019년까지 카를로스 곤은 르노-닛산 회장직을 수행했다. 세계 자동차 업계에서 오너가 아닌 CEO로 19년을 재직한 것은 드문 일이다. 그래서인지 곤 주변에는 이인자가 없었다. 가장 강력한 후임으로 꼽혔던 카를로스 타바레스 부회장을 2013년 8월에 내쳤다. 타바레스는 2014년 푸조의 사장으로 복귀했고, 현재는 FCA와 PSA가 합병

1933~1940년 　　　　1940~1950년 　　　　1950~1959년 　　　　1959~1960년

1960~1967년 　　　　　　1967~1970년 　　　　　　1970~1978년

1978~2001년 　　　　1978~1988년 　　　　1988~1989년 　　　　1989~1990년

1990~1992년 　　　　1992~1998년 　　　　1998~2001년 　　　　2001~2012년

2012~2020년 　　　　2020년~현재

해 탄생한 글로벌 자동차 회사 스텔란티스의 CEO직을 맡고 있다.

2019년 11월 22일 기적(?)이 일어났다. 곤이 닛산 회장직에서 해임됐다. 전세계가 떠들썩한 사건이었다. 사건의 발단은 기업 경영에 기업 투자자의 의결권을 두 배로 보장하는 '플로랑주 법'이 EU를 통과하면서다. 이를 계기로 르노-닛산-미쓰비시 얼라이언스에 투자한 프랑스 정부가 경영에 개입하는 일이 비일비재해졌다. 결론적으로 르노의 닛산에 대한 지배력이 강화됐다.

이를 가만히 두고 볼 닛산과 미쓰비시가 아니었다. 르노에 동조하던 곤 회장이 눈엣가시였던 두 회사가 곤 회장의 비리를 고발하고 나섰다. 일본 검찰은 곤 회장을 금융상품거래법 위반과 배임을 혐의로 긴급 체포했다. 닛산은 곤 회장 구금 3일 만에 주주 회의를 열고 곤을 회장직에서 해임했다. 가택연금 상태로 일본에 억류돼 있던 곤 회장도 발 빠르게 움직였다. 미국 특수부대 출신의 도움을 받아 대형 악기 가방에 숨어 자가용 제트기로 일본을 탈출(?)한 것이다. 영화에서나 있을 법한(실제 영화로도 나온다고 한다.) 일이 현실 세계에서 일어난 것인데, 곤 회장은 현재 레바논에 머문다고 한다. 곤이 없는 닛산은 2020년 6조 원대 적자를 내고 위기를 맞았지만, 2023년을 지나면서 부활에 성공했다는 평이다.

테슬라보다 한발 앞섰던 닛산

닛산의 순수 전기차 출시는 글로벌 브랜드 중 가장 빨랐다. 2010년 세계 최초의 양산형 전기차 리프를 선보였다. 리프는 출시 후 인기리에 팔렸고 2016년에는 누적 판매량이 25만 대를 넘어서며 전기차 부문 세계 판매 1위 자리를 지켜나갔다. 2023년 7월 닛산의 글로벌 전기차 누적 판매는 100만 대를 돌파했다. 그중 65만 대가 리프다.

1세대 리프는 국내 시장에도 판매된 이력이 있다. 2014년 12월 제주도에 판매했다. 판매 가격은 5,480만 원이었다. 30kWh 용량의 배터리를 탑재하고,

1회 완전 충전 시 주행거리는 국내 환경부 공인 132km였다.

2017년 외장 디자인, 전기모터와 배터리를 대대적으로 바꾼 2세대 모델을 공개했다. 이 역시 순수 전기차 최초로 세대 변경을 거친 모델이라는 타이틀을 거머쥐었다. 국내 시장에는 2019년 정식으로 출시했다. 이전 모델에 비해 가격도 4,190만 원으로 낮아졌고, 40kWh 용량의 배터리를 탑재해 1회 완전 충전 시 주행거리도 231km까지 늘었다. 그러나 테슬라의 등장으로 한물간 모델이라는 평가에서 벗어나기 쉽지 않았다. 순수 전기차라는 특징 이외에 별다른 IT 기술을 찾아보기 힘들다는 혹평을 들어야만 했다.

리프가 지금까지 전 세계 누적 판매량 65만 대를 기록하는 사이에 전기차 시장은 빠르게 바뀌었다. 테슬라는 2022년 전 세계에 137만 대의 전기차를 팔았고, 그중에서 모델 Y 한 차종이 75만 대를 차지한다. BYD와 상해기차는 각각 90만

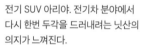

전기 SUV 아리야. 전기차 분야에서
다시 한번 두각을 드러내려는 닛산의
의지가 느껴진다.

대 이상 팔았고, 전기차 시장에 늦게 뛰어든 폭스바겐도 57만 대를 기록했다. 리프가 전기차 시장의 선구자이지만, 선두주자의 이점을 살리지 못하고 뒤로 밀려나 버렸다.

닛산은 2030년까지 주력 시장에 출시하는 모든 신차를 전동화 모델로 탈바꿈한다. 미국 미시시피주 공장을 북미 지역 전기차 생산 허브로 전환하려고 2023년 5억 달러를 투자한다. 2050년까지 자동차 제조를 포함해 기업 활동에서 발생하는 탄소를 제로화한다는 목표도 발표했다. 이를 실현하기 위해 전동화 기술 개발에 매진한다. 주행거리를 늘리고, 효율성을 극대화한 차세대 배터리와 전기모터를 개발할 예정이다.

2021년 닛산은 순수 전기 SUV 아리야를 공개했다. 시스템 출력은 최고 394 마력이고 1회 충전 주행거리는 WLTP 기준 최대 500km다. 2021년 출시할 예정이었으나 부품 수급이 어렵다는 이유로 출시를 두 차례나 연기해 2022년 하반기에 선보였다. 미국 시장에 2022년 9월에 출시된 아리야는 3개월 동안 2,860대가 팔려 같은 기간 리프 판매량 2,354대를 뛰어넘었다. 이런 추세는 계속 이어져 2023년 4분기 리프 판매량은 1,348대인 반면 아리야는 5,113대에 달했다. 2023년 닛산은 미국 시장에 전기차 2만 616대를 팔았는데, 이는 2014년 이후 최고 실적이었다. 모두 아리야의 판매량이 증가한 덕분이다. 출시된 지 오래돼 상품성과 경쟁력이 떨어지는 리프의 자리를 아리야가 넘겨받는 과도기적인 모델 교체 과정이 진행 중이다.

비디오 게임 플레이어를 서킷으로

일본차 제조사의 공통점은 오래전부터 모터스포츠에 공들였다는 점이다. 자동차 산업의 후발주자이면서 대중차를 판매하는 제조사가 모터스포츠에 투자하기는 쉽지 않다. 그런데도 일본의 대표 제조사인 토요타, 닛산, 혼다는 모터스포츠

스카이라인 GT. 스카이라인 1500을
기반으로 6기통 G7 엔진과 스포츠 옵션을
장착했다.

분야에 과감하게 도전했다. 혼다는 1964년부터 모터스포츠의 최고봉인 F1에 참가했다. 토요타는 1957년 호주 랠리를 시작으로 1979년 다카르 랠리, 1985년 르망 24시간 내구 레이스, 2002년 F1 출전 등 주요 대회에 참가해 왔다.

닛산도 모터스포츠에서 화려한 역사를 쌓아 올리며 기술력을 과시했다. 1958년 호주 랠리 클래스 A 부문에 닷선 210 모델이 출전했고, 1964년 제2회 일본 그랑프리에 나간 스카이라인 GT는 2~6위를 휩쓸었다.(당시 스카이라인은 프린스 자동차 공업 차량이었으나 닛산과 합병한 후에 닛산에서 생산했다.) 1984년에는 모터스포츠 부서를 통합해 모터스포츠 전문 회사인 니스모를 설립하고, 1986년에는 르망 24시간 내구 레이스에 데뷔하는 등 활발하게 활동을 펼쳤다.

신기술을 과감하게 도입하는 닛산의 특기는 모터스포츠에도 여지없이 발휘됐다. 'GT 아카데미'는 닛산의 모터스포츠를 대하는 태도와 새로운 시도를 향한 과감한 도전 정신을 보여준다. 자동차 게임 '그란 투리스모'를 만드는 폴리포니 디지털과 닛산이 손잡고 시행하는 GT 아카데미는 게임 플레이어를 레이스카 드라이버로 선발하는 프로그램이다. 가상 세계에서 실력을 증명한 플레이어는 현실 서킷에서 닛산 레이싱 팀 일원이 돼 레이스에 참가하는 데 필요한 훈련을 받고 라이선스를 얻을 기회를 얻는다.

황당한 계획 같고 일회성 이벤트처럼 보이지만 2008년부터 2016년까지 제법 오랫동안 진행했다. 우승자들은 실제로 각종 모터스포츠 대회에 나갔고 우수한 성적을 거두기도 했다. GT 아카데미를 다룬 영화 〈그란 투리스모〉가 2023년 개봉하면서 닛산의 모터스포츠 활동이 다시 한번 주목받았다.

영화는 2011년 GT 아카데미 출신으로 레이스카 드라이버가 된 얀 마르덴버러(잔 마든보로)의 실화를 다룬다. 마르덴버러는 9만 명이 넘는 참가자를 제치고 GT 아카데미에서 최연소로 우승했다. 두바이 24 내구 레이스에서 닛산 소속으로 참가했고, 유러피언 F3와 일본 슈퍼 포뮬러 슈퍼 GT에서도 활동했다. 2013년 르망 24시간 내구 레이스에 나가 LMP2 클래스에서 3위에 오르며 우수한 성적을 기록했다.

2013년 얀은 르망 24시에 출전해
좋은 성적을 거뒀다.

스바루

사륜구동 자동차의 현재와 미래

설립자
—
나카지마 치쿠헤이

설립 연도
—
1953년 7월 15일

대표 모델
—
아웃백, 레거시, 임프레자

엠블럼
—
중앙에 큰 별 하나를 중심으로, 주변에 작은 별들이 그룹을 이룬
디자인은 플레이아데스성단을 형상화한 것이다. 스바루의 모기업인
후지중공업(현재의 SUBARU Corporation)이 최초로 생산한 자동차
모델 여섯을 상징하기도 한다. 이 엠블럼은 탐험과 혁신의 이미지를
나타내며, 브랜드의 아이덴티티를 강조한다.

일본 사륜구동의 명가

일본 후지중공업의 스바루는 남들이 하지 않는 새로운 분야를 파고드는 독특한 기술로 생존해 왔다. 현재 후지중공업의 전체 매출 가운데 자동차가 80%를 차지한다. 나머지는 항공우주 및 산업용 엔진이다. 자동차 브랜드인 스바루가 워낙 인지도가 높다 보니 2017년에는 스바루로 아예 사명을 바꿔버렸다.

스바루는 사륜구동의 명가다. 일본에서만 판매되는 경차를 제외하고 승용차든 SUV든 모두 사륜구동이다. 여기에 세계 자동차 업체 가운데 포르쉐와 더불어 수평대향 엔진을 쓰는 회사로 유명하다. 일반적으로 자동차 엔진이 직렬이나 V형인 것과 달리 피스톤이 좌우로 마주 보면서 수평하게 움직여 이런 이름이 붙었다. 각 피스톤의 움직임에 의해 발생하는 관성력이 맞은편의 피스톤에 의해 상쇄돼 좌우 진동이 거의 없고, 작동 및 중량 균형이 뛰어나 높은 rpm에서도 부드럽게 회전수를 높일 수 있다. 피스톤 움직임이 권투 선수가 주먹을 내미는 것과 비슷하다고 해서 '복서(Boxer) 엔진'으로도 불린다. 이 엔진은 정숙성과 연비가 뛰어난데다 차체 무게중심이 낮아 핸들링이 좋다. 생산은 상대적으로 어렵다. 기술에 대한 고집을 버린 적이 없는 스바루는 마니아층이 두껍다.

수평대향·사륜구동을 고집한
스바루의 역사

1917년, 나카지마 치쿠헤이가 창립한 항공기 연구소로 출발한 후지중공업은 일본 최초의 항공기 제작사인 나카지마 항공회사를 설립해 피스톤 엔진 항공기 24종과 제트기 2종을 생산했다. 2차 세계대전 때는 일본 군부의 사업을 도맡아 일본의 주력 전투기였던 '제로센' 엔진을 제작했다. 이 전투기 엔진이 바로 수평대향이다. 당시 제로센은 연비가 뛰어나 미군의 머스탱 전투기보다 항속거리가

20% 이상 더 나왔다. 일본 패망으로 전쟁이 끝나면서 1945년 일본을 장악한 미국은 일본의 진주만 공격에 치를 떨며 일본 업체들이 더는 비행기를 생산하지 못하도록 했다.

나카지마 항공도 1945년 후지산업으로 이름을 바꾸고 항공 부품을 이용해 스쿠터를 생산했다. 그리고 1950년대 중반, 일본의 재벌 해체 작업이 시작되자 자동차 섀시, 엔진, 버스 생산 업체 등과 함께 사업별로 제휴, 합병돼 현재의 후지중공업이 생겨났다. 여섯 개의 별 모양이 특징인 로고는 1958년 스바루 360에 처음 쓰였다.

'스바루'는 '지배하다, 모이다'라는 뜻을 가진 일본 고어다. 일본 고전인《고사기》,《만엽집》같은 고대 문학에서는 별자리 이름으로 쓰였는데, 별 여섯 개가 모인 황소자리를 말한다. 회사 여섯 곳이 합병돼 후지중공업이 설립된 연유로 이 같은 이름이 지어졌다. 스바루의 엠블럼은 푸른 하늘을 바탕으로 황소자리의 별 여

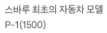

스바루 최초의 자동차 모델
P-1(1500)

섯 개를 형상화한 것이다.

후지중공업은 항공기 사업이 봉쇄되자 자동차 회사로 변신을 시도했다. 평소 "차를 만들려면 제대로 만들어야 한다."라는 확고한 신념을 갖고 있던 키타 켄지 후지중공업 초대 회장은 1954년 항공우주 기술력을 바탕으로 최초의 프로토타입 승용차인 'P-1'을 개발했다. 이 차는 1958년 출시된 경차 '스바루 360'의 단초가 됐는데, 비행기 설계의 기본인 모노코크(뼈대를 얽어 만드는 구조) 방식과 플라스틱 부품을 사용했다. 비행기를 만들던 피는 속일 수 없었던 듯하다. 스바루 360은 실내 공간이 널찍한데다 가벼워 연비가 좋았다. 귀여운 외모에 저렴한 가격까지 맞아떨어져 1960년대 '마이 카' 붐을 타고 대박이 났다. 일본 경제부흥의 주역인 단카이 세대(1950년 전후에 태어난 세대)는 이 차를 타면서 일본을 선진국으로 진입시켰다.

⎯⎯→

스바루 1000. 수평대향 엔진과 전륜구동을
결합한 차 중에는 최초로 대량생산한 차량이다.
사진은 1966년에 출시한 4도어 세단.

1966년에 출시된 '스바루 1000'은 수평대항 엔진을 단 전륜구동 방식으로는 세계 최초로 대량생산한 차다. 1972년에는 세계 최초로 사륜구동 승용차 판매를 시작했다. 이는 1980년대 아우디의 사륜구동보다 약 10년이나 빠르다. 또 AWD 시스템을 정교하게 개선해 안전을 보장하는 대칭형 AWD 시스템을 개발했다.

하지만 AWD는 스바루의 발목을 잡기도 했다. 2011년 국내에 판매했던 포레스터가 시대에 뒤떨어진 4단 자동변속기를 썼던 이유가 바로 이 시스템 때문이다. 다른 자동차 업체들은 자동변속기 전문 업체인 독일 ZF나 일본 아이신의 자동 6~8단 변속기를 마음대로 사용할 수 있었지만, 스바루는 대칭형 AWD 시스템 때문에 독자 개발한 변속기만을 써야 했다. 타사 제품은 차체 구조에 맞지 않았기 때문이다. 그런 이유로 상품성이 떨어지는 4단 자동변속기를 사용했다.

스바루는 수평대항 엔진을 사용한 덕분에 무게중심이 낮았는데, 여기에 더해 자동차 차체 중심 부근에 무거운 부속들을 배치해 더욱 무게중심을 낮췄다. 스바루의 이치가와 가즈하루 엔진 기술 총괄부장은 "수평대항 엔진은 스바루만의 특징인 사륜구동 설계를 손쉽게 해줄 뿐 아니라 연비도 전륜 또는 후륜구동 차량에 비해 떨어지지 않는 등 장점이 많다."라고 설명했다. 사륜구동인 포레스터 SUV의 경우 2.5L 가솔린 엔진에 4단 자동변속기를 달고도 공인 연비가 10km/L 이상 나온다. 스바루는 디젤 엔진도 수평대항 방식으로 만들고 있다.

수평대항 엔진은 장점이 많지만, 엔진오일 누수 문제가 있고, 기술 난도가 높으며, 생산에 어려움이 많다. 이 탓에 극소수 자동차 회사만 제작할 뿐이다. 스바루처럼 비행기 엔진 제조사로 출발한 BMW는 모터사이클에 이 엔진을 달고 있다. 대표적으로 R-nineT가 있다. 엔진오일 교환 같은 유지 보수나 내구성은 일반 엔진과 똑같다.

스바루는 2000년대 초 한국과 인연이 닿을 뻔했다. 이 회사는 연간 판매가 60만 대 정도로 규모가 작아 항상 외부 업체와 제휴를 하는데, 2000년 닛산이 갖고 있던 주식 20%가 매물로 나왔다. 이를 현대차가 입질했다. 그들의 기술이 탐나서였다. 하지만 일언지하에 거절당했다. 현대차가 신기술에 주력하지 않는다는 게 이유였지만 속내는 한국 회사라는 점에 자존심이 상했던 것이다. 결국 지분은 GM에 넘어갔다가 2008년 토요타가 다시 사들였다. 스바루는 2010년 4월 한국에 진출했다. 국내 판매 모델은 패밀리 중형 세단 '레거시', 중형 크로스오버 차량인 '아웃백', SUV와 세단의 장점이 결합된 '포레스터'다. 하지만 엔고 환율로 고전하다 불과 3년 만인 2012년 말에 철수했다. 자동차 판매 경험이 없던 한국 수입업체와 갈등을 빚고 갈라섰다.

사륜구동과 수평대향 엔진으로 대표되는 스바루의 또 다른 특징은 안전성이다. 미국에서 2만~4만 달러 가격대에 포진한 스바루는 대중차 가운데 안전성이 단연 뛰어났다. 미국 고속도로안전보험협회는 2010년과 2011년 연속으로 세단 레거시, 크로스오버 아웃백, SUV 포레스터를 '가장 안전한 자동차'로 선정했다. 또 세 모델은 2009년 미국 도로교통안전국에서 실시한 충돌 테스트에서 최고 등

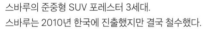

스바루의 준중형 SUV 포레스터 3세대.
스바루는 2010년 한국에 진출했지만 결국 철수했다.

급인 별 5개를 받았다. 정면충돌의 경우, 차량 가운데 차축(프로펠러 샤프트)이 들어간 점이 안전도 테스트에 도움이 됐다. 이는 사륜구동 구조의 특징이다.

스바루는 2009년 금융위기 여파로 자동차 판매가 줄어든 미국 시장에서 일본 자동차 업체 7군데 가운데 유일하게 판매가 증가했다. 토요타나 혼다와 비교하면 비슷한 가격대지만 내구성과 안전성이 입증돼 불황기에 소비자의 선택이 늘었다. 특히 눈이 많이 오는 미국 동부 지역 판매가 호조였다.

스바루는 수많은 혁신 개발의 역사를 통해 '주행의 즐거움'이라는 개념을 강조해 왔다. 언제나 즐겁게 운전할 수 있는 '운전자의 자동차'를 지향해 온 것이다. 그런 점에서 필자는 스바루를 독일 BMW나 아우디와 비교할 수 있다고 생각한다. 운전의 즐거움은 BMW의 모토이고, 기술을 통한 진보는 아우디를 대표하기 때문이다. 그리고 현재 가장 저렴하면서 가격 대비 가치가 높은 사륜구동차가 스바루다.

날씨나 도로 상태에 상관없이 이론적으로 안전한 주행을 가능하게 하는 게 바로 사륜구동이다. 스바루는 1972년 사륜 승용차를 양산하면서 다양한 혁신 기술을 개발해 바퀴에 최적의 토크를 분배해 주는 대칭형 AWD 시스템을 선보여왔다. 무게중심이 낮은 수평대향 복서 엔진과 일직선으로 배치된 트랜스미션은 스바루에서만 경험할 수 있는 안정적인 코너링과 즉각적인 응답성을 보여주는 핵심 기술이다. 여기에 AWD 시스템이 결합해 코너링 시 정밀한 핸들링은 물론, 고속주행이나 악천후 속에서도 도로에 밀착된 듯 더욱 안정적인 주행이 가능하다.

대칭형 AWD 시스템의 균형감은 바로 거의 완벽한 좌우대칭을 이루며 세로로 배치된 동력장치에서 기인한다. 복서 엔진을 보다 낮게 장착하고 무거운 트랜스미션을 휠베이스 사이로 밀어 넣어 전후좌우에서 최상의 무게 밸런스를 확보한다.

주행 시 도로에 맞닿는 타이어의 실제 면적은 손바닥 크기에 불과하다. 실제로 운전자가 원하는 방향으로 차량을 움직이게 해주는 것은 '토크', 즉 구동력이다. 대칭형 AWD 시스템은 도로 상황에 따라 앞뒤 구동력을 자동으로 분배하면서

6기통 수평대향 엔진, EZ36.
2000년에 채용한 이후 지금껏
쓰고 있다.

각 바퀴로 분배되는 토크의 양을 실시간으로 조절해 안정성과 다이내믹한 핸들링을 가능하게 해준다. 이는 일반 사륜구동과 스바루의 AWD 기술을 구분하는 핵심 요소이기도 하다.

직렬 엔진이나 V형 엔진은 피스톤이 수직 방향으로 움직여 차량의 무게중심이 높아진다. 반면 수평대향 복서 엔진은 마주 보고 있는 피스톤이 좌우로 움직이기 때문에 위아래 진동이 전혀 없고 무게중심도 한층 낮다. 또한 도로 상태에 상관없이 센터 구동축과 같은 방향으로 차체를 움직여 보다 부드러운 주행이 가능하다. 특히 스바루의 독창적인 설계 방식과 경량화 기술 덕분에 엔진은 더욱 작고 가볍다. 차체 깊숙이 장착돼 무게중심을 낮춘다.

필자는 BMW R1100S라는 모터사이클을 갖고 있는데, 여기에 달린 엔진이 수평대향이다. 시동을 걸고 스로틀을 열면 차체가 좌우로 미세하게 움직이는 것을 느낄 수 있다. 바로 좌우로 피스톤이 움직이며 발생한 진동이 전달되는 것이다.

이처럼 수평대향 엔진은 장점이 있지만, 이를 채용한 자동차 회사는 스바루와 포르쉐 딱 두 곳뿐이다. 포르쉐도 스포츠카 이외에는 모두 V형 엔진으로 전환했다. 수평대향 엔진의 단점은 V형에 비해 면적이 넓다는 점이다. 보닛 공간을 효율적으로 설계하기 어렵다. 그러다 보니 변속기가 위치할 공간이 작아져 전체적으로 자동차 설계와 디자인에 적합하지 못하다. 스바루 차량이 기술 완성도는 높아도 디자인에서 '구시대적이라거나 못생겼다'라는 소리를 듣는 이유가 바로 수평대향 엔진을 고집하는 데 있으니 아이러니컬하다.

스바루의 새로운 환형 강화 프레임(New Ring-shaped Reinforcement Frames)은 강한 필러와 프레임이 캐빈을 둘러싸도록 설계돼 캐빈이 충격을 받아도 변형되지 않도록 만들었다. 충격 흡수 능력이 뛰어난 프레임 구조를 바탕으로 모든 결합부를 강화하는 등 다양한 기술을 적용해 전면 충돌의 충격을 효과적으로 흡수하는 것이다. 후면부 충돌 시에는 충격을 보다 효과적으로 흡수하려고 뒤 범퍼 빔을 설치했으며, 프레임을 직선 형태로 변경해 충돌 시 찌그러질 수 있는 공간을 충분하게 확보해서 뒷좌석 탑승자의 안전성을 개선했다. 측면 충돌에 있어서는 중앙 필러 강도의 균형을 최적화해 모든 방향에서 탁월한 충돌 안전 성능을 발휘한다. 이 밖에도 앞 범퍼의 충격 흡수 성능을 개선하고 앞 후드 프레임 구조를 강화하는 등 보행자 안전성 역시 향상했다. 스바루의 안전 철학과 기술을 향한 집념은 '동양의 볼보'라는 별명이 탄생할 정도다.

전동화로 나아가는 스바루
국내서 다시 볼 수 있을까

스바루가 국내에 진출한 것은 지난 2010년 1월, 판매 부진으로 3년을 채 채우지 못하고 2012년 12월 국내 시장에서 철수했다. 저조한 인지도와 소극적인 마케팅이 참패 원인으로 꼽힌다.

국내 자동차 시장에서 자취를 감춘 스바루가 2020년 1월 전기차 시장에 출사표를 던졌다. 2030년까지 전 세계 판매량의 40% 이상을 순수 전기차와 하이브리드 모델로 대체한다. 2050년까지 신차의 이산화탄소 배출량을 2010년과 비교해 90% 이상 절감하겠다고 밝혔다. 2023년 8월 스바루는 수정한 전동화 계획을

솔테라, 토요타의 bZ4X 배지
엔지니어링 모델이다.

발표했다. 2030년까지 연간 60만 대의 배터리 전기차를 판매한다는 내용이다. 이 수치는 글로벌 판매 목표의 50%다. 앞으로 10년 동안 전동화에 1조 5,000억 엔을 투자할 계획이다. 미국 시장의 빨라지는 전기차 시장 확대 속도를 고려한 결정이다.

스바루는 토요타와 긴밀하게 협력해 새 계획을 성공적으로 달성하려 한다. 일환으로 마일드 하이브리드 파워트레인을 장착한 e-복서를 필두로 토요타와 공동 개발한 순수 전기 SUV를 전면에 내세웠다. 토요타가 스바루와 공동으로 개발하고 2021년에 공개한 순수 전기 SUV 콘셉트카 bZ4X는 2019년부터 토요타와 스바루가 공동 개발한 순수 전기 플랫폼을 활용한다. 해당 플랫폼은 C 세그먼트와 D 세그먼트를 넘나드는 범용성을 지녔을 뿐 아니라 SUV를 비롯해 다양한 차종에도 두루 활용할 수 있다. 토요타의 선진 전동화 기술과 스바루의 AWD 노하우를 결합해 개발한다는 계획이다. bZ4X 양산 모델은 일본과 중국에서 생산하고 2022년 중반부터 글로벌 시장에 판매했다. bZ4X의 형제차로 스바루는 솔테라를 내놓았다.

스바루는 순수 전기차 시대에서도 '스바루다움'을 유지한 채 탈탄소 사회로 진입한다는 계획이다. 국내 소비자에게 생소한 브랜드인 스바루지만 전기차 시대가 됐을 때 꼭 한 번 다시 만나고 싶은 브랜드 중 하나다.

토요바루와 스요타

스바루의 대주주는 토요타다. 토요타가 스바루 지분의 20%를 소유하고 있다. 연간 생산 대수 100만 대 수준인 스바루는 토요타의 자원을 활용해 역량을 키우고, 토요타는 스바루의 기술을 이용해 취약한 부분을 강화한다. 개발 비용 절감에도 양쪽이 이득을 본다. 두 회사는 배지 엔지니어링으로 한 차종을 두 브랜드로 나눠서 판매한다. 배지 엔지니어링은 같은 제품에 배지만 바꿔 다는 것을 말한다.

자회사를 여럿 거느린 자동차 그룹이나 제휴 관계인 두 회사 사이에 흔히 있는 일이다. 말 그대로 단순하게 배지만 바꿔 다는가 하면, 외형에 눈에 띄는 차이를 두기도 한다.

토요타와 스바루도 여러 모델을 공동 개발해 배지만 바꿔 판매하고 있다. 대표적인 모델은 후륜구동 스포츠카인 토요타 86과 스바루 BRZ다. 86은 토요타 모델인데 수평대향 엔진을 얹었고, BRZ는 스바루 모델 중에 유일하게 AWD를 적용하지 않았다. 두 차는 배지 엔지니어링으로 나왔지만, 세팅을 달리해 브랜드 특색에 맞게 주행 성능을 차별화했다. 2010년에 선보인 소형 MPV 토요타 락티스와 스바루 트레지아도 브랜드만 달리해서 나온 차다. 2022년 선보인 토요타 전기차 bZ4X와 스바루 솔테라도 배지 엔지니어링의 결과물이다. 두 브랜드의 차가 비슷하다 보니 토요타와 스바루를 합쳐서 토요바루 또는 스요타라는 우스갯소리도 나온다. 몇몇 사람에게는 농담거리가 됐지만, 중소형 제조사가 어떤 생존 전략을 펼칠 수 있는지를 잘 보여주는 모습이라고 생각한다.

엠블럼 변천

| 1953~1958년 | 1958~1959년 | 1959~1972년 | 1970~1980년 |

| 1980년 | 1980~2003년 | 1999~2003년 | 2003년~현재 |

토요타

토요타 생산방식으로
세계 표준을 만든 영원한 1위

설립자
—
도요다 기이치로

설립 연도
—
1937년 8월 28일

대표 모델
—
크라운, 캠리, 프리우스, 툰드라

엠블럼
—
현재 엠블럼은 1989년에 등장했다. 타원형 셋이 결합한 모습인데
가장 큰 타원형은 세계를 뜻하며, 나머지 타원형 둘은 토요타의
T를 상징한다. 탁월한 품질, 혁신, 안전, 환경 등 고객에게 전달하고자
하는 여러 가치가 로고에 담겨 있다.

하이브리드에 집착하다
전기차 시장에 너무 늦은 거 아닐까?

최근 자동차 업계에서 전동화 전환은 뜨거운 화두다. 업체마다 전기차 전용 플랫폼을 내놓고 관련 소프트웨어를 개발하면서 전기차 판매에 열을 올리고 있다. 하지만 토요타는 달랐다. 하이브리드를 잘 팔고 있던 토요타는 전동화 전환을 빠르게 진행하지 않았다. 다른 업체들이 전용 플랫폼과 그것을 기반으로 만든 전기차를 시장에서 판매하고 있을 때도 토요타는 패를 공개하지 않았다. 탄소 중립의 답안이 전기차만은 아니라는 의견을 낼 정도로 완전 전동화에 보수적인 토요타였다. 글로벌 기후 싱크탱크 인플루언스맵은 "토요타는 기후변화 대응 훼방꾼 기업이다."라는 보고서를 발간하기도 했다. 결국 토요타도 2021년 12월 한발 물러섰다. 다른 업체들처럼 100% 전동화 전환을 선언하지는 않았지만, 처음으로 전기차 개발을 언급한 것이다.

당시 도요다 아키오 사장이 직접 나와 개발 중인 전기차들을 공개하고, 추후 전기차 판매 및 투자 비용까지 상세하게 공개했다. 토요타는 2030년에 판매할 1,000만 대 중 350만 대를 완전 전기차(BEV)로 팔겠다는 계획을 내놨다. 더불어 고급 브랜드 렉서스는 2035년부터 판매하는 모든 모델 100%를 전기차로 채운다.

토요타는 전기차에 'bZ 시리즈'라는 이름을 붙여 판매한다. 첫 양산 모델은 bZ4X다. 플랫폼은 전기차 전용 플랫폼이 아니다. 기존 토요타 내연기관 차량에 두루 쓰던 TNGA 플랫폼을 스바루와 함께 변형해 e-TNGA라는 플랫폼을 만들었다. 품질의 토요타답게 무조건 큰 배터리를 사용하지 않는다. 적당한 용량의 배터리를 넣고 장기간 배터리를 사용하더라도 잔존율을 높이는 방식으로 개발 콘셉트를 잡았다. 실제로 bZ4X는 10년 후에도 배터리 잔존율 90%를 목표로 개발했다고 밝혔다.

예상보다 빠르게 난관에 부딪혔다. bZ4X가 출시한 지 1년도 채 되지 않은 첫 전기차 양산 모델 bz4x.
토요타답지 않게 준비가 부족했다는
평을 받았다.

2022년 6월, 주행 중 바퀴가 빠질 수 있는 위험이 크다며 전 세계에 판매된 bZ4X 2,700여 대와 형제차에 해당하는 스바루 솔테라 2,600대를 대상으로 리콜을 시행했다. 해당 차량을 구매한 고객들에게 토요타 차량을 구매할 수 있는 5,000달러 지원금을 지급하거나 이에 만족하지 못하면 차량을 전액 환불하도록 조치했다. 3개월 동안 원인을 찾아 결함을 해결한 후 2022년 10월부터 재생산에 돌입했다. 이후 토요타는 BYD와 협력해 만든 bZ3를 출시하고, 고급 브랜드 렉서스 배지를 단 RZ를 선보였다.

2023년 하반기 들어 전기차 시장 상황이 달라지면서 전동화에 보수적인 토요타의 전략은 재평가받았다. 전기차가 대세라는 전망은 변함없지만, 성장 속도 둔화가 현실로 드러났기 때문이다. 판매량 증가율이 줄어들고 전체 전기차 판매량의 절반 이상이 중국 시장 내수에 몰려 있다. 전기차 재고가 늘고 판매가 줄어들면서 자동차 제조사들은 투자를 줄이거나 프로젝트를 중단하고, 생산 목표를 하향 조정하는 등 숨 고르기에 나섰다.

전기차 판매는 줄어들지만, 오히려 하이브리드 시장은 확대됐다. 미국에서는 하이브리드가 전기차 판매를 앞지르고, 전 세계 시장을 놓고 봐도 2023년은 전년과 비교해 20% 가까운 성장이 예상된다. 상황이 이러하니 하이브리드 중심으로 전략을 펼쳐온 토요타의 판단이 옳았다는 재평가가 나오고 있다. 전기차 시대는 피할 수 없지만 속도 조절이 필요하고, 토요타가 제대로 맞춰 가고 있다는 평가다.

도요다 아키오 회장은 "세상이 마침내 실상을 깨닫고 있다."라고 언급하며 토요타의 전략이 맞았다는 의미의 발언을 했다. 모두가 맞는다고 할 때 아니라고 말할 수 있는 용기를 토요타의 하이브리드 전략에서 볼 수 있다.

토요타의 판단력이 전기차 시장에서 어떤 결과를 얻을지도 주목받는다. 전기차 배터리 시장의 화두는 전고체 배터리다. '꿈의 배터리'라고 부르는 전고체 배터리는 전기가 흐르는 통로 역할을 하는 전해질을 액체가 아닌 고체로 만든다. 리튬이온 배터리와 비교해 주행거리가 2배 정도 길고 화재 위험도 낮다. 충전 시간은

10분 이내로 줄어들고, 주행거리는 1,200km에 이를 것으로 예상한다. 현재 상용화를 목표로 개발 중이고 가장 앞서가는 업체로는 토요타가 꼽힌다. 토요타는 전고체 배터리 관련 특허를 1,000여 개나 보유할 정도로 기술력에서 앞서간다. 전고체 배터리 양산 시기는 2027년 또는 2028년으로 예상한다.

전고체 배터리의 문제점은 가격 경쟁력이 떨어져 경제성이 낮다는 점이다. 혁신적인 신기술이지만 상용화에는 회의적이라는 판단도 부족한 경제성에 나온다. 하지만 전기차 기술의 전환점이 될 것은 분명하다. 무엇보다 토요타가 추진하는 점이 기대를 모은다. 그동안 토요타는 시장 흐름에서 벗어난 판단을 하는 듯해도 결국에는 맞아떨어지는 결과를 보여줬다. 하이브리드 시장을 개척하고 시장의 주류로 키워놓은 토요타의 저력이 전기차 시장에서 전고체 배터리로 재연될지 지켜볼 일이다.

토요타의 크로스오버 SUV, RAV4.
사진은 하이브리드 어드벤처 모델이다.

일본의 장인 정신을 상징하는
품질의 대명사

필자는 2004년 한국인의 시각으로 본 토요타 평전을 출간한 적이 있다. 이후 4년간 기업이나 대학에서 100번 넘게 관련 강의를 했다. 토요타가 왜 강한지 분석해 달라는 요청이었다. 강의 말미에는 항상 이런 말을 했다.

"최강 토요타가 적자를 낸다는 건 상상하기 힘들다. 과연 토요타가 적자를 냈다는 뉴스를 들을 일이 생길까."

토요타는 1970년대 이후 '품질의 대명사'로 불리며 '모노츠쿠리'(물건 잘 만드는 장인 정신)의 상징으로 일본을 대표하는 제조업의 바통을 이어왔다. 말이 씨가 됐을까. 토요타는 2009년, 영업적자를 냈다. 1950년, 부도 위기를 넘긴 이래 처음이다. 미국발 금융위기의 여파로 최대 시장 미국의 판매가 곤두박질치면서다. 전년 대비 판매가 20% 이상 떨어진 698만 대에 그치며 당시 약 5조 원(4,610억 엔)의 손실을 봤다.

미국 언론은 "고의적인 적자가 아니냐?"며 의심을 쏟아냈다. GM, 포드, 크라이슬러 이른바 미국 빅3가 모두 수조 원의 적자를 냈는데, 미국에서 엄청난 이익을 내는 토요타 혼자만 흑자를 내면 미운털이 박힐 수 있다는 토요타 경영진의 판단이 작용했다는 것이다. 기존 15년이던 대규모 투자에 따른 감가상각 규정을 5~7년으로 바꾸면서 비용을 많이 털어냈다는 것이 의혹의 주요 근거였다. 사실 토요타는 계속 잘나갈 줄 알고 꾀를 낸 면이 있었다.

하지만 이듬해 상황은 급변했다. 금융위기 같은 외부 요인이 아니라 내부 문제에 비상등이 켜졌다. 2010년 2월 시작된 미국발 토요타 리콜 사건이 핵심이다. 반년 동안 무려 1,000만 대 이상의 토요타 차량이 불과 6개월 동안 한꺼번에 리콜되면서 '품질=토요타' 등식에 금이 갔다. 물론 음모론도 있었다. 미국 빅3의 몰락을 조금이라도 늦추려고 미국 정부와 일부 미디어가 토요타 음해 시나리오를 펼쳤다는 설이다.

1990년대부터 2008년 미국발 금융위기가 터지기 직전까지 토요타 전체 영업이익의 절반 이상이 미국 시장에서 나왔다. 토요타의 이익 구조가 지나치게 북미 시장에 편중된 것이다.

악재는 한꺼번에 찾아온다고 했던가. 2011년 3월, 동일본 대지진의 영향으로 토요타는 그해 3~8월까지 6개월 동안 전체 생산 가능 규모의 절반밖에 만들지 못했다. 지진 피해를 본 부품업체들이 부품을 제때 공급하지 못했기 때문이다. 재고를 두지 않고 제때 부품을 조달해 조립하는 토요타 특유의 '저스트 인 타임'(JIT)이 발목을 잡았다. 생산을 못한 여파로 2분기(4~6월)에 1조 원이 넘는 적자를 냈다. 리콜과 지진 탓도 있지만, 최강의 제조업체 토요타가 예전만 못해진 것 아니냐고 여기저기서 수군거렸다.

그렇다면 토요타가 적자를 낸 원인은 무엇일까. 지진으로 인한 적자는 천재지변이라고 할 수 있지만, 미국 금융위기 여파와 리콜로 생긴 적자는 다른 시각으

2010년 당시, 베스트셀링카였던 캠리도
리콜 사태를 넘기지 못했다.

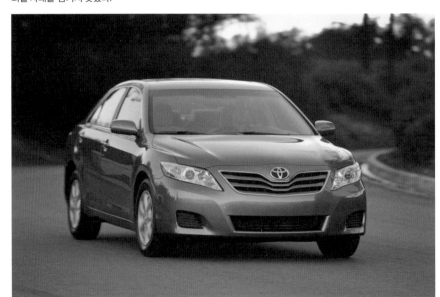

294

로 봐야 한다. 최강 토요타에 문제가 생긴 것이다. 우선 슬그머니 찾아온 '자만'이 꼽힌다. 토요타는 2007~08년, 77년간 세계 1등을 해온 GM을 누르고 세계 자동차 판매 1위를 기록하며 기고만장했다. GE 같은 글로벌 기업부터 각국 정부나 유명 대학까지 나서 "토요타를 배우자."라고 외쳤다. 한국에서도 토요타 열기는 대단했다. LG전자는 최고경영자가 일본 토요타를 방문해 "토요타 생산방식을 가르쳐 달라."라고 부탁했을 정도다. 입이 벌어질 정도의 영업실적을 보면 그럴 만도 했다.

2008년 토요타 그룹(토요타 자동차와 14개 주요 계열사)의 매출은 약 36조 엔으로 2000년 이후 아시아 최대 제조업체 자리를 굳건히 지켜왔다. 자동차 매출만 약 270조 원에 달했다. 토요타 자동차의 영업이익은 2008년 한 해 2조 2,704억 엔으로 일본 기업 역대 최대치였다. 더욱 놀라운 것은 토요타의 현금 보유액이다. 1년 내 현금화할 수 있는 자산이 50조 원이 넘었다. 일본에서 '토요타 은행'이란 말이 나올 정도였다. 산술적으로 2000년부터 9년간 낸 영업이익을 합치면 200조 원에 달한다.

토요타의 창업 당시 회사 이름은 창업자의 성에서 따온 도요다(豊田)였다. 1950년대 중반 미국 진출을 앞두고 TOYOTA가 미국인들에게 더 강한 인상을 준다고 판단해 사명을 바꿨다.

토요타의 대표 차량을 꼽자면 단연 중형차 캠리다. 1970년대 미국에서 소형차 코롤라의 성공으로 자신감을 얻은 토요타는 1983년 미국 빅3의 아성인 중형차 시장에 출사표를 낸다. 캠리는 지금까지(2023년 기준) 10세대 모델을 내면서 단 한 번의 실패도 없이 최고 매출을 올렸다. 매년 전 세계 100개국에서 60만~90만 대가 판매돼 지금까지 2,100만 대 이상이 팔렸다. 넓은 실내 공간에 3,000만 원 전후(미국에서 2만 5,000~3만 2,000달러)의 합리적인 가격이 매력이다. 여기에 품질도 뛰어나 '기름만 넣어주면 손볼 데 없이 달리는 차'라는 명성을 얻기도 했다.

필자가 타본 캠리의 가장 큰 장점은 합리적 가치와 무난함이다. 절대 어느 쪽으로 치우침이 없다. 과거 현대차의 YF쏘나타가 확 바뀐 디자인으로 처음에 논란

리콜 사태로 꺾인 캠리의 판매량도
2018년 이후에는 회복했다. 사진은
25년형 캠리 HEV.

을 일으켰지만, 판매 성공으로 모든 우려를 잠재운 적이 있다. 캠리는 상대적으로 쏘나타와 같은 모험을 하지 않는다. 내구성이 뛰어날 뿐 아니라 10년을 써도 잔고 장이 거의 없어 중고차 가격도 동급 차량 가운데 가장 비싸다. 여기에 화려한 인 테리어나 신기술을 도입하기보다는 평범한 중산층이 타는 가족용 차에 딱 맞는 옵션을 제공한다. 자로 잰 듯한 핸들링까지는 아니지만, 시속 150km 이내로 달 리면 결코 어떤 차에도 뒤지지 않는 주행 성능을 보여준다. 여기에 넓은 실내 공 간은 캠리를 미국 중형차 1위로 끌어올린 강점이다. 대중 브랜드를 찾는 중산층 이 요구하는 중형차의 기준을 대부분 만족시킨다.

캠리는 항상 '이성적 가치를 찾는 사람들의 합리적인 4도어 세단'으로 계속 선택됐고, 앞으로도 그럴 가능성이 크다. 이 합리적 가치야말로 캠리가 약 2,100 만 대가 넘는 누적 판매 대수를 자랑하는 글로벌 중형 세단으로 커온 원동력이다. 캠리는 지금도 전 세계 100개국에서 매년 가장 많을 때 90만 대, 가장 적을 때라 도 60만 대 이상을 판매한다.

캠리는 1997년부터 내리 6년 연속 미국 승용차 판매 1위를 기록했던 포드 토 러스를 물리치고 1위에 올랐고, 이후에도 꾸준히 상위권에 자리 잡고 있다. SUV 강세가 시작되자 캠리 대신 토요타 RAV4가 그 자리를 대체한다.

캠리는 일본어로 머리에 쓰는 '갓', 즉 가무리(かむり)에서 이름을 따왔다. 재 미난 점은 1950~80년대 토요타가 미국 시장을 공략한 모델은 모두 머리에 쓰는 갓과 관련된 '네이밍'을 사용했다는 점이다. 토요타는 1958년 미국에 처음 수출한 크라운(王冠)이 실패하자 티아라(小冠, 2세대 코로나의 미국 네이밍)로 재도전했 다. 3세대 코로나(光冠)로 미국 시장에 토요타의 이름을 알렸고, 코롤라(花冠)로 성공했다. 1983년 FF(전륜구동) 방식의 1세대 캠리가 미국 시장에 등장했고, 10 년 후 미국 중형차 시장을 평정했다.

미국에서 토요타의 발판을 마련한 차는 소형차 코롤라다. 코롤라는 1966년 일본 국민차로 처음 등장했다. 이후 열두 번의 모델 체인지를 거치면서 세계 140 개국에서 단일 차종으로 5,000만 대 이상을 판매하는 기록을 세웠다. 자동차 역

1966년부터 생산된 코롤라. 합리적인
가격과 성능을 목표로 개발됐다.

사상 최다 판매 모델이다. 미국에서는 대학생이나 사회 초년생이 구매하는 '생애 첫 차'로 유명하다. 성능과 스타일링과 소형차를 넘어서는 안정성이라는 세 가지 균형을 잘 갖췄다. 가격은 2,500만 원대(미국에서 2만 2,000달러 전후)다. 이 정도 가격에서는 독일이나 미국 업체들이 경쟁력 있는 소형차를 만들지 못한다. 결국 1990년대까지 일본차의 독무대였고, 이후 현대차를 비롯한 한국차들이 일본차와 이 시장을 나눠 먹었다.

1세대 코롤라가 나온 1966년에 내세운 개발 콘셉트는 '모든 사람이 가질 수 있는 차'다. 따라서 가격이 저렴하고 성능도 만족스러워야 했다. 당시 일본 시장에서 경쟁 차는 닛산 서니로 엔진 배기량이 1000cc였다. 코롤라는 서니보다 더 큰 1,100cc 엔진을 달고 이를 세일즈 포인트로 내세우며 데뷔, 단숨에 일본 패밀리카 시대를 열었다. 1970년 2세대 코롤라 레빈은 스포티한 주행 성능을 내세워 눈길을 끌었다. 수중에 돈이 없는 젊은이들에게 저렴한 스포츠카로 각광을 받았다. 레빈은 정규 자동차 레이스에서 종종 우승을 차지하면서 성능에 대한 인식을 끌어올렸다. 1983년 5세대 모델에는 당시 유행이던 전륜구동 방식을 채택했다. 후륜구동보다 넓은 실내 공간이 매력이었다.

코롤라 개발 콘셉트를 보면 토요타의 보수적인 기질이 그대로 드러난다. 2011년, 한국에 처음 선보인 10세대 코롤라는 4단 자동변속기를 달았다. 현대차 아반떼가 6단 자동변속기를 단 것에 비하면 3, 4년 뒤지는 셈이다. 코롤라는 연간 80만 대 이상 팔리는 차라 가격과 품질을 가장 우선시한다. 6단 자동변속기를 달려면 그만큼 원가 상승 요인이 발생한다. 10세대 모델이 등장한 2006년만 해도 소형차에는 4단 자동변속기면 충분했다. 토요타는 경쟁 업체에서 새로운 기술을 접목한 뒤 별다른 문제가 생기지 않는 것을 확인하고 장착했다. '돌다리를 두드리고도 건너지 않는다.'라는 토요타의 보수적인 스타일이 반영된 셈이다. 2만 달러 전후의 소형차를 찾는 고객이 원하는 차를 만든다는 콘셉트를 확실하게 지키고 있다.

토요타는 2013년 초 11세대 코롤라 모델(E170)을 공개했다. 2013년 9월 시판에 들어간 11세대 코롤라는 디자인이 기존 모델과 달리 무척 스포티하고 역동적이다. 상당 부분 현대차 아반떼의 공격적인 디자인을 의식한 듯하다. 내장도 무척 호화스럽다. 구형이라고 지적받던 4단 자동변속기를 6단으로 교체했다. 2018년에는 12세대 모델이 나왔다. 크기는 이전과 비슷하지만 새로운 TNGA 플랫폼을 적용해 기본기를 강화했다.

코롤라와 캠리가 대성공을 거둔 이유 중 공통점은 '가격 대비 가치가 높다.'라는 것이다. 10세대 코롤라가 4단 자동변속기를 채용했듯 원가를 높이는 신기술이나 전자 장비를 함부로 채용하지 않는다. 디자인도 상대적으로 보수적이다. 눈길을 확 끄는 디자인보다는 넓은 실내 공간에 주력해 어디선가 많이 본 듯한 느낌을 강조한다. 세계에서 가장 많이 팔리는 소형차와 중형차라는 개발 콘셉트를 절대 잃지 않는다는 것이다. 하지만 상황이 달라졌다. 한국의 현대자동차그룹이나 폭스바겐 등 경쟁 업체들이 중형, 소형차로 세를 확장하면서 이런 보수적인 토요타의 신차 개발 전략이 오히려 약점으로 드러났다. 경쟁 업체들이 신기술을 앞다투어 채용하고 디자인 혁신을 강조하면서 판매에 호조를 보인 것이다.

특히 미국을 중심으로 20, 30대 젊은 층에서 토요타 하면 '운전하는 재미가 없다.' '구린 디자인' '지극히 평범한 차'라는 이미지로 각인되고 있다. 도요다 아키오 사장이 경영권을 맡고 가장 신경 쓰는 부분이 바로 구린 디자인과 장년층이 타는 보수적인 차라는 이미지를 개선하는 것이다. 오죽하면 현대차의 혁신적인 디자인을 토요타가 벤치마킹했다는 소문이 사실로 확인됐을까.

최근 크라운과 프리우스의 차세대 모델을 보면, 도요다 아키오 사장의 전략이 어느 정도 성과를 드러내는 것처럼 보인다. 2022년에 공개된 16세대 크라운은 크로스오버 SUV 모델을 중심으로 라인업이 개편됐으며, 세련되고 감각적인 디자인이 돋보인다. 프리우스 역시 비슷하다. 못생겼지만 환경친화적인 차라는 이미지가 강했는데, 2023년부터 판매한 5세대 프리우스는 16세대 크라운과 패밀리룩을 이루면서 매력적인 디자인이라는 평을 받았다.

토요타 하면 역시 품질관리의 장인이라는 이미지가 떠오른다. 토요타는 고급

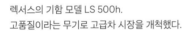

렉서스의 기함 모델 LS 500h.
고품질이라는 무기로 고급차 시장을 개척했다.

차 시장에서도 자신의 특기를 발휘했다. 캠리의 성공으로 자신감을 얻자, 1989년 메르세데스-벤츠를 벤치마킹한 고급 브랜드 '렉서스'를 출시한 것이다.

렉서스는 독일 고급차 업체인 BMW, 메르세데스-벤츠, 아우디보다 동급 차량 가격을 20~30% 싸게 내놓으면서 '합리적인 가치'를 내걸었다. 독일차와 엇비슷한 성능에 탁월한 품질과 고급스러운 인테리어, 어떤 소음도 들리지 않는다는 정숙성을 내세워 5년 만에 미국 고급차 1위에 오르면서 성공 신화를 이어갔다. 대중차로 시작해 고급차 시장까지 석권한 것이다. 하지만 렉서스는 미국 이외에 다른 지역에서는 독일 고급차에 밀리는 형세다.

렉서스 모델 가운데 가장 많이 팔리는 차는 ES다. 이 차는 캠리 차체를 기반으로 만들었다. 인테리어가 독일 고급차 이상으로 럭셔리하다. 여기에 주행 성능은 캠리보다 더 쫀득(?)하고 편안하다. 정숙성은 동급 최강이다. 독일차는 퍼포먼스가 뛰어났지만, 품질에서 만족을 주지 못했다. 렉서스는 이런 틈새를 파고들어 미국 고급차 시장을 단번에 빼앗았다.

토요타 생산방식과 끊임없는 자기 혁신

130년이 넘는 자동차 역사에서 생산방식은 두 가지뿐이다. 하나는 포드의 창업자 헨리 포드가 1910년대에 도입한 컨베이어 생산 시스템이다. 이 방식은 컨베이어 벨트 옆에 작업자들을 배치하고, 지시한 공정표대로 부품을 하나씩 조립하는 것이다. 자동차 대량생산 방식의 시원(始原)으로 포드 생산방식으로도 불린다.

그전까지 자동차 조립은 팀 단위로 차 한 대씩 조립했다. 포드는 컨베이어 생산 시스템을 도입해 모델 T 자동차를 연간 100만 대씩 생산했다. 당시로는 가히 생산 혁명이었다. 포드 생산방식은 1950년대까지 모든 자동차 업체의 교본이었다. 문제는 생산성이었다. 대량생산에는 적합했지만 어떤 작업에서 불량품이 나오는지 알기 어려웠다. 또 공정표를 바꾸지 않으면 생산성이 올라가지 않는 단점이 드러났다. 기본적으로 밀어내기식 생산이기 때문이다. 불량은 소비자가 핸들을 잡은 뒤에나 드러났다.

토요타 생산방식(TPS)은 여기에 착안했다. 공정을 가장 잘 아는 현장 작업자가 스스로 생산성을 개선하도록 한 것이다. 포드 생산방식이 작업 속도를 올릴 수 있는 첨단 설비투자 중심의 하드웨어 개선이라면, TPS는 작업자의 창의력으로 생산성을 끌어올리는 소프트웨어 방식이다. 인간의 자발적 개선 의지를 생산방식에 접목한 것은 지극히 일본적 또는 동양적이라고 할 수 있다. TPS는 1970년대 후반부터 세계 자동차 업계의 표준 생산방식으로 전파됐다. 독일 포르쉐는 1990년대 토요타 퇴직자를 불러들여 TPS를 모든 공장에 접목했다.

노사 화합은 TPS의 근간이다. 노사 관계가 나쁜 사업장에서는 자발적인 개선을 기대하기 힘들다. 종신고용 같은 고용 안정도 기본이다. 강성 노조로 유명한 미국 자동차 업체들은 그래서 TPS를 도입하고도 재미를 보지 못했다.

토요타는 1937년, 도요다 기이치로가 설립했다. 회사의 모태는 도요다 사키치가 창업한 도요다 자동방직기제작소다. 사키치는 1924년 실타래가 꼬였을 때 자동으로 정지하는 자동직기를 발명해 큰 성공을 거뒀다. 당시 그는 "불량품을 만들어내고 있는 동안은 단순히 움직이고 있는 것일 뿐 일을 하는 것이 아니다."라는 유명한 말을 남겼다.

이러한 사키치의 발상은 자동차 회사를 창업한 아들 기이치로에게 그대로 전수됐다. 작업자 스스로 공정을 개선하는 TPS가 그것이다. 1980년대 토요타를 배우러 일본을 찾았던 GM 경영진은 "미국 근로자들은 시키는 대로 일하는 기계와 비슷하지만, 토요타 근로자들은 '어떻게 하면 잘 만들 수 있을까'를 끊임없이 고민한다."라며 부러워했다.

처음 토요타 자동차는 삐걱댔다. 1930년대 말 중일전쟁에 군수물자로 납품한 토요타 트럭은 고장이 잘 나기로 악명이 높았다. 당시 군인들이 트럭 운행 중 멈춰 서면 "이거 토요타 트럭 아냐?"라고 비아냥거릴 정도였다.

눈여겨볼 점은 1940년대 말까지 토요타의 생산성이 미국의 GM이나 포드의

도요다 기이치로. 아버지가 창업한 회사를 기반으로 자동차 회사를 세웠다.

10분의 1 수준이었다는 사실이다. 2차 세계대전 패전 직후인 1945년 8월 16일 기이치로 사장은 "3년 안에 포드를 따라잡자."라는 구호를 내걸었다. 무모해 보이는 이 말에 호응한 이가 바로 'TPS의 아버지'라 일컬어지는 오노 다이이치 부장이다. 그는 훗날 부사장까지 지냈다. 당시 모토마치 본사 공장의 현장 담당인 오노는 이렇게 말했다.

"미국과 똑같은 기계를 쓰는데 포드와 생산성 격차가 큰 걸 보면 기계 탓이 아닐 것이다. 그래서 생산의 균일화, 표준 작업화, 조립라인(레이아웃) 변경 같은 생산 시스템 개선에 주력해야 한다."

TPS는 이렇게 시작됐다. 하지만 토요타의 한계는 TPS라는 지적도 나왔다. 세계 자동차 품질이 모두 월등하게 좋아진 상황이라 품질 이외에 마케팅이나 디자인 같은 새로운 전략이 중요해졌다는 이야기다. 토요타가 품질을 바탕으로 한 생산성 극대화로 세계 최강에 올랐지만 고급차에서 유럽 업체에 밀리는 것은 바로 이 때문이라는 지적이 있었다. 오로지 품질 좋고 합리적인 가격을 찾는 과거 소비자에서 자신만의 개성을 중시하는 소비자로 점점 변하고 있다는 말이다. 이 같은 한계가 드러나는 가운데 금융위기가 닥치자 위기에 몰렸다. 물론 토요타도 가만히 주저앉아 있지만은 않았다.

토요타가 어떻게 난관을 극복했는지 돌아보자. 2009년 5월 8일, 토요타 자동차는 참담한 성적표를 내놨다. 2008 회계연도(2008년 4월~2009년 3월)에 4,610억 엔(약 5조 원)의 적자를 냈다. 무리한 생산 확대에다 미국발 금융위기(리먼 브러더스 사태)가 겹친 탓이었다. 토요타의 영업적자는 1937년 창업 이후 71년 만에 처음이라 충격이 더 컸다. 일본뿐 아니라 해외에서도 '토요타 신화'에 대한 의문이 쏟아졌다. 미국 언론은 '한국의 현대자동차가 차기 토요타'라는 평을 내놓기도 했다.

토요타의 명성은 그대로 침몰할 것처럼 보였다. 하지만 4년 후 2013년 5월 8일, 토요타는 일본에서 깜짝 실적을 내놨다. 연초부터 엔화 약세가 이어지면서 '1달러=100엔'에 근접할 때 토요타 자동차는 전년 회계연도(2012년 4월~2013년 3월) 실적을 발표했다. 도요다 아키오 토요타 사장은 "집념의 결과물이 나왔다." 라고 목소리에 힘을 줬다. 그리고 1조 3,209억 엔(약 14조 원)의 영업이익 수치를 발표했다. 모두가 깜짝 놀란 호성적이다. 도요다 사장은 이 실적을 불과 3개월 지속된 엔저 효과로만 설명하지 말라고 강조했다.

그렇다면 도요다 아키오 사장의 처방은 무엇일까. 그는 무재고 생산방식인 '저스트 인 타임'이 여지없이 깨진 현장을 여기저기서 발견했다. 오로지 세계 1위를 위해 생산 확대의 중병에 걸린 토요타에 수술용 메스를 댔다. 불필요한 공정은 모두 없애고 100여 종에 달하는 차종을 수십 종으로 줄였다. 신차마다 다르게 들어갔던 부품도 상당 부분 공통화해 비용을 절감했다. 토요타는 또 내실을 다지는 데 주력했다. 리먼 사태 이전 1조 5,000억 엔(2007년 기준)에 달했던 설비투자를 2012년 8,000억 엔대까지 줄였다. 외형 확장은 중단하고 낭비를 찾아 생산성을 높인 것이다. 최근에는 전동화 전환으로 인해 설비투자를 다시 늘리는 추세다.

토요타의 가이젠(개선의 일본어 발음) 성과는 실적에서도 드러난다. 2012년 영업이익 1조 3,209억 엔 가운데 가이젠으로 얻은 비용 절감 효과가 4,500억 엔에 달한다는 것은 주목할 만한 포인트다. 이러한 성과는 가속화되고 있다. 9년이 흐른 2021년 토요타의 영업이익은 2조 9,956억 엔에 이른다. 역대 최대 규모다. 미국에서는 사상 처음으로 미국 업체를 제치고 판매 1위에 올라서는 기염을 토하기도 했다. 대부분 브랜드가 각종 부품과 반도체 수급으로 생산에 큰 타격을 입었지만, 토요타는 2011년 당시 동일본 대지진 때 발목 잡았던 '저스트 인 타임'을 가이젠했다. 중요 부품의 재고 기간을 늘려 단기적인 위기에 대응하자는 것이었다. 이런 개선 덕에 10년이 지나 업계에 들이닥친 반도체 악령에 대처할 수 있었다.

도요다 사장은 2009년 사장 취임 당시 전문 경영인 대신 14년 만에 창업 일가가 경영권을 맡은 것으로 전 세계 언론의 주목을 받았다. 2007년 그가 토요타의 판매총괄 부사장일 때 내부에서조차 '(도요다 창업 일가의 우수한) 피는 시간이 지나면 흐려진다.'라는 비판까지 나오며 그의 경영 능력에 의문을 달기도 했다. 이런 위기 속에서도 단 한 명의 정규직 종업원도 해고하지 않고 고용을 이어갔다. 일본뿐 아니라 전 세계 공장에서 마찬가지였다. 유명 투자회사들은 이런 토요타의 고용 정책에 신용 강등의 엄포를 놨다. 하지만 도요다 사장은 꿈쩍하지 않았다. 토요타 생산방식은 낭비를 줄이는 종업원의 아이디어에서 나온다고 굳게 믿

엠블럼 변천 ────────────

1935~1949년

1949~1989년년

1958~1969년

1969~1978년

1978년~현재

1989년~현재

2005년~현재

2019년~현재

2020년~현재

고 고용 안정이 우선이라는 점을 여러 번 발표했다. 그 결과 토요타만의 방식으로 부활을 알린 것이다.

이 같은 노력 끝에 지금은 길기만 했던 조립라인이 예전의 절반 수준으로 짧아졌다. 투입되는 비용이 준 것이다. 도요다 사장은 "리먼 사태 이전엔 한 조립라인에서 신차를 투입해 이익을 낼 수 있는 최소 생산 대수가 20만 대였는데, 지금은 10만 대로 줄었다."라고 설명했다. 그만큼 원가 경쟁력이 높아졌다는 이야기다. 2022년 사상 최대의 인플레이션이라는 최악의 상황과 차량용 반도체 수급 대란이 벌어지면서 다시 그의 능력을 검증할 시기가 찾아왔다. 결과는 놀라웠다. 2022년 매출은 약 37조 엔으로 사상 최고였다. 다만 여러 악재로 순이익은 줄었다. 2023년에도 토요타는 1,022만 대로 판매량 세계 1위를 지켰다. 이로써 4년 연속 세계 판매 1위를 수성했다.

다만 2024년 1월 현재, 2023년 말에 터진 자회사 다이하쓰의 품질 인증 조작 사건 때문에 2009년 리콜 사태의 악몽이 되살아나는 분위기다. 리콜 사태가 벌어졌을 때도 토요타는 상당한 타격을 입었고, 신뢰를 회복하는 데 꽤 긴 시간과 노력이 필요했다. 전처럼 이번 악재를 극복해 소비자의 신뢰를 다시 얻고, 품질 경영의 달인이라는 이미지를 되찾을 수 있을까. 토요타의 자기 혁신성이 또 한 번 시험대에 올랐다.

혼다

아름다운 실패,
기술로 승부한 명가의 재건

설립자
—
혼다 소이치로, 후지사와 다케오

설립 연도
—
1948년 9월 24일

대표 모델
—
어코드, 시빅, CR-V

엠블럼
—
창업자의 영문 이름인 Honda에서 H를 따와 형상화했다.
단순하지만 그만큼 강한 상징성으로 자신의 정체성을
명료하게 드러낸다.

실패는 아름답다
혼다 창업자의 마음가짐

도전 정신이라는 기업 문화를 일군 창업자
혼다 소이치로

혼다는 재미있는 회사다. 매출 100조 원이 넘는 대기업이지만 벤처기업에 가깝다. 이 회사에서는 아직도 기술 개발이 가장 큰 경쟁 요소다. 회사 창립 70년이 넘었지만, 창업자의 정신이 그대로 이어져 내려오고 있으며, 직원이 전 세계 100개국에서 10만 명이 넘는데도 상대적으로 관료화와는 거리가 멀다.

은퇴한 혼다 중역 가운데는 1960년대 입사 면접에서 "혼다에서 UFO를 만들겠다."라는 포부를 밝혀 합격한 사람이 있다. 혼다는 아직 UFO를 만들지 못했지만, 모빌리티 컴퍼니에서 세계 최초의 직립 보행 로봇과 첨단 제트기를 자체 기술로 개발했다. 특히 차세대 산업으로 주목받는 로봇의 경우에는 인간 노동을 대체하는 수준을 목표로 맹렬히 나아가고 있다.

포드, 토요타, 현대차와 마찬가지로 혼다도 창업자인 혼다 소이치로(1906~1991년)를 빼놓고 이야기할 수 없다. 혼다 소이치로는 세상을 떠난 지 30년이 넘었지만 매년 일본 언론사에서 뽑는 '존경하는 경영자' 부문에서 파나소닉 창업자인 마쓰시타 고노스케와 1, 2위를 다툴 정도로 인기가 높다. 특히 2011년 동일본 대지진 이후 경제가 침체하자 혼다 소이치로의 창업 정신은 한층 더 높은 평가를 받고 있다. 그 이유는 그만의 경영 철학에 있다.

1971년, 그는 65세에 혼다에서 은퇴하면서 주식 대부분을 회사에 환원하고 동생과 아들 같은 친족을 모두 퇴진시켰다. 단지 1%의 주식만 부인에게 남겨줬을 뿐이다. 이후 회사 어디에서도 '혼다'라는 성을 쓰는 사람을 찾아볼 수 없었다.

다음은 그가 만든 사장 승계(지배 구조)의 전통이다. 우선 사장은 모두 이공계

(연구소) 출신이다. 소이치로가 만든 전통인데 사규에는 없다. 현재 7대 사장까지 모두 이공계 출신이었으며 다음번도 마찬가지일 것이다. 그의 정규 학력이 초등학교뿐이라 그런지 혼다에서는 학력 차별도 없다. 대학원 졸업이든 고졸이든 같은 임금 체계에서 시작한다. 2002년에는 일본 최고 명문 도쿄대를 나와 기획실에서 일하던 간부가 '현장이 좋다'면서 스즈카 공장 조립라인으로 전근을 가 화제가 되기도 했다.

소이치로가 전승한 혼다의 유전자는 '꿈, 도전, 기술'이라는 세 가지 단어로 정리할 수 있다. 그는 "실수를 저지르지 않는 사람은 그저 위에서 시키는 대로 일하는 사람이다. 그런 사람은 혼다에 필요치 않다."라고 말할 정도로 도전 정신을 중시했다. 혼다는 실패를 용인하는 수준을 넘어 실패를 '장려'할 만큼 도전 정신을 중시한다. 아예 실패 장려금까지 있을 정도로 혼다의 기업 문화는 도전 지향적이다. 그 덕분에 무수한 세계 최초를 만들 수 있었다.

회사 이름에서도 기술을 중시하는 문화가 드러난다. 영문 이름은 Honda Motor Co.이지만 일본에서는 창업 당시 이름인 혼다기켄코교(本田技研工業)를 그대로 쓰고 있다.

소이치로는 '하나의 차체에 하나의 엔진'을 고집했다. 그래야 그 차의 특성을 그대로 보여줄 수 있다는 판단에서였다. 요즘에는 수천억 원이 투입되는 신차 개발비를 줄이려고 소형차 차체로 세단부터 SUV, 중형차까지 생산한다. 개발하는 신차마다 그 차에 맞는 특성이 있어야 한다는 소이치로의 철학은 이런 플랫폼 공용화 추세에는 맞지 않지만, 새삼 그가 카가이(Car Guy)임을 느끼게 한다.

일본인이 가장 존경하는 기업인 혼다 소이치로

소이치로의 인생은 한마디로 꿈을 실현하기 위한 도전이었다. 1946년 혼다 소이치로는 "세상을 위해 그리고 사람을 위해 우리가 기여할 수 있는 것이 무엇일까?"라는 큰 꿈을 품고 과감한 도전에 나섰다. 2행정 50cc짜리 보조 엔진을 개발해 자전거에 부착한 오토바이가 현재 글로벌 기업 혼다의 시초였다. 당시 일본 회사들은 외국 회사와 합작으로 자동차나 오토바이를 만들고 있었다. 소이치로는 달랐다. 독자적인 기술 개발에 매진했다. 실패의 연속이었지만 끈질긴 노력 끝에 자동차 산업까지 진출했다.

창업 당시부터 세계 최고의 자동차를 목표로 삼았고 그 꿈을 이뤘다. 그는 대기업의 창업자이면서도 엔진 설계의 일인자로 일선에서 은퇴하기 전까지 결코 현장을 떠나지 않고 직원들과 함께 동고동락했다. 그는 불가능이란 말이 나오면 스패너나 자로 직원들을 때리기까지 하면서 난관을 돌파하는 인물이었다. 그의 이런 열정과 솔선수범 정신은 지금까지도 혼다의 사풍에 남아, 오너가 없어도 회사가 돌아가는 밑거름이 되고 있다.

1952년, 소이치로는 자본금이 고작 600만 엔이던 시절에 자동차 사업을 위

1963년에 출시한 소형 스포츠카, S500.
수랭식 DOHC 엔진으로 출력은 44마력을 냈다.

해 무려 4억 5,000만 엔짜리 정밀기계를 도입하기로 결정했다. 회사의 경영 사정이 말도 못 하게 어렵던 시절에 기술과 품질로 위기를 돌파하겠다는 결정을 내렸던 것이다. 1963년, 이런 노력에 힘입어 혼다의 전설로 남은 스포츠카 S500과 S360이 탄생했다.

소이치로는 저승길조차 독특했다. "자동차를 만들고 있는 내가 거창한 장례식을 치러 어리석게도 교통 정체를 일으키는 일은 피하고 싶다."라고 말하면서 장례식에는 혼다 사장들만 조문하도록 했다. 심지어 재계 인사들이 보낸 화환마저 돌려보낼 정도였다.

혼다가 연 매출 100조 원을 넘기는 글로벌 기업으로 우뚝 선 데는 소이치로라는 기술자와 더불어 후지사와 다케오 부사장이라는 관리통이 황금 콤비가 됐기 때문이다. 자전거 수리점에서 시작해 1948년 오토바이 제조사인 혼다를 창업한 소이치로는 1950년대 자동차 사업을 준비하면서 경영자를 찾았다. 그리고 당시 제재업 회사를 운영하던 후지사와를 삼고초려 끝에 (자동차 사업의) 꿈을 이룰 수 있도록 도와달라며 영입했다. 이후 소이치로는 엔진 개발에만 매달릴 뿐 재무 및 인사는 후지사와에게 모두 위임했다. 지금도 혼다는 연구소 출신이 사장을 맡아 신차 개발과 미래 전략을 맡는다. 부사장은 후지사와처럼 관리를 책임지며 혼다를 이끈다.

혼다와 토요타
일본 자동차 업계의 양대 산맥이자 경쟁자

혼다는 (토요타에 비해) 작지만 강하다. 기본기에 충실해 '잘 달리는 차' 개발이 창업 이래 지금까지 이어지고 있다. 그래서 후륜구동처럼 자동차를 가로지르는 축(프로펠러 샤프트)이 없어 원가가 저렴한 전륜구동만을 고집해 왔다. (NSX 같은 일부 경주차만 후륜구동이다.) 또 3.5L 6기통 이상 엔진은 대중차에 필요 없다며 만들지 않았다. 이런 고집 때문에 '혼다는 전륜구동 교과서'라는 말이 나온다. 대신 자동차 레이스의 최고봉인 포뮬러1(F1)에는 토요타보다 먼저 참가해 여러 차례 우승하며 '엔진의 혼다'라는 닉네임을 얻었다.

2008년, 금융위기가 오자 혼다는 자신만의 색깔로 위기를 넘겼다. 특기인 소형차에 집중하고 매년 수천억 원이 들어가는 포뮬러1에서 즉각 철수했다. 오너가 없어 의사결정이 늦은 여느 일본 기업과 달리 혼다는 어떤 자동차 업체보다 빠른 의사결정으로 위기 때 전 세계 자동차 업체 중 최고의 이익을 냈다.

"토요타는 일본의 오늘이고 혼다는 일본의 미래다."라는 말이 있다. 아시아 최초로 경주 전용 레이싱 서킷을 만들었고, 자동차 생산 2년 만에 포뮬러1에 출전해 우승까지 했다. 세계 최초의 2족 직립보행 로봇 아시모를 만들었으며, 자체 기술로 제트기까지 개발했다. 차세대 자동차인 하이브리드 자동차에서도 토요타와 경쟁하고 있다.

혼다는 이른바 '1등 기업'이 아니다. 매출과 순이익으로 따져 보면 그렇다. 그

혼다 RA272, 1965년 멕시코 그랑프리에서
우승한 경주용 자동차다.

러나 혼다는 늘 놀라운 도전 정신으로 세계를 놀라게 했다. 1959년 세계 최고 권위의 오토바이 레이스인 맨섬 TT 레이스에 출전한 뒤 2년 만인 1961년 1등에서 5등까지를 휩쓸어버렸다. 1965년에는 포뮬러1 레이스에서 우승을 차지했다. 첫번째 소형차인 S500이 양산에 들어간 지 2년밖에 안 된 시점이었다. 혼다 소이치로는 우승 소감을 묻는 기자들에게 이렇게 대답했다.

"우리 목표는 '제일 곤란한 길'을 골라서 걷는 것이다. 승부의 결과 따위는 우리 관심사가 아니다. 우리는 오로지 결과를 분석해서 품질을 높이고, 좀 더 안전한 자동차를 고객에게 선보일 것이다. 혼다는 더 나은 신차를 만들려고 그랑프리 대회에 출전한다."

토요타는 신차를 개발하면서 혼다를 벤치마킹한다. 혼다가 신기술로 치고 나오면, 토요타는 그것을 6개월 안에 모방하고 개선해 막강한 영업력으로 시장을 장악한다. 개척자와 지배자, 그것이 혼다와 토요타를 대변하는 단어라고 할 수 있다. 미국 시장 진출에서도 혼다가 먼저 깃발을 꽂고 성공하자, 토요타는 치밀한 준비를 거쳐 혼다를 따라잡았다.

지배 구조의 차이도 크다. 토요타는 도요다 가문의 지배를 받는다고 해도 과언이 아니다. 도요다 가문의 지분은 1% 미만이지만 그들의 권력은 막강하다. 반면 혼다는 사장이 모든 것을 책임진다. 창업주 일가는 경영에서 배제된 지 오래고, 실질적인 오너도 없다. 하지만 '혼다이즘'이라는 독특한 이념으로 전 회사가 똘똘 뭉쳐 돌아간다.

대중과 함께한 혼다의 대표 자동차

혼다의 대표적인 차는 중형 세단 어코드와 준중형 시빅이다. 여기에 공전의 히트를 기록한 미니밴 오디세이, 콤팩트 SUV인 CR-V도 있다. 어코드는 2007년까지 세계 최대 자동차 시장이었던 미국에서 생산된 최초의 일본차다. 1976년에 출시된 이래 2023년 11세대 신차가 나온 47년의 세월 동안 160개국에서 1,900만 대 가까이 판매됐다. 토요타 캠리에 이어 중형차 판매 세계 2위다.

1세대는 1976년에 나온 4도어 살롱의 해치백이다. 미국의 배기 규제법인 머스키법을 처음 통과한 CVCC 엔진을 달았다. 그해 미국에서 '올해의 차'로 선정되기도 했다. 2세대는 1981년에 등장했다. 혼다의 콤팩트카 노하우가 집약된 모델이다. 미국 최고의 베스트셀링카, 유럽 '올해의 차'로 선정되면서 어코드가 미국의 대중차로 인정받는 계기가 됐다. 1985년에는 스포티하고 다이내믹한 스타일을 적용한 3세대 어코드가 단점이었던 실내 공간을 넓혀 출시됐다. 그러나 판매에서는 캠리에 밀려, 혼다의 전성기가 끝났다는 평가까지 나왔다.

1989년, 위기 속에서 4세대 어코드가 등장했다. 세련된 스타일과 간결한 실내 공간을 앞세운 4세대 어코드는 1989~91년까지 미국 넘버원 셀링 승용차에 오르면서 캠리와 접전을 벌였다. 1993년에 나온 5세대는 세계 톱 클래스 수준의 안전기준과 배기가스 절감을 실현한 모델이다. 1993~94년 일본 '올해의 차', 1994~95년 '미국 10대 베스트 카'로 선정됐다. 1997년 나온 6세대는 주행 성능에 주안점을 뒀다. 왜건과 쿠페를 내놓으면서 어코드가 가지치기 모델로도 가능성이 있다는 것을 확인시켜줬다. 2002년에 출시된 7세대 어코드는 처음으로 연비와 출력을 높인 DOHC i-VTEC 엔진을 달았다.

2008년에 출시된 8세대 어코드는 전 세대 대비 강화된 성능의 3.5L와 2.4L 엔진을 장착했다. 하지만 경쟁 모델인 현대 쏘나타에게 시장을 내주면서 가까스로 캠리에 이은 2위에 만족해야 했다. 혼다는 평범한 디자인을 추구했는데, 개성 있는 디자인으로 탈바꿈한 쏘나타에 뒤진다는 평가였다. 이런 지적을 의식해서인지 혼다는 2012년 말, 확 바꾼 9세대 어코드를 출시했다. 우선 디자인이 모던했다. 연비가 10% 이상 개선된 데다 달리는 맛도 더 쫀득해졌다. 2017년에 나온 10세대 어코드는 다운사이징 추세에 맞춰 2.4L와 V6 3.5L 가솔린 엔진을 1.5L와 2.0L 가솔린 터보 엔진으로 갈아치웠다. 2022년 공개된 11세대는 길이가 5m에 육박하는 4,970mm로 길어져서 준대형급으로 커졌다. 파워트레인은 2.0L 터보가 없어지고 1.5L 가솔린 터보와 2.0L 하이브리드만 남았다.

준중형 시빅은 미국에서 대학생이나 직장 초년생들이 가장 선호하는 대중차다. 2만~3만 달러의 가격대로 토요타 코롤라, 현대 아반떼와 경쟁하는 차다. 첫 모델은 1972년에 출시돼 전륜구동 해치백이라는 새로운 시장을 만들어냈다. 1970년대는 전 세계가 제1차 오일쇼크 때문에 석유를 사용하는 제품의 연비 향상에 집중하던 시기다. 특히, 미국에서는 '머스키법' 발효로 배기가스 배출을 엄격히 규제했다. 이때 1972년 혼다가 저공해 'CVCC 엔진'을 개발하며 세계 최초로 이 법을 통과하는 자동차를 출시했다. 그 모델이 바로 준중형 시빅으로, 혼다는 자신이 보유한 기술로 미국 자동차 역사의 한 면을 기록했다.

시빅은 세대교체를 거치면서 세계적인 준중형차 반열에 올랐고, 2022년 열한 번의 모델 체인지를 거치면서 오랜 역사를 이어가고 있다. 경쟁 모델의 부상으로 판매에 기복이 생긴 적도 있지만, 전반적으로 인기가 안정적이다. 출시 이후

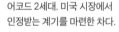

어코드 2세대. 미국 시장에서
인정받는 계기를 마련한 차다.

전 세계 누적 판매량은 2,700만 대가 넘는다. 토요타 코롤라, 포드 F-시리즈, 폭스바겐 골프, 폭스바겐 파사트에 이어 역대 판매량 5위에 올랐다.

혼다는 가격 대비 가치가 높은 차다. 경쟁차에 비해 디자인이 투박하지만 '잘 달리고, 잘 돌고, 잘 서는' 기본기에 충실하다. 10년을 타도 한결같은 내구성이 동급 차량 중에 최고 수준이다. 한마디로 화려한 것보다 잘 달리는 차를 좋아하는 중산층에 딱 맞는 차가 혼다다. 시빅은 그런 혼다의 특성을 대표하는 모델이다.

혼다는 엔진뿐 아니라 미래 환경문제를 개선하는 데에도 박차를 가했다. 1990년대 초부터 우수한 친환경성과 연료 효율, '새로운 콤팩트 스탠더드'라는 콘셉트를 반영한 친환경차 개발에 주력했다. 그 결과 1999년 하이브리드 전용 모델인 인사이트를 출시했다. 인사이트는 당시 세계 최고 수준의 연비인 32km/L(일본 연비 기준인 10.15모드)를 기록하며 혼다의 기술력을 과시했다. 더불어 2009년에는 세계 최초로 하이브리드 스포츠카 CR-Z를 내놨다.

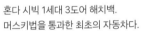

혼다 시빅 1세대 3도어 해치백.
머스키법을 통과한 최초의 자동차다.

엔진의 혼다가 선언한 '탈엔진'

혼다는 하이브리드 시장에서 선두주자로 뛰어들었지만, 전기차 개발은 뒤처진 상태다. 일본 자동차 제조사의 전기차 전환이 대체로 늦은 편인데, 그중에서도 혼다는 후발주자에 속한다. 혼다가 부진한 이유는 일본 내수 시장의 낮은 전기차 보급률, 히트 모델 부재로 전 세계 판매량이 감소하면서 떨어진 이익, 설비 과잉으로 인한 고정비 부담, 원활하지 못한 미래 투자 배분 등을 들 수 있다.

현재 혼다에서 판매하는 전기차는 2020년에 출시한 혼다 e 한 종류에 불과하다. 혼다 초창기 모델의 디자인을 현대적으로 재해석해 화제를 모았지만, 소형차급의 작은 크기, 200km대 초반에 불과한 주행거리, 차급 대비 비싼 가격 등 실용성이 떨어져서 판매는 부진하다. 도심형 커뮤터로는 적합하지만, 차체가 크고 주행거리가 긴 전기차가 많이 나오면서 혼다 e만의 매력 요소가 줄어들었다. 결국 2024년 1월에 단종 수순을 밟았다.

급속한 전동화와 탈탄소화 시대를 맞이해 혼다도 브랜드 전동화 전략을 내놓았다. 혼다는 2021년 탈엔진을 선언했다. 엔진의 혼다가 회사의 핵심 요소를 버리는 내용이어서 당시 업계에 큰 화제를 모았다. 2022년 4월 혼다는 탈엔진 선언을 구체화할 전략을 발표했다.

2030년까지 전 세계에 전기차 30종을 출시하고, 2040년까지 모든 신차를 전

엠블럼 변천 ────────────────

1961~1969년 　　　1969~1981년　　　1981~2000년　　　2000~2024년

기차나 연료전지차로 전환한다는 내용이다. 전기차 판매량도 2030년까지 200만 대로 늘릴 계획을 세웠다. 북미 시장에서는 GM과 협업해 아큐라 브랜드 전기차를 개발하고, 일본에서는 내수용 N박스를 기반으로 한 저가형 전기차를 만들어 대중차 시장을 공략한다. 세계 최대 시장인 중국에는 현지 전략형 모델을 출시할 계획이다. 배터리 공급 문제를 해결하려고 LG에너지솔루션과 함께 배터리 합작 법인을 세우고, 미국 오하이오주에 2023년부터 공장을 건설하는 중이다. 신규 공장은 2025년부터 생산에 들어간다. 혼다 전기차 전략과는 별개로 소니와 합작회사를 설립해 새로운 전기차를 개발하고 있다.

혼다 e, 72년식 시빅의 디자인을
재해석한 소형 전기차

BYD

휴대폰 배터리 회사에서
전기차의 대가로

설립자
—
왕촨푸

설립 연도
—
1995년 2월

대표 모델
—
Han, Seal, Dolphin, ATTO 3

엠블럼
—
초기부터 지금까지 비야디(Biyadi)의 철자를 형상화한
로고를 사용한다. 브랜드명을 도로명에서 따왔으나 지금은
Build Your Dreams로 의미를 바꿨다.

배터리는 배터리로 통한다

전기는 현대 사회의 필수 요소다. 전기가 없으면 세상이 멈춘다고 할 정도다. 배터리 발달은 전기 사회의 일대 혁신이다. 콘센트에 플러그를 꽂지 않아도 되니 이동하면서 제품을 사용할 수 있는 자유가 생겼다. 배터리가 없었다면 '걸어 다니면서 내가 원하는 음악을 듣는다.'라는 소니 워크맨의 혁신이나, 세상을 바꿔놓은 스마트폰의 탄생은 꿈도 꾸지 못한다. 조그만 전자 제품에나 들어가던 배터리는 이제 자동차의 동력원 역할도 한다. 전기차 역시 배터리로 달린다. 전력으로 몇 톤이나 되는 자동차가 움직인다.

전기차 회사 BYD(한국에서는 '비야디'라고 읽음)는 1995년 기업가 왕촨푸가 설립했다. 왕촨푸 회장은 1966년생으로 1987년 중난대학 야금물리화학과를 졸업하고 베이징유속금속연구원에서 석사를 마쳤다. 이후 1993년부터 금속연구원의 자회사인 비거라는 배터리 회사에서 사장으로 근무하면서 실전 경험을 쌓았다. 전자 기기의 발달을 보며 배터리 시장이 성장하리라 예견해 회사에 투자를 요청했지만, 국유 기업 특유의 늦은 의사 결정과 일 처리에 묶여 자기 뜻을 펼치지 못하자, 회사를 나와 직접 배터리 공장을 설립했다.

사명은 'Build Your Dreams(네 꿈을 이뤄라.)'의 머리글자를 가리킨다. 이름에 담긴 뜻대로 BYD는 세계 전기차 판매량 1위 회사에 올랐다. 시작은 휴대폰 배터리 회사였다. 처음에는 OEM 업체에서 시작해 1997년 자체 개발한 리튬이온 전지를 생산했다. 2000년 모토로라, 2002년 노키아 등 글로벌 휴대폰 업체의 배터리 공급사로 선정되면서 성장 발판을 마련했다. 2003년에는 전 세계 휴대폰 배터리 업체 2위에 오를 정도로 사세를 키웠다. 왕촨푸 회장은 '배터리 왕'이라는 별명이 붙을 정도로 배터리 분야에서 알아주는 인물이 됐다.

배터리 분야에서 입지를 다진 BYD는 엉뚱하게도 자동차 시장으로 눈을 돌린다. 주위 반대가 심했지만 2003년 파산 직전의 친촨자동차를 인수해 자동차 시장에 진출했다. 전자 기기에서 배터리 시장 확대를 예측한 왕촨푸 회장이 이번에는 자동차 시장의 성장 가능성을 본 것이다. 왕촨푸 회장은 "배터리의 미래를 예측할 수 있는 자가 전기차의 운명을 결정한다."라고 말하며 자동차 시장에 도전했다.

2005년 BYD는 자사 최초 모델인 F3를 출시했다. F3는 출시 1년이 지나기도 전에 10만 대 판매를 달성하며 중국에서 단기간 가장 많이 팔린 자동차에 이름을 올렸다. 2008년에는 F3에 기반한 플러그인 하이브리드 모델 F3DM을 내놓으며 전동화 자동차 시장에 발을 들여놓았고, 이후 전기 버스와 택시를 선보이며 전기차 업체로 체질을 바꿔나갔다. 2022년에는 가솔린과 디젤차 생산 중단을 선언하며 전동화 업체로 거듭났다. 순수 전기차 업체를 제외하면 기존 완성차 업체 중에서 내연기관 생산을 중단한 곳은 BYD가 처음이다. 2023년에는 전기차 시장의 절대 지존과 같은 테슬라를 넘어 판매량 1위에 올랐다. 휴대폰 배터리로 시작해 배터리를 사용하는 전기차 시장을 제패했다. 배터리는 배터리로 통한다!

BYD가 처음 내놓은 소형 자동차
F3(1세대)

서양의 테슬라, 동양의 BYD

자동차 시장에서는 중국을 별도 영역으로 인식하는 경향이 강하다. 지난 10여 년 동안 중국의 자동차 판매량은 2,200만~2,900만 대 사이를 오르내리며 세계 1위를 달리고 있다. 전 세계 자동차 판매량이 대략 7,000만~8,000만 대이니 거의 3분의 1을 중국 자동차가 차지한다. 규모로는 자동차 대국이지만, 자동차 시장에서 중국 인지도는 떨어진다. 해외시장에 잘 알려지지 않았고, 자동차 산업 후발주자여서 기술력이 떨어진다는 인식이 여전히 남아 있다. 디자인 모방이 잦아 짝퉁 취급도 받는다.

전기차 시장이 커지면서 중국의 자동차 시장은 급속하게 발전하고 있다. 국가에서 전기차 생산을 장려하면서 100여 곳이 넘는 수많은 업체가 생겨났다. 내연기관 자동차보다 진입 장벽이 낮고 고도의 기술이 필요하지 않다 보니 중국에서 전기차가 쏟아져 나왔다. 전 세계 연간 전기차 판매량의 60% 정도를 중국이 차지한다. 유럽 25%, 미국 10%인 수치와 비교해 큰 격차로 앞서나간다. 많은 회사가 다양한 차종을 내놓으며 경쟁하다 보니 중국 전기차 시장은 빠르게 성장해 나갔고, 디자인이나 기술도 발전을 거듭했다. 내연기관 시절과 다르게 수출도 빠르게 증가해 전 세계 시장에서 인지도도 높아지고 있다.

중국 전기차 시장의 주역은 단연 BYD다. BYD는 2022년 전기차 93만여 대를 팔아 판매량 세계 2위에 올랐다.(PHEV와 상용차까지 포함한 BYD의 판매량은 187만 대) 2021년과 비교해 성장률이 176%에 이른다. 2023년에도 성장은 이어졌다. 2023년 3분기까지 판매량을 보면 테슬라 132만여 대, BYD 105만여 대였으며 4분기에는 기어이 BYD가 테슬라를 판매량에서 앞서며 친환경차 세계 판매 1위 업체가 됐다. (2023년 판매량 약 302만 대)

2021년 BYD는 시가총액 기준 세계 3위 자동차 업체 자리에 올랐다. 테슬라와 토요타에 이어 3위를 차지하며, 폭스바겐과 메르세데스-벤츠 등 쟁쟁한 상대를 앞서나갔다. (이후 상장과 함께 3위에 오른 포르쉐에 밀려 4위로 내려앉았다가 다시

3위로 올라섰다.) 중국의 신생 자동차 업체가 토요타 바로 뒤를 잇는 사실만으로도 놀라운 일이다.

테슬라는 전기차 시대의 도래와 함께 자동차 시장에 혜성처럼 나타난 혁신 업체로 인정받는다. 자동차 시장 전체에서 시가총액 1위를 차지하며 시대 변화를 몸소 보여주고 있다. BYD는 테슬라에 비견된다. 테슬라의 뒤를 잇는 전기차 시장의 신화로 여겨진다. 하지만 BYD가 걸어온 길을 보면 제2의 테슬라는 아니다. 오히려 나란히 성장했다.

테슬라가 첫 번째 양산 전기차인 스포츠카 로드스터를 내놓은 때는 2008년이고, 본격적으로 실용적인 세단을 출시한 시기는 2012년이다. BYD는 2005년 F3라는 가솔린 모델을 자사 최초로 만들었다. 2008년에는 F3DM이라는 플러그인 하이브리드 모델을 내놓았는데, 세계 최초의 양산형 PHEV로 인정받는다. F3 시리즈 판매에 힘입어 BYD의 판매량은 18만 대에서 2010년 52만 대로 늘었다.

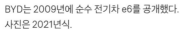

BYD는 2009년에 순수 전기차 e6를 공개했다.
사진은 2021년식.

F3는 2009년과 2010년 연이어 중국 판매량 1위를 차지했다.

2010년 BYD는 탄소 배출 감축과 대중교통 문제의 해법으로 전기 자동차를 제시하고 순수 전기 버스 K9과 전기 택시 e6를 출시했다. 이후 꾸준하게 전기차를 만들어오다가 2020년 한(漢)이라는 모델을 내놓으면서 대반전의 기회를 잡는다. 상품성과 완성도가 높은 한이 큰 인기를 얻으면서 경쟁 모델은 물론 내연기관을 앞서는 전기차로 인정받은 것이다.

테슬라처럼 순수 전기차로 시작하지는 않았지만, 비슷한 시기에 자동차 시장에 발을 들여놓아 친환경 자동차 위주로 발전해 오다, 전기차 시대를 열어가는 혁신의 상징이 됐다. 서양에 테슬라가 있다면 동양에는 BYD가 있다.

중국차의 한(恨)을 푸는 전환점이 된 한(漢)

신생 자동차 제조사가 성공하기는 쉽지 않다. 전통 있는 기존 제조사들이 견고하게 시장을 지키는 터라 후발주자가 끼어들기 어렵다. 규모와 기술이 뒷받침돼야 하고, 인지도가 높아야 구매자를 끌어들일 수 있는 시장이다 보니 후발주자가 성장할 기회를 얻기가 쉽지 않다. BYD는 후발주자로서 메이저 자동차 회사 반열에 오른 소수 사례 중 하나다.

기회는 전기차 시장 확대에서 찾아왔다. 휴대폰 배터리 사업으로 번 돈을 내연기관 제조사에 투자했다. BYD는 친촨자동차를 인수한 2008년에 내연기관 자동차 F3를 출시하며 성장 발판을 마련했지만, 저가차를 생산하는 중소업체의 틀을 벗어나지는 못했다.

2010년 전기차 시장에 발을 들이면서 BYD는 본격적으로 성장세에 접어든다. 배터리 생산 능력과 전기차 시장 확대가 시너지 효과를 내면서 급속하게 성장했다. 배터리를 자체 생산하면서 전기차까지 만드는 회사는 소수에 불과하다. BYD는 자동차용 반도체도 자체 생산한다. 전기차, 배터리, 반도체가 삼위일체를 이루는 유리한 조건을 갖춘 것이다. BYD의 사업 구조를 보면 매출의 54%는 자동차, 8%는 배터리, 나머지 38%는 위탁 생산이 차지한다.

절묘한 타이밍도 BYD 성장에 한몫했다. 전기차 시장이 막 열리는 시기에 BYD는 전기차 사업에 나섰고, 때마침 필요한 조건을 갖췄으니 성공은 보장된 셈이었다. 운이 좋았다고 평가할 수도 있지만, 시장을 예측하고 준비한 측면이 더 크게 작용했다고 봐야 한다. 2008년 워런 버핏이 2억 3,000만 달러를 투자해 BYD 지분 10%를 인수한 일도 회사의 성장 가능성을 본 판단이라 할 수 있다.

BYD의 첫 전기차는 2009년에 공개한 5인승 크로스오버 e6다. 전기차 주행거리가 100km대에 불과하던 당시에 주행거리 300km를 달성했다. e6는 택시로 먼저 쓰이고 일반 판매는 2012년부터 시작했다. 현재 BYD는 준중형 해치백 e2, 준중형 세단 e3, 소형 세단 e5, 준중형 크로스오버 e6, CUV 송, 중형세단 실(Seal), 준대형 세단 한(Han) 등을 생산한다.

BYD에 전환점을 마련해 준 전기차 '한'

BYD가 전기차 분야에서 괄목할 성장을 지속해 왔지만, 저렴한 중국차라는 꼬리표가 따라붙었다. 디자인이 빈약하다는 지적도 꾸준하게 제기됐다. BYD는 2016년 아우디 총괄 디자이너 출신 볼프강 예거를 비롯해 유명한 디자이너를 영입하고, 2020년에는 글로벌 디자인 센터를 세우는 등 디자인 경쟁력 강화에 나섰다.

같은 해 블레이드 배터리도 출시했다. 배터리 셀이 칼날처럼 생겼다고 해서 블레이드라고 부르는데, 모듈 없이 배터리팩에 셀을 바로 담는 CTP 방식을 적용해 공간을 절약하고 무게를 줄이는 장점이 있다. 같은 공간에 더 많은 배터리를 넣을 수 있어서 에너지 밀도가 높고 주행거리가 늘어난다. 블레이드 배터리는 인산철 방식이다. 리튬이온보다 성능이 떨어진다는 평이 지배적이지만, BYD는 혁신적인 기술을 도입해 리튬이온 못지않은 성능을 내는 배터리를 만들어냈다.

2020년에 선보인 한은 디자인과 성능, 상품성과 완성도에서 한 단계 발전한 모습을 보여줬다. 블레이드 배터리를 적용해 넓은 실내 공간을 확보했고, 유럽 기준 주행거리 600km를 달성했으며, 제로백 3.9초를 기록하는 등 글로벌 시장에서도 높은 경쟁력을 지닌 모델로 거듭났다. 무엇보다도 한은 BYD의 전기차가 내연기관을 넘어서는 분기점이 됐다.

테슬라 모델 3를 앞선다는 평가가 이어지면서 중국차라는 부정적인 선입견도 서서히 줄어들고 있다. 한 이후 BYD의 성장 속도는 빨라졌고, 결국 2023년에는 세계 판매 1위에 오르는 대업을 이뤘다. BYD는 한 이전과 이후로 나뉜다는 말이 나올 정도로 전기차 한은 중요한 전환점이다. 전기차 시장의 선두주자이지만, 중국차라는 선입견과 테슬라의 벽을 넘지 못한 한(恨)을 한(漢)으로 풀었다.

상하이자동차 지리자동차

중국을 대표하는 자동차 회사

설립자

리수푸(지리자동차)

설립 연도

1951년(상하이자동차) / 1996년(지리자동차)

대표 모델

맥서스, MG, 로위(상하이자동차) / 비전, 엠그랜드, 보루이(지리자동차)

엠블럼

상하이자동차 엠블럼은 파란색 원 안에 영문 이름을 표기했다. 2023년 지리자동차는 2013년에 공개한 로고를 바탕으로 새로운 로고를 공개했다. 기존 그릴 모양의 디자인을 단순화했다.

상하이자동차
17년째 중국 시장 자동차 판매 1위

각 나라를 대표하는 자동차 회사가 있다. 역사가 오래됐거나 규모가 크거나 인지도가 높거나 이유는 다양하지만, 주로 판매 점유율 1위를 달리는 곳이 대표성을 띤다. 한국 현대자동차, 미국 제너럴모터스, 일본 토요타, 독일 폭스바겐 등이 국가를 대표하는 회사다. 중국을 대표하는 자동차 회사는 국영 기업인 상하이자동차다.

중국은 자동차 대국이다. 대외적으로 덜 알려졌을 뿐, 자동차 회사도 다수고 판매량도 많다. 2022년 중국의 자동차 판매 대수는 2,300여만 대를 기록했다.(상용차 포함 2,700여만 대). 2023년 기준 자동차 그룹 12곳에 70여 종에 이르는 브랜드가 있다. 그룹 12곳 중에서 판매 1위를 달리는 곳이 상하이자동차다. 2022년

1964년, 봉황 자동차를 바탕으로
개발된 SH760

530여만 대의 자동차를 팔아 판매 1위를 차지했다. 2020년 560만 대, 2021년 546만 대 등 판매 대수는 500만 대 중반을 유지한다. 상하이자동차는 2022년까지 17년째 중국 시장 판매량 1위를 지켰다. 중국을 대표하는 자동차 회사라고 할만하다.

상하이에는 1901년 중국 최초로 자동차가 들어왔다. 올즈모빌 2대에서 시작해 1940년대에 이르러서는 3만여 대가 도로를 굴러다녔다. 상하이자동차의 시초는 1910년 상하이에 생긴 프랑스 조계지 공동국 기계수리 공장으로 거슬러 올라간다. 10여 년 후 상하이 엔진 공장으로 바뀌었고, 2차 세계대전 당시에 자동차 조립 공장으로 발전했다. 1955년 상하이내연기관부품제조회사가 설립되면서 상하이자동차의 사업도 본격적으로 시작됐다. 군용 소형차와 삼륜차 시험 제작에 나섰고, 1958년에는 봉황 승용차를 개발하는 데 성공했다. 1978년 중국이 개혁 개방 정책을 펼치자 상하이자동차는 중국을 대표하는 자동차 회사로 발돋움했다.

1985년 상하이폭스바겐에서 생산한 산타나.
상하이자동차의 발전에 기폭제가 됐다.

상하이자동차 역사에서는 합작 사업을 빼놓을 수 없다. 1985년 폭스바겐과 함께 상하이폭스바겐을 설립했는데, 중국의 개혁 개방 이후 첫 번째 생긴 승용차 합작회사다. 1997년에는 미국 제너럴모터스와 손잡았고, 2004년에는 한국의 쌍용자동차를 인수했다. 상하이자동차의 합작 전략은 중국 정부의 정책과도 관련 있다. 중국은 외국 자동차 기업의 단독 진출을 허용하지 않고, 글로벌 제조사와 합작하는 방식으로 자동차 산업을 육성했다. 상하이자동차는 합작 전략의 선두에 서서 사세를 키워나갔다. 2023년 기준 상하이자동차는 자회사 4곳, 합작회사 6곳, 자율주행과 전기차 회사 2곳을 보유하고 있다.

상하이자동차는 우리나라에 차를 팔지 않지만 이름이 익숙하다. 2004년에 쌍용자동차를 인수하면서 뉴스에 이름이 자주 등장해서인데, 기술 먹튀 논란을 일으켜 인식은 그리 좋지 않다. 인수 당시 연구 개발과 시설 투자, 고용 보장 등을 약속했지만 지키지 않았고, 2010년 철수해 버렸다. 상하이자동차는 손실이 너무 크다는 이유를 댔지만, 업계에서는 기업사냥을 이용한 기술 탈취 사례로 본다. 이후 상하이자동차는 2020년 MG 브랜드를 내세워 한국 시장 진출을 시도했다가 코로나 팬데믹이 장기화하면서 진출이 무산됐다.

해외 판매 중국산 자동차의 3대 중 1대는
상하이자동차

내수 시장을 바탕으로 경쟁력을 키운 중국 자동차 산업은 해외로 눈을 돌리고 있다. 수출을 확대하고 해외 생산 기지를 구축하는 등 적극적으로 공략한다. 한국 시장에는 중국산 승용차가 거의 수입되지 않다 보니 중국 자동차 업체의 해외 진출과 관련해서 감이 잘 오지 않는다. 중국산 자동차 수출은 2023년 기준 세계 1위다. 상반기에 중국산 자동차 수출은 214만 대로, 202만 대인 일본을 제치고 처음으로 세계 1위를 차지했다.

중국 자동차 수출 증가는 국가에서 적극적으로 육성하는 신재생에너지 자동차(전기차, 하이브리드, 수소차)가 주도한다. 2023년 중국 자동차 누적 수출은 491만 대로 일본을 제치고 자동차 수출 1위가 됐다.

중국 자동차 수출에서도 상하이자동차의 우세가 두드러진다. 2022년 상하이자동차의 해외 판매량은 101만7,000대(해외 생산 기지 물량 11만1,000대 포함)로 중국 업체로는 처음으로 100만 대를 돌파했다. 2023년에는 120만 대를 넘길 것으로 예상한다. 상하이자동차의 물량은 중국 전체 자동차 수출 3분의 1 정도를 차지한다. 해외에서 중국 기업이 판매한 자동차의 3대 중 1대는 상하이자동차라는 말이 나올 만하다.

상하이자동차의 수출 실적 확대에는 MG의 브랜드 인지도가 크게 작용했다. 영국 브랜드 MG는 2006년 중국 난징자동차에 인수됐는데, 2007년 상하이자동차가 다시 인수했다. '모리스 개러지'(Morris Garages)를 뜻하는 MG는 1924년 영국에서 설립된 유서 깊은 자동차 회사다. 1950~1960년대에 황금기를 거친 이후 여러 번 매각되고 회사가 없어지는 등 역사는 순탄치 않았지만, 스포츠카 브랜드로서 공고한 인지도를 쌓았다.

상하이자동차에 인수된 MG는 브랜드를 재정립하고 신모델을 출시하면서 차츰 명성을 회복하고 있다. MG 브랜드의 수출 지역은 유럽과 아시아를 비롯해 80개국이 넘는다. 상하이자동차는 경제 수준이 높고 자동차 시장이 성숙한 유럽을 공략하기 위해 영국 MG 디자인 센터에서 디자인하고 중국 공장에서 생산한 후 다시 유럽으로 수출하는 전략을 펼친다. 수출은 2007년부터 시작해 2022년 7월 100만 대를 돌파했다. 특히 전기차의 성장이 눈에 띄는데, 2022년 유럽에서 MG의 순수 전기차 판매량은 4만 대에 이른다.

다수의 메이저 자동차 업체가 포진한 유럽은 해외 업체에 까다로운 시장이다. 상하이자동차는 전통 있는 MG를 앞세워 시장을 공략했다. 전기차 시대와 맞물려 유럽의 전기차 판매가 늘어난 점도 유리하게 작용한다. MG의 브랜드 명성과 중국의 전기차 경쟁력이 합쳐 상승효과를 낸다. 후발주자가 만드는 중저가차

MG 모터가 생산한 소형 로드스터,
사이버스터

지리자동차의 대표 모델,
엠그랜드 L

라는 인식이 강한 중국차가 자동차의 본고장 유럽에서 인지도를 높이고 제품 인식을 바꾼 사례다.

지리자동차
글로벌 자동차 회사로 도약하는 거침없는 확장

중국의 신생 자동차 업체 중에서 급성장한 곳을 꼽으라면 단연 지리자동차다. 상하이자동차를 비롯해 중국의 유력 자동차 회사는 국영 기업이고 합작 위주로 운영되지만, 지리는 자체 브랜드를 운영하는 메이저 민영 자동차 회사다.

지리자동차는 현 회장인 리수푸가 창업했다. 1963년에 중국 저장성 타이조우에서 태어난 리수푸는 고등학교를 졸업한 후 자전거와 중고 카메라를 사서 관광객을 상대로 사진을 찍으면 돈벌이를 시작했다. 이후 작은 냉장고 부품 공장에서 일하다가 1986년 냉장고 제조 회사를 차렸다.

냉장고 사업으로 큰돈을 번 리수푸는 1994년 오토바이 공장을 인수해 제조와 판매에 뛰어들었다. 1996년 지리자동차를 설립하고 이듬해 부도 위기에 빠진 국영 버스 회사를 인수했다. 지리(吉利)는 중국어로 행운을 뜻한다. 당시 자동차 생산은 국영 기업에만 허가해 줘서 지리자동차는 승용차를 만들 수 없었다. 회사 이름대로 행운이 따랐는지, 리수푸는 끈질기게 중국 정부를 설득해 2001년에 허가를 받아 본격적으로 승용차 생산에 나섰다.

지리자동차가 전 세계에 본격적으로 알려진 계기는 2010년에 있었던 볼보 인수다. 이전까지 지리자동차는 가성비로 승부하는 저가 자동차 회사의 성격이 강했다. 그런 지리자동차가 포드의 자회사 볼보를 18억 달러에 인수했다. 중국 자동차 업계 사상 최대 규모 계약이었다. 당시 볼보는 금융위기 여파로 경영난을 겪었지만, 매출이 지리자동차의 20배가 넘는 거대 회사였다. 더군다나 볼보는 고급차를 만드는 인지도 높은 회사로 지리자동차와 격차가 컸다. '뱀이 코끼리를 삼켰다.'라는 말이 나올 정도로 자동차 시장에서는 충격적인 사건이었다.

자동차 업계에서는 볼보가 지리자동차로 넘어가면 퇴보할 것이라는 의견이 파다했다. 볼보의 본거지 스웨덴에서는 볼보 공장을 중국으로 이전할지도 모른다는 우려가 나왔다. 예상과 달리 지리자동차는 볼보를 인수한 후 볼보의 기업 문화를 존중해 독립 경영을 보장했다. 오히려 볼보는 지리자동차가 인수한 이후 디자인 혁신과 효율적인 파워트레인 전략을 선보이며 재도약하는 성과를 일궈냈다.

지리자동차는 해외 자동차 회사를 인수하거나 지분을 투자해 글로벌 자동차 회사로 도약하고 있다. 볼보 외에도 런던 택시, 말레이시아 프로톤 자동차, 경량 스포츠카 회사 로터스, 경차 브랜드 스마트 등을 인수했다. 심지어 미국의 비행 자동차 회사인 테라푸가도 지리 밑으로 들어갔다. 볼보와 합작해 폴스타와 링크&코라는 브랜드도 출범했다.

지리자동차의 거침없는 영역 확장은 다임러 지분 인수에서 절정에 이른다.

지리자동차와 볼보의 합작회사인 폴스타에서
생산하는 전기 SUV 폴스타 4

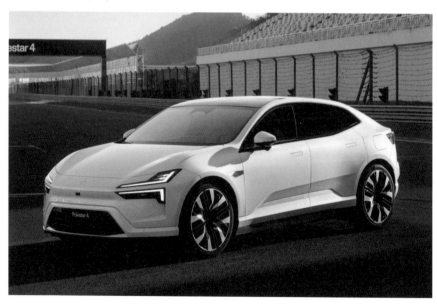

2018년 벤츠의 모기업인 다임러의 지분을 인수해 최대 주주에 등극했다. (이듬해 베이징자동차그룹이 다임러 지분을 인수하면서 2대 주주로 내려앉는다.) 2022년에는 르노코리아 지분 34.02%를 인수해 2대 주주가 됐다. 2025년부터 르노코리아 부산 공장에서 지리자동차 산하에 있는 폴스타의 폴스타 4를 생산할 예정이다.

1996년에 시작된 지리자동차의 업력은 이제 약 30년밖에 되지 않았다. 승용차 생산 허가를 받은 2001년으로 치면 이제 20년이 좀 넘었다. 전기차 분야가 아닌 전통적인 내연기관 제조 분야에서 신생 업체가 이렇게 빨리 규모를 키우고 경쟁력을 강화한 사례는 자동차 업계에서도 드물다. 이미 포화 상태에 이른 자동차 산업에도 여전히 가능성은 남아 있다는 사실을 지리자동차가 보여준다.

니오
샤오펑
리오토

중국 전기차 스타트업 춘추전국시대의 삼대장

설립자

리빈(니오) / 헨리 샤, 허샤오펑, 허타오, 구훙디(샤오펑) / 리샹(리오토)

설립 연도

2014년(니오) / 2014년(샤오펑) / 2015년(리오토)

대표 모델

ET7, EP9(니오) / 샤오펑 P5, 샤오펑 G9(샤오펑) / L8, L9(리오토)

엠블럼

니오 자동차의 엠블럼은 'Blue sky coming'이라는 슬로건에
걸맞은 모습이다. 로고 상단은 하늘을, 하단은 도로를 뜻한다.
회사의 미래와 목표를 향해 나가겠다는 의지를 형상화했다.
샤오펑 자동차의 엠블럼은 중국어로 小(샤오)와 鵬(펑)이라는
두 글자를 형상화한 것이다. 작은 새가 커지는 모습을 표현한다.
리오토 자동차의 엠블럼은 L과 O라는 두 글자를 형상화했다.
L은 Life를, O는 Orbit를 뜻한다. 이는 고객의 삶을 중심으로
끊임없이 혁신을 이루겠다는 의미를 담고 있다.

포뮬러 E와 고성능 전기 하이퍼카로 시작한
니오의 독특한 이력

중국은 세계 최대 전기차 시장이자 생산국이다. 전 세계 전기차 시장의 선두 주자는 테슬라지만, 시장의 상당 부분을 차지하는 전기차와 관련 업체는 중국에 몰려 있다. 시장이 크다 보니 경쟁하는 업체도 많다. 내연기관에 기반한 자동차 시장은 기존 메이저 제조사의 힘이 막강해서 신생 자동차 업체가 뛰어들기 힘들다. 하지만 새롭게 생겨난 전기차 분야는 다르다. 기존 시장보다 진입 장벽이 낮다. 중국은 정부 차원에서 전기차 분야에 많은 지원을 했고, 이는 스타트업이 늘어나는 계기가 됐다.

니오(중국명 웨이라이)는 중국 전기차 스타트업의 선두주자다. 중국 전기차 시장의 대표주자 BYD가 내연기관 업체에서 시작해 대중차 시장을 공략한다면, 니오는 전기차로 시작한 스타트업으로 프리미엄 시장을 노린다. 테슬라를 뒤쫓거나 성장 배경이 비슷한 회사는 종종 테슬라와 비교된다. 니오 역시 '중국의 테슬라'라고 불린다.

니오는 넥스트 EV의 전기차 브랜드다. 넥스트 EV는 2014년에 리빈이 세운 회사다. 리빈은 자동차 매체이자 중고차 온라인 마켓인 비트오토를 세워 큰 성공을 거뒀다. 기술 회사를 여러 차례 설립한 후 자동차 제조에 뛰어들어 중국의 일론 머스크라고도 불린다. 리빈은 2012년에 넥스트 EV 설립을 구상했는데, 중국의 대기오염이 심해서 후손을 위해 무언가 하고자 아이디어를 떠올렸다고 한다. 전기차 브랜드 니오의 한자는 蔚来인데, '푸른 하늘이 온다.'라는 뜻으로 전기차의 청정함을 회사 이름에 녹여냈다.

니오의 출발은 범상치 않다. 넥스트 EV는 양산차를 만들기도 전에 전기 자동차 경주인 포뮬러 E에 참가했다. 전기 모터스포츠에서 쌓은 경험을 바탕으로 2016년 고성능 첨단 콘셉트카 EP9을 선보인 후에 양산차 시장에 진입했다. EP9은 1,360마력의 힘을 내는 첨단 전기 하이퍼카로 독일 뉘르부르크링에서 전기차

랩 기록을 세웠다. 당시 제로백 2.7초, 최고 시속 313km로 세상에서 가장 빠른 전기차 타이틀을 얻었다. 2018년 니오는 고급 전기 SUV ES8을 출시하며 양산차 시장에 진출했다. 소품종에 집중하는 여타 전기차 스타트업과 달리 니오는 종합 자동차 회사를 표방한다. 세단(ET5, ET7), SUV(ES6, ES8, ES7), 쿠페형 SUV(EC6, EC7) 등 다양한 차종을 보유하고 있다.

니오의 전략은 독특하다. 차를 파는 데 그치지 않고 라이프 스타일 브랜드를 표방한다. 니오 하우스라고 부르는 전시장을 고객들에게 소통과 체험 공간으로 제공한다. 테슬라 하우스와 스타벅스를 결합한 콘셉트라고 보면 되는데 피트니스 센터, 카페, 도서관, 컬렉션 제품 판매점을 비롯해 다양한 즐길 거리를 제공한다. 소유자는 물론 가망 고객까지 끌어들여 팬덤을 형성할 목적으로 니오 하우스를 운영한다.

고객 경험을 중시하는 전략은 충전 서비스에도 드러난다. 보험사의 긴급출동

니오 ES6, 전기 SUV로 니오를 대표하는
모델이다.

서비스와 비슷한 이동식 충전 서비스를 제공해 배터리 방전 부담을 줄인다. 교환식 배터리 또한 니오가 추진하는 사업인데, 배터리 교체 시간이 내연기관의 주유와 비슷한 5분에 불과하다. 니오는 전기차와 연동하는 스마트폰도 직접 만든다. 원격으로 차를 제어하거나 차 안의 기능을 스마트폰으로 조작하는 연결성에 초점을 맞춘 제품이다.

알리바바가 밀어주고
샤오미가 끌어주는 샤오펑

샤오펑은 니오와 같은 2014년에 설립된 전기차 스타트업이다. 설립자 허샤오펑 CEO는 1967년생이고 화난이공 컴퓨터공학과를 졸업한 수재다. 2014년 테슬라 모델 S를 구매한 후 전기차에 흥미를 느낀 일이 계기가 돼서 샤오펑을 설립했다. 테슬라가 보유한 특허를 모두 무료로 공개한 과정도 흥미로웠고, 직접 차를 몰아보니 전기차가 스마트폰 같은 IT 기기가 될 것이라는 확신이 들었다고 한다.

회사 설립 이전에 허샤오펑이 쌓은 이력도 샤오펑이 빠르게 성장하는 데 도움이 됐다. 허샤오펑은 대학을 졸업한 이후 2004년 소프트웨어 업체 UC유스를 설립했다. 이후 이 업체가 알리바바와 합병하면서 허샤오펑은 알리바바에서 모바일 사업을 총괄하는 임원 자리에 앉는다. 허샤오펑은 온라인 전자상거래 플랫폼인 타오바오의 개발과 성공에 중요한 역할을 했고, 전자 회사 샤오미의 초기 투자자로 참여하기도 했다. 이런 인연으로 샤오펑은 설립 이후 알리바바와 샤오미의 든든한 지원을 받아 빠르게 성장했다.

샤오펑은 2017년 10월 첫 번째 전기차인 샤오펑 1.0 양산에 들어간 이후 급속하게 성장했다. 이후 G3와 P7 등 신차를 선보였고, 2021년 10월에는 창업 7년 만에 누적 생산 10만 대를 달성했다. 테슬라의 12년과 비교하면 매우 빠른 속도다. G3와 P7에 이어 2021년 말에는 준중형 세단 P3를 선보였고, 2022년에는 중형 전기 SUV G9을 출시했다.

　잘 나가는 전기차 스타트업에는 '제2의 테슬라'라는 수식어가 붙지만 각 회사의 특징은 조금씩 다르다. 중국 전기차 3대 스타트업 중 하나인 샤오펑은 자율주행 분야에서 강세를 보인다. 샤오펑 모델에는 X파일럿이라는 주행 보조 시스템이 들어간다. X파일럿은 테슬라에서 자율주행 개발을 담당하던 차오광즈가 맡고 있다. 테슬라와 마찬가지로 샤오펑 자동차의 대부분이 무선 업데이트(OTA) 기능을 갖춘 점도 비슷하다.

　자동차의 본고장 독일에서도 샤오펑에 주목한다. 폭스바겐은 2023년 7월 샤오펑과 기술 협약을 체결하고, 중국의 중형차 시장에 전기 모델 2종을 공동 개발하기로 했다. 합작 전기차는 2026년 출시 예정이다. 폭스바겐은 내연기관 자동차로 중국에서 성공을 거뒀지만, 전기차 분야에서 기대만큼 실적이 나오지 않았다. 2022년 폭스바겐의 중국 시장 전기차 판매량은 15만 5,700대를 기록했다. 2021

중형 전기 SUV, G9. 샤오펑 최초로
수출을 염두하고 만든 차량이다.

년보다 3분의 2 정도 늘어난 수치지만 중국 전기차 시장에서 차지하는 비중은 미미하다. 시급하게 성과를 내야 하는 폭스바겐이 샤오펑에 구원의 손길을 요청했다. 샤오펑은 플랫폼, 스마트 콧픽과 주행 시스템 개발을 담당하고, 폭스바겐은 글로벌 엔지니어링과 공급망을 맡는다.

단기간에 급속하게 성장하며 명성을 얻었지만, 샤오펑의 성장에는 오점도 눈에 띈다. 테슬라는 자사 엔지니어였던 차오광즈가 자율주행 기술의 소스코드를 빼돌린 뒤에 샤오펑으로 이직했다며 소송을 제기했다. 이 사건은 2020년 샤오펑이 테슬라에 비용을 지불하기로 합의한 것으로 알려졌다. 그전에도 애플 직원이 자율주행차 정보를 훔쳐 샤오펑으로 이직하려던 일도 있었다. 심지어 샤오펑의 홈페이지는 테슬라 홈페이지와 비슷하다. 급성장한 명성 뒤에는 '테슬라 따라쟁이'라는 불명예스러운 꼬리표가 따라붙는다.

주행거리 확장형 전기차로 승부하는 리오토

2015년에 설립된 리오토는 니오, 샤오펑과 함께 중국 전기차 삼대장으로 불린다. 설립자이자 CEO는 리샹인데, 리오토의 중국어 사명이 설립자 이름과 같은 리샹이다. 리샹은 1980년대생으로 전기차 삼대장 CEO 중 가장 젊다. SNS를 잘 활용해서 일론 머스크와 비교되기도 한다.

리샹은 어릴 때부터 돈에 관한 감각이 남달랐다. 허베이성 스자좡 출신인 리샹은 컴퓨터와 온라인 통신에 관심이 많았고, 고등학생일 때 IT 전문 매체에 글을 기고해 돈을 벌었다. 이후 직접 개인 홈페이지를 열어서 고등학교 시절에 매달 2만 위안에 이르는 수익을 냈다. 고등학교 3학년 때는 아예 학교를 그만두고 사업에 뛰어들었다.

여러 가지 사업을 벌이던 리샹은 2005년에 온라인 자동차 판매 플랫폼인 치처즈자를 세웠다. 치처즈자는 설립 3년 만에 중국 최대 온라인 자동차 판매 플랫폼 자리에 오르는 대성공을 거뒀고, 2013년에는 나스닥에 상장하기에 이른다. 치처즈자를 운영하면서 리샹은 전기차의 가능성에 눈을 떴다. 2015년에 리샹은 치처즈자의 경영권을 넘기고 리오토를 설립했다.

니오와 샤오펑이 배터리 전기차를 생산하는 것과 달리 리오토는 주행거리 확장형 전기차(EREV)를 주력 모델로 내세운다. 엔진이 주력 동력원인 플러그인 하이브리드와 달리 EREV는 엔진이 배터리를 충전하는 데만 쓰인다.

첫 번째 자동차는 2019년에 나온 준대형 SUV 원(ONE)이다. 배터리로 180km를 달릴 수 있고, 엔진이 보조하면 주행거리는 800km로 늘어난다. 원은 2022년 단종되고 후속 모델인 준대형 6인승 SUV L8이 나왔다. 2022년에는 주행거리가 1,300km가 넘는 5인승 준대형 SUV L7, 대형 SUV L9을 선보였다. 이 차들은 모두 EREV다. 내연기관이 보조한다는 점에서 진정한 전기차가 아니라는 비판이 따르지만, 주행거리와 충전 시간에서 전기차의 약점을 극복해 사용자 편

리오토 L9.
대형 SUV로 EREV 차량이다.

의성이 우수하다는 평을 받는다. 2024년 초부터 리오토는 순수 전기차에 도전한다. '메가'라고 이름 붙은 미니밴으로 우주선처럼 생긴 디자인이 특징이다.

리오토의 판매량은 계속해서 증가하고 있다. 스타트업 삼대장의 판매량을 보면 2021년 리오토는 9만 491대를 기록하며 샤오펑의 9만 8,155대, 니오의 9만 1,429대와 비슷한 수준을 기록했다. 2022년 리오토는 13만 3,246대를 기록해 니오의 12만 2,486대와 샤오펑의 12만 757대를 앞질러 나갔다.

2023년 들어 리오토의 판매량은 급증했다. 연간 판매 목표를 큰 폭으로 늘어난 30만 대로 잡았는데, 이미 11월에 목표 수치를 넘었으며 최종 판매량은 37만 대였다. 니오는 16만 대를 기록해 증가세를 유지했지만, 리오토와 차이는 크게 벌어졌다. 샤오펑의 2023년 누적 판매량은 연간 목표치 25만 대에 못 미치는 14만 3천 대에 그쳤다. 리오토의 2023년 예상 매출액은 1,000억 위안을 넘어선다. 2019년 첫 모델을 선보인 후 4년 만에 매출액 기준으로 대형 자동차 업체 수준에 올라섰다. 급변하는 자동차 시장의 모습과 후발주자의 가능성을 리오토가 보여준다.

리오토는 한국과도 관계가 있다. 현대자동차의 중국 베이징현대 1공장을 인수한 회사가 리오토다. 베이징 공장은 현대차가 2002년 중국에 진출해 처음 세운 생산 기지다. 2017년 사드에서 촉발된 한중 갈등으로 판매가 줄어 2019년 생산을 중단하고 유지만 하다가 리오토에 매각했다. 리오토는 베이징 공장에 1조 원을 투자해 연산 10만 대 규모의 전기차 공장으로 개조했다.

자동차 엠블럼에 담긴 브랜드의 역사, 문화, 사람

필자들은 이 책에서 자동차 엠블럼을 실마리로 자동차 제조사(브랜드)의 역사와 문화를 알아보고, 재미있는 일화를 모아 정리했다. 여기에 과거와 현재를 비교하며 브랜드의 가치와 미래까지도 조심스레 언급했다. 나름대로 자동차 업계를 오래 지켜본 저자들의 생각을 정리한 것이다.

결국 자동차라는 사물 너머에는 사람이 있다. 마지막까지 책을 다 읽은 독자라면 공감할 것이다. 자동차를 매개로 여러 사람이 모여 이야기를 만들고, 최종적으로 이는 브랜드만의 정체성과 문화가 된다. 우리는 단순히 자동차 성능이 좋다고, 가격이 비싸다고, 디자인이 유려하다고 그 차를 좋아하지 않는다. 사람들이 좋아하는 자동차 브랜드에는 진한 사람 냄새를 풍기는 서사가 있다. 서사에 우리는 매혹되는 것이다.

이 책으로 독자 여러분이 자동차 브랜드에 얽힌 (사람들의) 서사와 문화를 발견하고, 새로운 관점을 얻고, 더욱 깊이 있는 자동차 문화를 즐길 계기를 마련했으면 좋겠다. 그래야 우리나라의 자동차 문화도 한층 더 발전할 수 있다고 믿는다.

이제 자동차는 단순한 이동 수단이 아니며, 특정한 문화나 양식(이를테면 라이프 스타일)을 드러내곤 한다. 그리고 어떤 경우에는 운전자 자신의 정체성 그 자체가 되기도 한다. 소위 자동차 선진국이라 불리는 곳에 비하면 아직 한국은 자동차 문화가 덜 발달한 편이지만, 개성과 문화를 중시하는 운전자가 늘어나고 있는 것도 사실이다. 세계 각국의 자동차 브랜드가 어떤 역사와 문화를 일구며 발전했는지를 이해하면, 자동차를 보는 시각이 달라질 것이다. 자동차를 사랑하는 여러분에게 이 책이 즐거움과 영감을 주는 소소한 발견이 됐으면 한다.

책을 쓰면서 저자들을 괴롭힌 것은 너무나 빠른 세상의 변화였다. 몇 달에 걸쳐 원고 작업을 한 후 초기에 쓴 글을 다시 보면, 그사이에 사실관계가 달라져서 내용을 수정해야 했다. 다시 써야 하는 번거로움은 둘째치고, 독자에게 정확한 정보를 제공해야 하는 의무감이 마음을 짓눌렀다.

최신 내용을 다룰 때는 더욱 그랬다. 어디를 기준으로 잡아야 할지 고민이 많았다. 특히나 전기차 분야는 주제의 관점을 바꿔야 할 정도로 시장 흐름이 시시각각 변했다. 원대한 목표를 세우고 목표를 차근차근 실행하던 업체가 어느 순간 못하겠다고 주저앉는가 하면, 시장 순위가 뒤바뀌는 바람에 평가가 달라지는 업체도 생겨났다. 원고 작업이 끝나도 출간까지는 시간이 걸리니 그새 또 변화가 있을 것이다. 눈 딱 감고 이 시점에서 끊어야겠다는 결단을 내리지 않는 이상 미련이 남는 상황이 반복될 수밖에 없다.

최신 내용을 담고자 하는 의욕이 앞서 원고 작업이 늘어진 면이 있는데, 묵묵하게 기다려준 출판사에 고마운 마음을 전한다. 아울러 책을 사서 읽는 시점과 조금 다른 내용이 있더라도, 집필 시점에 따른 변화라 이해하고 아량을 베풀어주기를 독자 여러분께 부탁드린다.

김태진·임유신

자동차 엠블럼 사전

위대한 영감과 테크놀로지로 탄생한 전설의 명차 브랜드 라이브러리

1판 1쇄 펴낸 날 2024년 8월 20일

지은이 김태진 · 임유신
주간 안채원
책임편집 윤대호
편집 채선희, 윤성하, 장서진
디자인 김수인, 이예은
마케팅 함정윤, 김희진

펴낸이 박윤태
펴낸곳 보누스
등록 2001년 8월 17일 제313-2002-179호
주소 서울시 마포구 동교로12안길 31 보누스 4층
전화 02-333-3114
팩스 02-3143-3254
이메일 bonus@bonusbook.co.kr

ISBN 978-89-6494-707-4 03690

• 책값은 뒤표지에 있습니다.

전문가에게 절대 기죽지 않는
자동차 마니아의 메커니즘 해설

자동차 구조 교과서

아오야마 모토오 지음 | 224면

카센터에서도 기죽지 않는
오너드라이버의 자동차 상식

자동차 정비 교과서

와키모리 히로시 지음 | 216면

전기차·수소연료전지차·클린디젤·
고연비차의 메커니즘 해설

자동차 에코기술 교과서

다카네 히데유키 지음 | 200면

엔지니어가 알려주는
고연비 공학 기술과 운전 메커니즘 해설

자동차 연비 구조 교과서

이정원 지음 | 192면

전문가에게 절대 기죽지 않는
마니아의 자동차 혁신 기술 해설

자동차 첨단기술 교과서

다카네 히데유키 지음 | 208면

테슬라에서 아이오닉까지 전고체 배터리·인휠
모터·컨트롤 유닛의 최신 EV 기술 메커니즘 해설

전기차 첨단기술 교과서

톰 덴튼 지음 | 384면

인공지능 시대의 자동차 첨단기술을 이해하는
자율주행 메커니즘 해설

자동차 자율주행 기술 교과서

이정원 지음 | 192면

도로에서 절대 기죽지 않는
초보 운전자를 위한 안전·방어 운전술

자동차 운전 교과서

가와사키 준코 지음 | 208면

[스프링북]
버튼 하나로 목숨을 살리는

자동차 버튼 기능 교과서

마이클 지음 | 128면